propósito. [Do lat. *propositu*.] S. m.: a razão por que algo existe.

VIVENDO COM PROPÓSITOS

ED RENÉ KIVITZ

VIVENDO COM PROPÓSITOS

A RESPOSTA CRISTÃ PARA O SENTIDO DA VIDA

MC
mundocristão
São Paulo

Publicado por Editora Mundo Cristão

Os textos das referências bíblicas foram extraídos da *Nova Bíblia Viva*, 2ª ed., da (NBV), Sociedade Bíblica Internacional e da ARA, 2ª ed. (Sociedade Biblica do Brasil), salvo indicação específica.

Dados Internacionais de Catalogação na Publicação (CIP)
(Câmara Brasileira do Livro, SP, Brasil)

Kivitz, Ed René
Vivendo com Propósitos / Ed René Kivitz — São Paulo: Mundo Cristão, 2003.

Bibliografia
ISBN 85-7325-443-2

1. Conduta de vida 2. Espiritualidade 3. Vida espirirual — Cristianismo
I. Título

03-5988 CDD-248.4

Índice para catálogo sistemático:
1. Conduta de vida: Prática cristã 284.4
2. Vida espiriritual: Prática cristã 284.4
Categoria: Espiritualidade/inspiração

Publicado no Brasil com todos os direitos reservados por:
Editora Mundo Cristão
Rua Antônio Carlos Tacconi, 79, São Paulo, SP, Brasil, CEP 04810-020
Telefone: (11) 2127-4147
www.mundocristao.com.br

1ª edição (capa flexível): outubro de 2003
1ª edição (capa brochura): agosto de 2006
A partir de 2019 esta obra passou a ser
impressa em sistema digital por demanda.

À memória do meu pai,
Renato Alfredo Kivitz

SUMÁRIO

PREFÁCIO

No seu livro *Chega de regras,* o psicólogo cristão Larry Crabb denuncia uma das maldições da nossa época: os livros de autoajuda que reduzem a vida humana a uma complexa série de causas e efeitos. Esses livros fazem promessas perigosas e induzem a pessoa a adotar uma série de atitudes e comportamentos que – se seguidos à risca – supostamente resultarão em harmonia, progresso e sucesso nos relacionamentos e nos alvos profissionais.

A mensagem desses livros é clara e baseia-se naquilo que Crabb chama de *lei da linearidade,* uma lei que declara que existe um A que leva ao B que você quer. Assim, os autores fazem promessas deste tipo: Se quiser um bom casamento, procure conhecer o modelo bíblico para o casamento e procure segui-lo ao máximo. Se quiser que Deus abençoe o seu ministério, siga os princípios piedosos da liderança. São bons conselhos, mas reforçam a noção de que o resultado de nossas vidas depende exclusivamente de nós. No final das contas, porém, geram neuroses e frustrações.

No lugar dos receituários psicológicos oferecidos pela maioria dos autores de livros de autoajuda, Crabb sugere que as pessoas enfoquem um novo caminho, a *lei da liberdade:*

> Os que vivem esse novo caminho se aproximam como estão. Não se banham antes de chegar a Deus. Vão a Deus para se banharem nele. Não se sentem pressionados a mudar apenas a vida interior ou a exterior, mas desejam mudança em ambas as esferas. Estão interessados em criar a oportunidade para a mudança, mesmo que isto signifique mergulhar sete vezes num rio lamacento ou marchar ao redor do muro de um inimigo durante sete dias e soprar trombetas. Eles vivem o desejo mais sincero de seus corações: conhecer a Deus e satisfazer-se nele. Não vivem para uma vida melhor neste mundo.[1]

Trata-se de uma perspectiva controvertida, pois nega ao ser humano a justificativa para a corrida em direção ao sucesso e à felicidade. Mas a posição radical de Larry Crabb ressoa harmoniosamente com as palavras e as atitudes do próprio Jesus Cristo.

Nem todos os livros de autoajuda seguem o caminho largo do simplismo. Os melhores do gênero são aqueles que envolvem o leitor numa descoberta de Verdades que motivam a transformação.

Entre as pérolas do gênero chega o novo livro de Ed René Kivitz. Em *Vivendo com Propósitos,* Ed René Kivitz abre o seu coração e revela a vulnerabilidade espiritual de quem vive sempre perto do precipício e já não tem mais paciência de esconder as suas dúvidas de quem quer que seja. Assim, ele ajuda o leitor não somente a encarar e articular as suas próprias dúvidas similares, mas a descobrir naturalmente como se lida com as assombrações ideológicas mais assustadoras na busca de significado para a vida.

Ao contrário de outros escritores que escrevem sobre o mesmo tema, Ed René conclui que o propósito da vida não é atingir um alvo predefinido que aflui para a felicidade platônica ou ao nirvana cristão. Ironicamente, o propósito final da vida alinha-se com o processo de destilar o melhor de nós mesmos, em comunhão com o Espírito, por meio das disciplinas éticas e estéticas do conviver, do construir, do crescer e do transcender. Assim, o propósito não é o ponto de mira do arqueiro; é a trajetória da flecha.

Uma leitura completa e deliberada do seu livro poderá levar o leitor a resolver - de uma vez por todas - o anseio por razão de viver. Ed René conhece o caminho tortuoso da náusea existencial, é um apaixonado pelo Evangelho de Cristo e escreve com a autoridade surpreendente de quem já fez piquenique no vale da sombra da morte.

Vivendo com propósitos merece ser recebido com entusiasmo. Para muitos, significará o fim de uma longa busca - um alívio, um descanso, um trilho para a vida eterna.

MARK L. CARPENTER
Editora Mundo Cristão

APRESENTAÇÃO

Comecei a escrever este livro em 1998, quando fui convidado a fazer palestras na Mercedes-Benz. Falei a respeito de "estresse e espiritualidade", lendo a oração do Pai-nosso para um auditório atento e emocionado. Depois, repeti a palestra para mais de 150 empresários, executivos e profissionais liberais, num evento que aconteceu no Sheraton Mofarrej Hotel, em São Paulo, organizado por um grupo de amigos muito especiais.

Aquelas experiências abriram as portas para caminhos que me levaram para fora do mundo da religião institucionalizada, no qual desenvolvi minha vocação pastoral nos últimos vinte anos. Na verdade, sempre desejei buscar as "ovelhas que não eram desse aprisco", o aprisco da religião. Durante todos os anos em que atuei como pastor em uma comunidade cristã local encontrei muitas pessoas apaixonadas por espiritualidade, mas que, ao mesmo tempo, detestavam a religião, e, para falar a verdade, não cabiam e não cabem dentro da subcultura cristã evangélica.

Sempre tive um "rebanho marginal", desconhecido de minha comunidade local, anônimo no auditório em que falo aos domingos, que se encontra comigo no dia a dia da cidade de São Paulo e com quem converso virtualmente desde os mais inóspitos recantos do Brasil e do mundo. Acabo de receber um *e-mail* vindo do leste da Europa, de alguém com quem estou conversando já há mais de dois meses, mas que nunca tive o prazer de encontrar pessoalmente. Pessoas que não descartaram o sonho do evangelho, da espiritualidade cristã, mas que foram feridas ou que se frustraram nos bastidores da experiência religiosa. Pessoas que jamais pisaram em um templo evangélico e que se espantam quando ficam sabendo que sou pastor de uma Igreja Batista. Gente maravilhosa. Com fome de Deus, de coração inquieto, caráter íntegro, engajamento solidário, mas com uma angústia no peito que me causa dó e que me põe de joelhos para orar por elas. Penso nelas a cada nova linha da Escritura Sagrada que me ilumina o coração, a cada linha de um novo livro que traz inspiração a meu espírito.

Desde que aprofundei essa experiência fora dos portões da religião organizada ao redor de credos, ritos e códigos morais, fiz maravilhosas descobertas. Dentre elas, descobri que a fome da alma que encontro do lado de fora, no meu "rebanho marginal", povoa as noites maldormidas do meu "rebanho oficial". Como nunca, fazem sentido as palavras de Sêneca: "sou humano, e nada do que é humano me é estranho". Dentro e fora dos portões da religiosidade, somos todos humanos. Pulsamos no mesmo compasso de Santo Agostinho, que orava ao Deus que nos criou para si mesmo, e por essa razão, inquieto, bate nosso coração até que nele descanse.

Escrevi este livro para resumir minhas respostas existenciais. Para organizar minhas razões de abraçar e de viver à luz da tradição da espiritualidade judaico-cristã. Escrevi para afirmar minha fé. Escrevi para tornar ainda mais pública minha paixão por Jesus de Nazaré, meu desejo por Deus, o Pai, e minha vulnerabilidade ao Espírito Santo.

Mas também escrevi para você. Venci o medo e resolvi dar minha contribuição. Assumi a pretensão de compartilhar com você o que considero o "Jeito certo de viver" e de como podemos experimentar a felicidade aqui e agora, enquanto vivemos na esperança do "ali e além". Dedico este livro a você com as palavras de Nikos Kazantzakis: "Antes de morrer, forcejo por fazer um sinal aos companheiros. Estender-lhes a mão e balbuciar uma palavra íntegra. Dizer-lhes o que imagino seja essa marcha, para onde estamos indo. E que é preciso acertarmos, todos juntos, o passo e o coração".

VIVENDO COM PROPÓSITOS

INTRODUÇÃO

> Por uma só coisa anseio: aprender o que se esconde atrás dos fenômenos; desvendar o mistério que me dá a vida e a morte; saber se uma presença invisível e imota se esconde além do fluxo visível e incessante do mundo.
> Pergunto e torno a perguntar, golpeando o caos: quem nos planta nessa terra sem nos pedir licença? Quem nos arranca da terra sem nos pedir licença?
> Sou uma criatura fraca e efêmera, feita de barro e sonhos. Mas sinto em mim o turbilhonar de todas as forças do Universo.
> Antes de ser despedaçado, quero ter um instante para abrir os olhos e ver. Minha vida não tem outro objetivo. Quero achar uma razão de viver, de suportar o terrível espetáculo diário da doença, da fealdade, da injustiça e da morte.
> Vim de um lugar obscuro, o Útero; vou para outro lugar obscuro, a Sepultura. Uma força me atira para fora do abismo negro; outra força me impele irresistivelmente para dentro dele.
>
> NIKOS KAZANTIZAKIS

Acordei, certa manhã, impregnado da sensação de que a saga humana tem um andar de cima. E um andar de baixo. Qualquer pessoa que se sinta à vontade neste mundo, tal como se apresenta agora, não o percebeu adequadamente. Quem convive passivamente com as causas aparentemente aleatórias, que distinguem felizes de infelizes, no mínimo ainda não teve coragem de levantar a cortina para ver o que se passa do outro lado do mundo visível.

O mundo de contrastes remete-nos inevitavelmente à percepção de que a experiência existencial humana explica-se melhor pela metafísica. Quanto a mim, o piso térreo nunca me atraiu. As manchetes dos jornais jamais me satisfizeram, no sentido de explicar por que exatamente aqueles 117 passageiros morreram no acidente de avião ou por que justamente aquela mulher ficou viúva tão cedo. Por que alguém se torna bom samaritano e outro, monstro urbano? A sociologia, a psicologia, a antropologia e tantas outras logias jamais explicaram por que foi justamente o fulano, e não eu, quem nasceu na favela, tornou-se ajudante de traficante e morreu assassinado aos 17 anos numa briga de bar.

Sempre desconfiei que, por trás da trama humana no mundo visível, há fatores determinantes no mundo invisível. Já não me recordo quando foi que adquiri a convicção de que os fatores determinantes das biografias estão no mundo espiritual, não no plano histórico. Por essas razões, a trivialidade da vivência dos mortais sempre me entediou. "Crescer e multiplicar" não resume satisfatoriamente a razão pela qual existo. Considero blasfemo aquele que chama de vida apenas a sucessão de atividades inerentes à sobrevivência: comer, beber, dormir, procriar, trabalhar e ter prazer eventual.

Jamais passei um dia sem buscar discernir e estabelecer contato com as forças e personalidades que interagem e que se digladiam nos planos invisíveis, determinando a trama histórica que a maioria ingênua pensa comandar. No meu mundo cabem (e são imprescindíveis para que esse mundo faça sentido) Deus, o diabo, os anjos e demônios. E os humanos. Todos os humanos. Sou obcecado por acessar esses lugares outros, essa dimensão espiritual, para transitar entre o espírito e o Espírito, de modo a poder cooperar com a causa em vez de navegar ao sabor dos efeitos.

Por conta disso, minhas noites adultas sempre foram maldormidas, passadas entre os cantos lúgubres dos labirintos da reflexão e as iluminadas trilhas da oração, nas pistas deixadas pelos escritos sagrados. Passo madrugadas em claro. Fico deprimido durante dias após notícias catastróficas. Leio as Escrituras Sagradas com avidez para discernir a opinião de Deus sobre meu mundo, de dentro e de fora. Suplico socorro aos céus e busco luz para o entendimento na expectativa de ter o que dizer para as pessoas que amo. Peço a Deus que mostre sua cara para mim e por meio de mim. Já não me basta crer e esperar. Anseio ver e interferir.

Minha biografia possui páginas com histórias de violência e de assassinatos; tráfico de drogas e jogo do bicho; adultérios, estupros e abuso sexual infantil; miséria e desespero suicida; família e favela; igreja e amigos de rua; amizades, amores e orfandade. O barulho dos tiroteios pela vizinhança, que me enchiam de pavor durante a noite, ainda faz eco em alguns recantos de minhas memórias emocionais. Naquele tempo, eu era o primeiro a me recolher para dormir. O movimento da casa e as luzes acesas me traziam uma agradável sensação de segurança em razão de saber que alguém estava acordado vigiando portas e janelas contra invasões indesejadas e balas perdidas. Muitas vezes em que, por alguma razão, eu ficava por último, a responsabilidade de percorrer a casa para apagar as luzes e verificar as trancas recaía como um fardo insuportável sobre meus ombros. Cada barulho do quintal podia significar perigo real e imediato. Aquelas eram as noites mais longas. Ainda tenho o registro da manhã em que acordei com policiais trocando tiros com traficantes na porta de minha casa, enquanto avisavam os moradores quanto à possibilidade de um bandido qualquer estar escondido no armário ou na casa do cachorro. Algumas vezes, passei para o outro lado da calçada, a caminho da escola, evitando o constrangimento de ter de pular um cadáver coberto de jornal nas esquinas próximas de casa. Não poucas vezes, ouvi de meninas que faltaram à aula, porque foram estupradas na noite anterior. Vivi boa parte de minha adolescência envolto em maresia, do mar e da maconha, que emoldurava as maravilhosas tardes de bate-bola na areia da praia do José Menino, em Santos.

A geometria dos corredores, salões e armários do orfanato que me abrigou ainda me é peculiar. As cores mais vivas, entretanto, estão mesmo sobre os degraus da escada da frente, onde eu me sentava como que fotografando cada sorriso de criança chamada pelo nome com a chegada da mãe ao final do dia. Todas as crianças partiam, e meus olhos ficavam fixos no chão xadrez do *hall* até minha avó me encaminhar carinhosamente para trás das imensas portas que nos protegeriam abrigados, somente os dois, naquela imensidão. Sobre pessoas desorganizadas existencialmente tenho boas lembranças. E dolorosas experiências.

Os rodopios das mulheres ao vento das pombagiras encontram lugar na minha tela biográfica. As correrias de setembro, em busca de doces distribuídos no "Dia de Cosme e Damião", outrora inocentes brincadeiras explicadas pelo apetite juvenil por glicose esculpida, agora se revelam expressões de devoção espiritual. As velas, despachos, garrafas de bebidas fortes nas esquinas, os inúmeros amuletos e colares coloridos que meus amigos exibiam e o barulho dos atabaques que marcavam o ritmo das noites de sexta-feira encaixam-se como correntes da escravidão, que amarravam gente com vida completamente embaraçada e marcada pela podridão moral. Jamais me esqueci da noite em que ficamos, os primos, olhando, da sacada do apartamento de frente para o mar, minha tia rodopiando na praia levada, de um lado para outro, por espíritos que chamo de demônios.

O mundo cor-de-rosa não durou muito para mim. Desde os meus oito anos de idade, convivo com as mais diversas histórias de mazelas pessoais e familiares. Não me lembro de ter acreditado em Papai Noel. Cresci cedo. Os miseráveis moradores da favela e as pobres crianças que meus filhos veem apenas da janela do carro nos grandes cruzamentos da cidade de São Paulo eram os meninos com quem eu jogava bola e trocava pontapés nas brigas de rua. A favela ficava ao lado.

Mas o cristianismo fala de outro lugar, de outro estado de ser, de outra possibilidade de relação com Deus, o Criador amoroso que não desistiu de sua criação. Minha biografia também. Hoje entendo quando Deus me olha nos olhos e sussurra repetidas vezes: "Com amor eterno eu te amei... com benignidade te atraí" (Jr 31.3, ARA). Esse amor eterno é a única explicação para que eu tenha sido preservado em meio a tantas idas e vindas.

Minha peregrinação teve início na eternidade. Foi sempre protegida pela incansável luta de minha mãe que, viúva aos 22 anos de idade, colocou sob suas asas duas crianças e correu incansavelmente atrás do pão de cada dia. Ninguém me tira da cabeça que o Milton Nascimento escreveu a canção para ela. Ela, que tem "um dom, uma certa magia, uma força que nos alerta; uma mulher que merece viver e amar como outra qualquer do planeta". Ela que é "a dose mais forte e lenta, de uma gente que ri quando deve chorar, e não vive, apenas aguenta". Ela que tem "força, raça, gana, manha, graça e sonho, e mistura a dor e a alegria". Ela que traz "na pele essa marca, e possui a estranha mania de ter fé na vida". Minha mãe, que hoje se parece muito com a outra Maria, pois o Filho de Deus também fez morada em seu coração. Depois de minha mãe, minha história passou por um orfanato evangélico e foi regada por dezenas de histórias bíblicas que minha avó me contava. Histórias que fincaram raízes por causa das centenas de vezes em que contemplei aquela mulher solitária, também viúva em sua juventude, ajoelhada em oração. Ao lado, corriam alguns homens especiais, que me amaram com todas as forças de sua alma e fizeram o possível e o impossível para suprir a minha carência de pai.

Aos onze anos, tive meu nome incluído no rol de membros de uma comunidade cristã evangélica, quando minha peregrinação espiritual foi molhada nas águas batismais de uma Igreja Batista fincada na entrada do solo árido da favela mais violenta da cidade do Rio de Janeiro – Acari, em maio de 1975.

Desde então, quando oficializei minha entrada nos horizontes do corpo místico de Cristo, passei a ser acompanhado por uma nuvem do céu: anjos, amigos, mentores, irmãos. Uma nuvem do céu que, depois de longa caminhada e de muita poeira nos pés e na alma, fez-me assentar à mesa em família, com minha mulher e meus filhos – a antessala do céu, o paraíso numa Terra marcada pelo caos.

Assim observo minha trajetória. Essa é a leitura que faço de tantas "coincidências" que me fizeram ser quem sou. As perguntas que sempre povoaram meus recônditos mais íntimos encontraram calmaria no cristianismo. Especialmente na compreensão judaico-cristã, que afirma que vivemos num parêntese da história. Um parêntese entre o paraíso e o céu. Aprendi que viver é peregrinar. Uma peregrinação visível, cheia de interações invisíveis. Viver é transitar entre um lugar e outro, um estado de ser e outro, uma condição humana e outra, um mundo e outro. Fui criado na estrada. Cresci na rua. Morei em muitas casas e frequentei muitas escolas. Substituí amigos e me adaptei diversas vezes. Ou, quem sabe, não me adaptei até hoje. Pois continuo peregrino. Não sinto que cheguei.

Talvez esse senso de transitoriedade que me foi inculcado na infância explique minha disposição para experimentar e minha vontade de descobrir. Minha biografia é uma história de estar a caminho, e justamente assim, ou por isso mesmo, enxergo a experiência espiritual como uma peregrinação.

Aprendi que viver é peregrinar. Viver é transitar entre um lugar e outro, um estado de ser e outro, uma condição humana e outra, um mundo e outro.

Vejo a existência humana como uma peregrinação rumo às verdadeiras dimensões da vida. Uma peregrinação em companhia de pares que nos são acrescentados ao longo da trilha. Ninguém peregrina sozinho. Caminha, inclusive, ao lado de companheiros invisíveis aos olhos humanos. Quanto maior a capacidade de discernir e de escolher companhias, maior a possibilidade de êxito do peregrino.

Também é verdade que ninguém peregrina apenas pelas estradas do aqui e agora, mas também, e principalmente, pelas regiões do ali e além. Quanto mais o peregrino for capaz de discernir e de interferir no outro mundo, maior a possibilidade de êxito neste mundo.

A perspectiva da peregrinação solidária é a melhor leitura que consigo fazer da experiência espiritual judaico-cristã. O cristão é um peregrino. O cristão é um peregrino que caminha em comunhão. O cristianismo é a trilha da intimidade com Deus e com o próximo. Cristianismo é conexão.

A partir de Adão, o primeiro ser humano, protótipo de todos nós, a experiência de peregrinação é compartilhada com toda a humanidade. Essa peregrinação não é o caminho da volta ao paraíso nem a elaboração psíquico-emocional daqueles para quem a vida não transcorreu por vias consideradas normais. Não se trata de fuga para o céu nem da busca de equilíbrio interior-intimista. A peregrinação não é apenas psíquica e emocional, mas também essencialmente espiritual. Não é necessária para uns poucos traumatizados por experiências circunstanciais, mas sim uma tarefa imprescindível a todo ser humano rumo ao máximo de suas possibilidades como ser criado à imagem e semelhança de Deus.

A capacidade de viver um momento de cada vez, expressando a imago Dei por meio de minha singularidade, é o que chamo viver com propósito.

O ser humano é um peregrino, e a tradição de espiritualidade judaico-cristão é o melhor mapa que encontrei. Viver é caminhar. A vida faz sentido quando conseguimos extrair o sentido de cada momento, cada *kairós*, cada dia. O sentido da vida está em viver. Mas não um viver qualquer. Um viver qualquer é mera existência, suceder de dias. Há um jeito de viver, e esse jeito de viver está embutido em cada ser humano em duas dimensões. A primeira é universal, a imago Dei, matriz divina da qual todos somos herdeiros. A segunda é singular, pois cada ser humano é um original. A capacidade de viver um momento de cada vez, expressando a imago Dei por meio de minha singularidade, é o que chamo viver com propósito. Assim, espero encontrar a felicidade ali e além, mas também aqui e agora.

Parte I | Imago Dei

1
FELICIDADE

Cometi o pior dos pecados
que um homem possa cometer:
Não fui feliz.
Que os glaciares do esquecimento
me arrastem e percam, desapiedados.
Meus pais me engendraram
para o jogo arriscado e formoso da vida,
Para a terra, a água, o ar, o fogo.
Eu os defraudei. Não fui feliz.
Cumprida não foi sua jovem vontade.
Minha mente se aplicou
às simétricas porfias da arte,
que entretece o nada.
Me legaram valor, não fui valente.
Não me abandona, sempre está ao meu lado
a sombra de haver sido um infeliz.

JORGE LUIZ BORGES

O PARADIGMA DA FELICIDADE

Pesquisas recentes[1] mostram que as pessoas possuem um ponto de estabilização da felicidade, um nível de alegria ao qual se retoma, não importa se o indivíduo tenha ganhado na loteria ou perdido a capacidade de utilizar seus membros. As experiências que muitos acreditam conduzir à felicidade não passam de picos de prazer, que logo se dissipam e devolvem a pessoa a seu *status* padrão de contentamento. A neurociência está descobrindo que, quando as pessoas falam em felicidade, na verdade estão descrevendo estados de espírito, momentos em que se sentem bem em comparação a outros em que experimentam algum tipo de desconforto.

Parece correto, portanto, afirmar que as pessoas derivam seu conceito de felicidade de duas matrizes fundamentais: a intensidade e quantidade de experiências de pico de alegria e a média do estado de espírito no intervalo entre os picos eufóricos. Quando a vida de uma pessoa é cheia de boas notícias e seu estado de espírito mais comum é satisfatório, ela diz que é feliz. Regra geral, todos nós vivemos em ciclos de estados de espírito, e da dinâmica desses ciclos derivamos nosso "nível de felicidade".

TRÊS EQUÍVOCOS A RESPEITO DA FELICIDADE

Há gente que pensa que a felicidade tem fórmula, que não pode acontecer sem determinados pré-requisitos cumpridos. Mas a verdade é que certas coisas que muita gente acha que tornam a vida melhor – tais como dinheiro, beleza ou projeção social – não parecem ter importância como fator determinante da felicidade. Estudos realizados mostraram que as pessoas ficam felizes logo após um aumento de salário, mas que não há relação entre salário e felicidade definitiva. Não importa quão animado seja o dia da formatura, a educação não faz a vida mais feliz. Da mesma forma, avanços na vida social não têm efeitos profundos sobre a felicidade, pois a felicidade não está relacionada às circunstâncias imediatas da vida. Oscar Wilde tinha certa razão quando afirmou que "neste mundo só há duas tragédias – uma é não conseguir o que se quer, a outra é conseguir". De fato, nunca estamos satisfeitos, pois tão logo conquistamos um desejo, somos invadidos pela sensação de "não era bem isso o que eu queria".

Outro equívoco muito comum a respeito da felicidade é a expectativa de viver num estado de espírito de alegria perene. O sentir-se bem não é permanente, nem poderia ser, pois o resultado seria uma complacência prazerosa. "A natureza utiliza a dor e o prazer como um bastão para nos guiar", diz o psicólogo David Lykken.[2] Há quem diga, e com certa dose de razão, que a insatisfação é a mãe do progresso, pois a engenhosidade humana é resultado da busca constante de mais conforto e de menos sofrimento. Por essa razão, um povo feliz pode se tornar um povo inerte, acomodado em um prazer que anestesia e que paralisa.

Um terceiro equívoco a respeito de felicidade é a crença no destino aleatório, como se algumas pessoas tivessem nascido para ser felizes e outras não. Na verdade, a felicidade não chega por acaso, desrespeitando a autonomia da pessoa que a experimenta. Isso significa que não estamos ao sabor das alterações de humor, como se elas não dependessem da maneira como vivemos. Somos responsáveis pela qualidade da vida que temos. *Let it be* nunca foi uma filosofia de vida eficaz.

O estado de espírito perturbado

O grande desafio que enfrentamos na correria do dia a dia diz respeito à capacidade de administrarmos os estados de espírito com que atravessamos nossa rotina diária e desfrutamos as experiências simples que compõem a teia do que chamamos vida. Aprendi que a vida não consiste em poucos grandes momentos, mas sim em milhares de pequenos momentos, aos quais emprestamos significado. Casamos uma vez e devemos viver casados para sempre. Graduamo-nos academicamente algumas vezes, mas devemos exercer nossas competências todo dia, numa rotina que chamamos trabalho. Olhamos o vidro do berçário umas poucas vezes em busca dos nossos recém-nascidos, mas devemos contemplar suas faces cheias de expectativas todas as manhãs e jamais deixar que se deitem sem o nosso afago (e quando eles saem do ninho, que falta sentimos!). Enfim, é mesmo verdade que a felicidade não depende tanto, por exemplo, de dias como o do casamento, o da formatura e o da festa na maternidade, mas sim do romance que se aprofunda, do trabalho que se realiza e da vida em família num ambiente de afeto e de possibilidades.

Aprendi que a vida não consiste em poucos grandes momentos, mas sim em milhares de pequenos momentos, aos quais emprestamos significado.

É justamente nessa teia de atividades rotineiras que somos desafiados a experimentar a felicidade. No contexto desses milhares de pequenos momentos é que somos desafiados a cultivar um estado de espírito satisfatório, próprio de quem aprende a saborear o amor aos pedaços.

Muitas pessoas, entretanto, se tivessem de descrever seu estado de espírito mais comum, poderiam substituir a palavra felicidade por outras como preocupação, ansiedade e angústia. São palavras quase sinônimas, que identificam um estado de espírito perturbado e insatisfeito. Sofrem com isso os que estão conscientes desse estado ou que, de vez em quando, surpresos, deparam com ele.

Os inimigos da felicidade

Esse estado de espírito perturbado tem diversas causas. Uma delas é o excesso de responsabilidades e de solicitações, que nos conduz ao excesso de ocupação. Apesar de estarmos tão atarefados, carregamos a constante sensação de que ainda não cumprimos todas as nossas obrigações ou de que não as cumprimos com o padrão de qualidade que gostaríamos. Os diferentes papéis que desempenhamos na vida, como por exemplo, cônjuges, pais, filhos, profissionais, amigos, cidadãos, cobrem-nos de obrigações intransferíveis e lotam nossas agendas. Por essas razões, acabamos assumindo mais compromissos do que somos capazes de cumprir adequadamente, e o resultado é que oneramos uma ou outra parte de nossa saúde, senão todas elas.

Não apenas estamos cheios de responsabilidades, de solicitações e de ocupações, como também convivemos com um excesso de suposições. Possuímos uma mente repleta de "se". Essa multidão de "se" é responsável por nossas preocupações: se o exame der positivo, se eu for cortado este mês, se eu não alcançar minhas metas de vendas, se o ônibus atrasar, se ele não me quiser mais, se o dinheiro não for suficiente, se o proprietário não aceitar negociar, se, se...

Estranhamente, estar sobrecarregado tornou-se símbolo de *status,* e a ausência de preocupação, uma situação perigosa que sugere falta de realismo, negligência ou irresponsabilidade. Por alguma razão (e, por vezes, infelizmente acertada), acreditamos que restaurante bom é aquele que tem fila de espera, médico competente é aquele que tem horário disponível para consultas apenas no próximo mês, profissional excelente é aquele superatarefado.

Além das responsabilidades, ocupações, solicitações e suposições, multiplicam-se sobre nós as possibilidades. Vivemos sob a sugestão de que não podemos deixar de assistir àquele filme, de ler aquele livro, de visitar aquela cidade, de almoçar naquele restaurante ou de conhecer aquela pessoa. Estamos na era da informação, e a cada semana, ou mesmo a cada dia, um novo livro em nossa área de atividade é publicado, uma nova competência profissional é lançada como moda e uma nova tranqueira tecnológica é despejada no mercado. Além disso, dezenas de *e-mails* com recados do tipo "essa você não pode deixar de ler" lotam nossas máquinas diariamente.

A VIDA E SEUS LIMÕES

A vida nem sempre nos trata como desejamos. O mundo é injusto. As tragédias e calamidades não escolhem a quem tentar destruir. De quando em vez, nada mais coerente do que estar com o estado de espírito perturbado. Uma das mais intrigantes passagens da vida de Jesus aconteceu às portas do túmulo de Lázaro, seu amigo, e é narrada no Evangelho de João, capítulo 11. Na verdade, a notícia de que Lázaro estava gravemente enfermo chegara quatro dias antes, com as palavras: "Aquele a quem tu amas está à morte". Jesus não se abalou com a notícia nem alterou seus planos imediatos, pois tinha propósitos muito mais elevados do que a simples cura física de um amigo. Ao chegar à casa de Lázaro, recebe a notícia de que ele estava morto havia quatro dias. Nesse momento, chora. Mas por que chora? Aliás, parece mesmo contraditório que Jesus, sabendo que ressuscitaria Lázaro dali a poucos minutos, se entregasse às lágrimas e se deixasse invadir por sentimentos, para a maioria de nós, indesejados.

Mas acredito em outra possível leitura do evento. O fato de que Lázaro voltaria à vida em poucos minutos não anulava a realidade de que, naquele exato momento, estava morto. Diante de um amigo morto e rodeado de pessoas desesperadas, nada mais coerente do que sentir o espírito perturbado, no mínimo, por solidariedade e empatia. Jesus vivia um momento de cada vez. Aquele era um momento de morte, desespero e desesperança. Jesus chorou com elas, chorou por elas e por ele mesmo, quem sabe.

Nada mais natural do que o pranto no momento do luto, a angústia na situação de fome, o medo no meio da guerra, enfim, a cara contorcida no momento em que a vida mostra-se amarga. Isso significa que nem todas as pessoas que vivem com um estado de espírito perturbado são responsáveis pelas causas que geraram a perturbação. Os profetas da autoajuda dizem que a causa do sofrimento não é o mundo, e sim nossa atitude diante dele. Mas nem sempre o estado de espírito perturbado começa do lado de dentro do coração. Não raras vezes, resulta de circunstâncias adversas, variáveis fora do controle de mortais como nós. O mundo não obedece à justiça retributiva: coisas boas para pessoas boas, coisas ruins para pessoas ruins. Até porque ninguém é totalmente mal. E ninguém é totalmente bom. Assim também o mundo e a vida. A história, que tem como protagonistas pessoas em quem o bem e o mal se misturam e se confundem, não poderia ser tão exata. Por essa razão, de vez em quando acontecem coisas ruins para pessoas boas, coisas boas para pessoas ruins, e ninguém se surpreende mais quando acontecem coisas ruins para todo mundo.

Portanto, o melhor que temos a fazer é repetir a conduta do poeta bíblico. Ao menor sinal de perturbação, devemos perguntar: "Por que você está assim tão triste, ó minha alma? Por que está assim tão perturbada dentro de mim?". Não serão poucas as ocasiões em que ficaremos surpresos quando a alma nos oferecer suas razões. Nessas horas, sentar e chorar é um ótimo remédio. Afinal, quando a dor é real e as causas podem ser claramente identificadas, a lágrima é a menor distância do sorriso.

Cada um, cada um

Mas além dos excessos e das circunstâncias da vida, nosso estado de espírito perturbado é influenciado também por nossas características pessoais, isto é, o conjunto de filtros herdados ou aprendidos por meio dos quais interagimos com o mundo. Praticamente todas as nossas posturas na vida podem ser explicadas pelo *mix* personalidade-cultura-ambiente social. Poucas são as pessoas que conseguem estourar essa bolha e caminhar em direção à transformação pessoal e à contracultura, impondo sua identidade própria e assumindo suas preferências independentemente da última moda.

Por exemplo, pessoas que cresceram num ambiente de cobranças e de exigências exageradas acabam desenvolvendo um general dentro de sua consciência e sofrem de um perfeccionismo doentio, enquanto outras são mais complacentes, displicentes e até mesmo irresponsáveis. É evidente que cada uma reage ao atraso em uma reunião importante ou à demora na entrega de uma encomenda de maneira diferente. Há pessoas que se incomodam com outras pessoas, enquanto outras se incomodam com coisas. Podemos encontrar gente que fica insuportável quando não dorme o suficiente, e outros que se transformam quando estão com fome. O fato é que, se há dez pessoas vivendo a mesma situação, provavelmente haverá dez reações diferentes.

O grau de maturidade pessoal também afeta radicalmente o estado de espírito. Os motivos considerados suficientes para experimentar alegria e dissabor variam de pessoa para pessoa, e isso está relacionado com os valores e até mesmo com o caráter. Uma criança chora quando cai seu sorvete, atitude que não se espera de um adulto. Por outro lado, é comum ouvir crianças perguntando: "Por que a mamãe está chorando?", demonstrando, assim, sua incapacidade de discernir a dor para todos evidente. Há pessoas que não conseguem dormir porque atrasaram o pagamento do aluguel, enquanto outras não perdem o sono mesmo devendo meses de cartão de crédito. O estado de espírito perturbado pode ser explicado pela escala de valores de uma pessoa e pela maneira como se vê responsável diante do direito de viver.

Quem é capaz de exercitar a fé vê mais longe, voa mais alto, chega mais adiante.

Mas, além de todas essas limitações herdadas e ou desenvolvidas, talvez o maior fator de distinção na maneira como as pessoas reagem à vida é a fé. A fé percebe uma Presença, a presença de Deus. A fé invoca uma Presença, a presença de Deus. A fé sabe que, por trás do cenário visível, das estatísticas e das probabilidades, existe Alguém interagindo na situação: Deus. Os recursos humanos resultantes da fé são ainda um mistério para a ciência. Quem é capaz de exercitar a fé vê mais longe, voa mais alto, chega mais adiante.

INIMIGO ÍNTIMO

As discussões a respeito de ser o homem essencialmente bom, ou essencialmente mau, como já observamos, são extensas e não nos interessam aqui, pelo menos por enquanto. Mas a experiência diz que, independentemente do que o homem é em essência, ele é naturalmente egoísta, egocêntrico, voltado para si mesmo e para seu próprio bem-estar e conforto. Essa característica do homem, em que predomina o ego e faz com que ele desenvolva uma espécie de teomania, é aquilo que os teólogos chamam pecado essencial ou original. Algo como um *status* do ser que pretende bastar-se. Em outras palavras, a criatura deu as costas para o Criador e pretendeu construir seu próprio mundo, com suas próprias leis, e administrá-lo com suas próprias capacidades.

A Bíblia fala de três tipos de pessoas: natural, carnal e espiritual.[3] A primeira, natural, é simplesmente dominada pelos instintos da biossobrevivência, mais parecida com um bicho do que com gente. A segunda, carnal, vai um pouco mais longe e adquire consciência, mas dela se utiliza apenas para tentar exercer domínio em benefício próprio. A terceira, espiritual, transcendeu seu próprio universo de interesses e de necessidades e tornou-se altruísta, solidária, capaz de partilhar e de empreender na comunhão.

Em termos simples, o ser humano está em constante luta entre essas dimensões de sua constituição. Em linguagem bíblica, diz-se que o espírito luta contra a carne, e todo aquele que deseja experimentar a vida plena deve negar seu próprio ego. Esse conflito é ilustrado em extremo na experiência de Paulo, o apóstolo, quando grita desesperado: "Miserável homem que eu sou! [...] Não entendo o que faço. Pois não faço o que desejo, mas o que odeio. [...] Porque tenho o desejo de fazer o que é bom, mas não consigo realizá-lo".[4] O que ele está dizendo é que existe dentro dele um inimigo íntimo, um ego que o impede de expressar sua verdadeira identidade. Por essa razão, a Bíblia diz que o homem é pecador, isto é, vive sob o domínio "da carne" e do ego, fazendo a vontade de seus desejos e pensamentos autônomos em relação ao Criador, matriz e fonte de vida.[5]

Não tenho dúvida de que boa parte, senão a totalidade, da infelicidade humana explica-se por essa tendência de viver de maneira egoísta. Num mundo tão diverso, ninguém consegue ser feliz se tudo o que valoriza é seu conforto e bem-estar pessoal. Por mais distintas que sejam, todas as tradições de espiritualidade têm um ponto comum: concordam que as pessoas mais estabilizadas na vida, e por que não dizer, felizes, são aquelas que cultivam o espírito abnegado, solidário, altruísta. Esse é mais um, senão *o*, paradoxo da vida: o caminho da autorrealização é a negação do ego.

Pode ser pior

Esse estado de espírito perturbado torna-se muito pior quando temperado pela culpa religiosa, especialmente para algumas pessoas sinceras e esclarecidas em sua experiência espiritual que não encontram explicação para o descompasso entre a fé e sua condição existencial. Como pouquíssima gente tem coragem de afirmar que Deus não funciona, a maioria acaba desconfiando da qualidade de sua fé ou de sua dinâmica de vida. A convicção de que Deus resolveria todos os problemas, somada à experiência da perturbação interior, leva ao desespero quem está perdendo a guerra mesmo em parceria com um Aliado onipotente. Isto é, quem acreditou que Deus seria a solução para uma vida plena, mas que, mesmo sendo íntegro em suas obrigações, ainda assim vive um estado de espírito perturbado, chegou ao limite e pergunta-se: "o que vem depois de Deus?" ou "o que posso tentar se já tentei até mesmo Deus?".

Creio que não são poucos os que estão sinceramente errados em sua peregrinação espiritual. Caso seja possível, e assim creio, existe muita gente relacionando-se com o Deus certo, mas da maneira errada. Estão iludidos por falsas convicções a respeito de como experimentar a bondade de Deus. Creem, de fato, que Deus é capaz de oferecer descanso para as nossas almas, de encher-nos de paz que excede todo entendimento, de alegria plena e de vida abundante (ou completa), mas desconhecem os processos da peregrinação espiritual e podem enquadrar-se em alguns dos principais equívocos a respeito da dinâmica da espiritualidade cristã.

Creio que não são poucos os que estão sinceramente errados em sua peregrinação espiritual.

São capazes, por exemplo, de acreditar que as dádivas de Deus independem de suas próprias atitudes. Imaginam que os favores de Deus vêm automaticamente pelo simples fato de que creem em Deus. Por exemplo, acreditam que podem continuar vivendo de maneira egoísta, orgulhosos de sua humildade e cheios de empáfia contra aqueles que, pelo menos em sua opinião, são menos iluminados. Talvez não tenham ouvido que Deus opõe-se aos orgulhosos, mas concede graça aos humildes, e que se alegra em atender os que pedem com fé, sem vacilar.

Por outro lado, há os que imaginam que as dádivas de Deus são respostas apenas às atitudes interiores abstratas e que desconsideram a necessidade dos exercícios espirituais, da busca disciplinada, do esmurrar o corpo para não ser desqualificado, da oração perseverante, do estudo incansável das Escrituras Sagradas para que a Lei seja alimento de meditação diuturna.

Há os que pensam que todos os favores de Deus são experimentados em termos definitivos, isto é, aquele que recebeu uma graça fica com ela para sempre. Perguntam-se, atônitos: "Mas não entreguei minha vida a Deus? Então, por que não tenho alegria?". Talvez, careçam ouvir o apóstolo Paulo ensinando que a alegria é fruto do Espírito Santo e que apenas aqueles que se deixam continuamente encher pelo Espírito a experimentam. Ou, quem sabe, devem atentar melhor para a declaração de que o caráter de Cristo é formado em nós processualmente, com glória

A experiência espiritual cristã é dinâmica.

cada vez maior, custando inclusive dores de parto aos que trabalham em nosso favor, de modo que somos sempre encorajados a desenvolver nossa salvação com temor e tremor, algo como abrir a caixa de recursos que Deus colocou em nossas mãos e aprender a usar as ferramentas, uma de cada vez.

Existem também os que esperam uma experiência espiritual instantânea, que os conduza definitivamente a um *status* permanente de plena satisfação e realização. São pessoas que creem que, se oraram hoje e Deus lhes apaziguou o coração a respeito da enfermidade do pai hospitalizado, não precisarão orar amanhã, pois já receberam a paz que excede todo o entendimento. Na manhã seguinte, ao se perceberem novamente perturbados, questionam onde está seu erro. Estaria Deus falhando em cumprir sua promessa, ou a fé com que buscaram a Deus era fraca? Ou, pior, Deus os estaria punindo por um pecado ou outro que desconheciam (ou, pior ainda, que conheciam)? Falta-lhes o esclarecimento de que a experiência espiritual cristã é dinâmica. Jesus não prometeu um copo de água que mataria definitivamente a sede. O que Jesus prometeu foi que, do interior de quem crê, brotará uma fonte a jorrar para a vida eterna, e isso sugere que a essa fonte devemos recorrer sempre, e novamente, e de novo, para que, toda vez, quando nosso espírito se perturbar ou for perturbado, encontremos descanso e provisão.

Contentamento

É quase impossível encontrar uma definição completa e definitiva para a felicidade, mas é fato que, qualquer que seja sua definição, estará associada aos estados de espírito com os quais atravessamos a vida. Podemos, inclusive, alongar a discussão a respeito da distinção entre ser feliz, estar feliz e sentir-se feliz, e sobre como a felicidade é diferente da alegria, que, por sua vez, é diferente da euforia. Mas isso é complicar demais a coisa. O fato é que, se você é feliz, então se sente feliz, e se você está feliz, também se sente feliz, e esse sentimento de felicidade é, necessariamente, um estado de espírito, que pode ser duradouro, razoavelmente comum ou eventual.

Prefiro simplificar um pouco mais e trocar a palavra "felicidade" por "contentamento".

Nesse caso, prefiro simplificar um pouco mais e trocar a palavra "felicidade" por "contentamento", que defino como a capacidade de estar satisfeito (de adaptar-se) em qualquer situação. Esse tipo de contentamento não se explica pelas circunstâncias favoráveis e ou confortáveis, mas sim pela capacidade de exercer domínio sobre o estado de espírito de tal maneira que os fatores externos que o abalam sejam em número cada vez menor.

Contentamento é uma satisfação de dentro para fora. Vicente de Carvalho traduziu muito bem essa experiência do contentamento quando disse que a felicidade, essa árvore frondosa e cheia de frutos, existe sim, mas existe no lugar em que a plantamos, e o problema é que quase nunca a plantamos no lugar onde estamos. A expressão mais comum para os infelizes é que serão felizes "assim que...". Assim que arrumarem um emprego novo; um romance novo; um carro novo; uma casa nova; um chefe novo; e tanto mais, cada vez mais.

Esse estilo de vida "assim que..." coloca a felicidade no futuro e perpetua o descontentamento, que impede a alegria de desfrutar o presente, as pessoas que temos em volta, as circunstâncias reais e imediatas que nos oferecem possibilidades de realização. A palavra contentamento deriva do latim *contentu* ("contido") e sugere a ideia de conteúdo. Nesse caso, contente é aquele que tem conteúdo em si mesmo ou que é capaz de usufruir o conteúdo da realidade na qual está inserido. Em outras palavras, em qualquer lugar, em qualquer companhia, em qualquer circunstância existe possibilidade de contentamento, mas somente para aqueles que sabem explorar sua riqueza interior, ou as potencialidades do momento, ou ambas.

Um momento de contentamento é aquele em que tudo parece certo: não há necessidade de mudar o que você está fazendo, nem a pessoa com quem você está, nem o lugar onde você se encontra. É comum ouvir-se que a felicidade é estar numa ilha paradisíaca em companhia da mulher, ou do homem, de minha vida. Mas suspeito que seja uma afirmação extremamente absurda. Isso seria ótimo por alguns dias, mas logo se tornaria entediante, monótono, vazio. Há outras dimensões da vida a experimentar além da paixão alucinante, outras potencialidades do ser a realizar além da capacidade do amor romântico. Ruth Rocha tem um livro "infantil" chamado *Uma estória meio ao contrário*, que inicia com o beijo do príncipe na princesa, e a frase: "E foram felizes para sempre". Na outra página, a história segue com a expressão: "E era muito chato". De fato, a ideia de paraíso sem labor e só lazer, mano, é insuportável. Um Deus criativo jamais criaria um ser estéril, muito menos chamaria de paraíso um lugar povoado de parasitas.

Trago ainda na lembrança minha experiência de participar da Maratona de Nova York em companhia de meu amigo Ricardo. Agora mesmo, enquanto escrevo, consigo me lembrar de um trecho da 5th Avenue, em Manhattan, onde as dores nas pernas pareciam insuportáveis. Naquele momento, entretanto, apesar da dor e do desconforto, eu estava (era) feliz. Não havia outro lugar, outra atividade ou outra pessoa a meu lado que eu desejasse mais naquela hora.

Mas se você perguntar se eu desejaria perpetuar aquele momento, eu evidentemente diria que "não", pois alguns minutos mais adiante, encontrei o abraço apertado e amoroso da minha esposa, Silvia, e aquele foi o melhor lugar do mundo. E, depois, o abraço dos meus amigos Paulo e Eloíse. E, depois, a alegria de um jantar maravilhoso na casa do Israel e da Andréa; jantar, aliás, interrompido pelo inesquecível telefonema de meus filhos, Fernanda e Vitor, curiosos e animados, com os braços os mais compridos do planeta, que atravessaram milhas e milhas para me dar um abraço gostoso. E, depois, na volta ao Brasil, e o reencontro com os companheiros que me encorajaram nas madrugadas frias do Parque do Ibirapuera, enquanto me preparava para a Maratona. E, depois... depois, outros tantos momentos.

A felicidade é muito mais um jeito de ir do que um lugar onde se chega.

Como disse Gilberto Gil, "o melhor lugar do mundo é aqui e agora". Não sei, nem quero saber, qual era o lugar e o momento aos quais o poeta se referia, pois creio que a vida é cheia de "lugares" e de "agoras". E a felicidade implica a possibilidade de, esteja onde estiver, com quem estiver, não importa o que esteja fazendo, dizer: o melhor lugar do mundo é aqui e agora. Como disse Viktor Frankl, psicanalista vienense:

> A realidade sempre se apresenta na forma de uma particular situação concreta e, uma vez que cada situação de vida é irrepetível, segue-se que o sentido de uma dada situação é único. Os significados dos momentos que são únicos são objetos da descoberta pessoal. Eles devem ser procurados e encontrados por cada um. Desde que a situação é sempre única, com um sentido que é também necessariamente único, segue-se que a possibilidade de fazer qualquer coisa em relação à situação é também única, porque é transitória. Ela possui uma qualidade, um *kairós*, isto é, se não aproveitarmos a oportunidade de dinamizar o sentido intrínseco e como que mergulhado na situação, o sentido passará e irá embora para sempre.[6]

Por essa razão, a felicidade é muito mais um jeito de ir do que um lugar onde se chega. O ditado chinês ensina que "os caminhos existem para jornadas e não para destinos". Exatamente por esse motivo Jesus de Nazaré recomendou a seus discípulos que não se inquietassem quanto ao dia de amanhã, nem se ocupassem com o que beber, o que comer, com que se vestir, pois o Deus que cuida dos passarinhos e das flores cuida também de seus filhos. Quem não é capaz de "presentificar" a vida nunca será feliz, pois a felicidade estará sempre um pouquinho à frente, assim que...

EM SÍNTESE

Esse conceito de felicidade como contentamento, estar satisfeito e/ou adaptado em qualquer circunstância, além de ser coerente com a informação de que "as pessoas possuem um ponto de estabilização da felicidade, um nível de alegria ao qual se retorna, não importa se o indivíduo tenha ganhado na loteria ou perdido a capacidade de utilizar seus membros", também nos ensina que o grande desafio que enfrentamos consiste em viver de modo consciente, atentos às potencialidades e ameaças de cada momento da vida, de modo a nos tornarmos senhores dos nossos estados de espírito.

Mas, infelizmente, devo concordar com Henry David Thoreau quando diz que "a grande maioria dos homens vive uma vida de silencioso desespero". Por baixo do pano escuro da noite, quando as luzes se apagam e restam apenas os labirintos da mente como trilha para o encontro com o descanso, muita gente repousa infeliz. Sua sorte, ou infortúnio, é que durante o dia quase ninguém percebe; disfarçam bem ou convivem com gente igualmente ocupada em disfarçar, que não consegue perceber quão ruins os atores são no palco da vida.

Algumas pessoas retrucariam: "Eu não sou tão infeliz como você está sugerindo".

Acredito. Na verdade, conheço muitas pessoas assim. Mas não invejo suas vidas. E desconfio de que nem mesmo elas se orgulham da vida que têm, pois se a infelicidade não as descreve, também não é tão fácil encontrar uma palavra que o faça. Têm vidas amorfas, vazias, e obedecem à mesmice da navegação de um marujo, que não sabe para onde vai, que teme chegar a algum lugar indesejável e que cruza os dedos fazendo figa para que o acaso lhes reserve boa ventura. Vidas sonolentas, que se arrastam em meio a rotinas enfadonhas. Gente que vive à espera da sexta-feira e que se arrepia quando a luz do quarto se apaga no domingo à noite, sem que nada interessante tenha acontecido no fim de semana. Não têm uma cama onde repousar, deitam-se noite após noite numa cova de lençóis, sepultando um projeto de vida fracassado e, ainda que inconscientemente, rolam de um lado para o outro imaginando alguma novidade inesperada que, como num passe de mágica, derrame adrenalina no dia seguinte. A infelicidade, para a maioria das pessoas, não é um sofrimento constante, com lágrimas derramadas de hora em hora, mas sim o seu oposto, justamente a ausência de lágrimas: não se emocionam, não se entristecem, não se desesperam, não se importam, não choram mais. E acham isso normal, sinal de maturidade, estabilidade emocional, de autocontrole. Eu chamo isso de apatia, dessensibilização, incapacidade de ser afetado pela vida.

Talvez por essa razão Borges seja tão celebrado. Viveu sua angústia sem dissimulação. Sua confissão "não fui feliz" ecoa até hoje no mundo da literatura, que ainda tenta equacionar a genialidade com o fracasso existencial. O maior escritor argentino de todos os tempos e um dos grandes do século 20, professor de literatura inglesa e norte-americana na Universidade de Buenos Aires e de poesia em Harvard, colecionou, ao longo da vida, os mais célebres prêmios da literatura mundial. Celebrado como gênio, deixou pisadas palmilhadas por centenas de novos escritores, que sonhavam repetir suas histórias fantásticas, e abriu portas para Umberto Eco e Gabriel García Márquez, para citar apenas dois. Mas fracassou na vida. Ao completar 80 anos, em agosto de 1979, afirmou que estava cansado de viver. Conviveu com a cegueira durante 30 anos. Morreu cético, em profunda solidão, pois sempre preferiu as personagens às pessoas. O poema *Instantes*, erroneamente atribuído a ele, bem poderia servir como seu epitáfio.

> Se eu pudesse viver novamente minha vida,
> na próxima trataria de cometer mais erros.
> Não tentaria ser tão perfeito, relaxaria mais.
> Seria mais tolo ainda do que tenho sido,
> na verdade, bem poucas coisas levaria a sério.
> Seria menos higiênico.
> Correria mais riscos, viajaria mais,
> contemplaria mais entardeceres, subiria mais montanhas,
> nadaria mais rios. Iria a mais lugares aonde nunca fui
> tomaria mais sorvete e comeria menos lentilha,
> teria mais problemas reais e menos problemas imaginários.
> Eu fui uma dessas pessoas que viveu sensata
> e produtivamente cada minuto da sua vida;
> claro que tive apenas momentos de alegria.
> Mas, se pudesse voltar a viver,
> trataria de ter somente bons momentos.
> Porque, se não sabem, disso é feito a vida,
> só de momentos, não percam o agora.
> Eu era um desses que nunca ia à parte alguma sem um termômetro, uma bolsa de água quente, um guarda-chuva e um paraquedas;
> se voltasse a viver, viajaria mais leve.
> Se eu pudesse voltar a viver,
> começaria a andar descalço no começo da primavera
> e continuaria assim até o fim do outono.
> Daria mais voltas na minha rua,
> contemplaria mais amanheceres e brincaria com mais crianças, se tivesse outra vez uma vida pela frente.
> Mas, já viram, tenho 85 anos e sei que estou morrendo.

Borges entendeu, talvez tarde demais, que a vida é cheia de pequenos momentos que podem ser celebrados quando vividos com inteireza, amor e simplicidade, sem a necessidade de que se eternizem porque grandiosos, mas grandiosos porque vividos como eternos.

Também por essa razão não me dou por vencido. Sei que existe uma dimensão de vida acima da mediocridade acomodada. Saio para uma maravilhosa aventura e convido você a vestir-se de coragem e me acompanhar na busca de respostas a algumas perguntas absolutamente relevantes para quem deseja uma vida plena: como experimentar um modo de viver satisfatório em meio ao turbilhão de responsabilidades, solicitações, ocupações, suposições e possibilidades? Aliás, é possível encaixar esse universo em sete dias de 24 horas? Como nos livrar do estresse, do enfado, do ressentimento, da vontade de sumir, do senso de vazio e de inutilidade e da culpa? Existe um jeito de ganhar o mundo sem perder a alma? É possível viver num estado de espírito que chamamos felicidade? Afinal, existe mesmo essa tal felicidade? E, se existe, como se define? E, se é possível defini-la, como experimentá-la?

2
ALTERNATIVAS

NÃO DESISTA

Este é um texto destinado a pessoas que têm a mente voltada para o sucesso. Pessoas como você, que estão na expectativa de trazer para a Terra suas mais caras aspirações, transformando-as em realidades emocionantes. Poder mandar seus filhos para a universidade que eles escolherem. Mudar-se para aquela casa espaçosa e ajardinada de seus sonhos. Levar a família em férias regulares para aqueles lugares fascinantes de que sempre ouviu falar. E, ainda, conseguir a paz de espírito que acompanha a realização das coisas que você deseja muito realizar na vida.

Quero fazer-lhe uma pergunta: por que você comprou este livro? Não será, por acaso, porque o preocupa não ter tudo o que deseja? Você quer saber a forma de conseguir sucesso financeiro e social, bem como nas relações familiares, e também busca uma maneira de encontrar plena satisfação em todos os aspectos da vida.

Se eu traçasse uma linha e lhe dissesse que, se você a atravessasse com um só passo, sua vida mudaria para melhor, será que não daria esse passo? É claro que sim. Se você soubesse que dar o passo garantiria paz interior, prosperidade e bem-estar, não hesitaria um segundo. Pois você terá a oportunidade de dar esse passo para entrar numa vida de felicidade e de sucesso – à medida que continuar lendo este livro. Atravessar a linha realmente funciona. Dar o passo para o outro lado levou-me definitivamente a uma vida de felicidade e de sucesso. Já dividi minha experiência com amigos íntimos e parceiros comerciais e com outras pessoas que eu nem conhecia bem. Já vi pessoas miseráveis transformadas em pessoas de sucesso. Indivíduos endividados transformando-se em sucessos financeiros. Pessoas doentes, fracas de mente e de corpo transformando-se em cidadãos saudáveis e produtivos. Antes de atravessar essa linha, um jovem estava desempregado e sofrendo de úlcera, atormentado por inúmeras dívidas, mas hoje é o campeão de vendas de sua empresa. Outro jovem estava infeliz e perdia terreno em seu emprego, mas depois que atravessou a linha tornou-se um dos homens de negócio de maior destaque em sua cidade. Certo homem havia falido em cada empreendimento tentado, até que pisou do outro lado da linha e adotou os princípios abordados neste livro e alcançou sucesso nos negócios e nas finanças. Apresentarei aqui o segredo que se acha no centro desses ensinos. Se você deixar que este livro sirva como luz para guiá-lo a uma vida de felicidade e de sucesso pelo caminho que ele aponta, então meus esforços não foram em vão. Os milagres que já vi certamente vão acontecer para aqueles que seguirem os ensinos deste livro.

Você acabou de ler três parágrafos extraídos de livros dignos, representantes do maior fenômeno editorial deste fim de século: a literatura de autoajuda. O primeiro parágrafo é uma citação de Robert O'Reilly em seu livro *O poder do pensamento dinâmico,*[1] o segundo é a introdução do livro *Passaporte para o sucesso,*[2] e o terceiro, e mais longo (aquele de dar um passo para o outro lado da linha), pasme, é extraído do livro *Sucesso,*[3] publicado por uma editora cristã evangélica.

Vivendo num estado de espírito quase que permanentemente perturbado, com a sensação de que a vida está escapando entre os dedos e, ainda que contrariadas, admitindo avarias físicas e psicoemocionais, as pessoas acessam as rotas para gerenciamento e compensação da vida estressante, que, aliás, não são poucas. As mais comuns, entretanto, podem ser resumidas em pelo menos cinco categorias.

Para combater o estado de espírito perturbado de maneira coerente com a crença que a felicidade chegará "assim que", a sociedade contemporânea desenvolveu, pelo menos, cinco caminhos: a autoajuda, a busca da qualidade de vida, a entrega aos prazeres, a pseudotranscendência e a dedicação às causas nobres.

AUTOAJUDA

A primeira e mais badalada de todas as tentativas de solução para o encontro com a felicidade neste início de terceiro milênio é, sem dúvida, o movimento chamado de autoajuda, que sugere técnicas de controle mental e artifícios para conquistar objetos do desejo. Há muitas maneiras de definir o que é autoajuda, mas a que mais me agrada saiu da pena de Max Gehringer:[4] "autoajuda é tudo aquilo que tem o poder de transformar em fácil tudo aquilo que é extremamente difícil para a maioria absoluta dos mortais". De fato, aquela conversa de que você precisa apenas dar um simples passo para mudar sua vida de uma vez, para sempre, e, do outro lado da linha, encontrar sucesso e felicidade é uma ofensa aos mortais.

Mas, mesmo assim, os profetas da autoajuda e suas loucas profecias multiplicam-se assustadoramente. Quando Gehringer fez suas contas, era possível acessar mais de 1.485.000 *sites* de *self-help na* internet, cada um apresentando, em média, 20 dicas infalíveis de sucesso. Eram apenas e tão somente cerca de 30 milhões de receitas instantâneas para a felicidade! (Hoje, enquanto escrevo, em julho de 2003, recebi indicação de *5.670.000 sites* para a mesma busca.) Isso bastaria para nos deixar em pânico, mas Gehringer conclui com uma boa notícia. Ele recomendou que a melhor maneira de encontrar a fórmula adequada a nosso jeitão de ser é ler todos os livros de autoajuda. Depois, alivia-nos com a informação de que "todos os livros de autoajuda" são apenas dois: *Como fazer amigos e influenciar pessoas*,[5] traduzido para mais de 50 idiomas e mais de 10 milhões de exemplares vendidos, e *O poder do pensamento positivo*,[6] que já vendeu mais de 7 milhões.

Com mensagens simples e ilusórias do tipo "você tem em seu interior todos os recursos de que precisa para alcançar o sucesso" e "mude seu modo de pensar e você mudará o mundo", o que está por trás é a sugestão de que a vida plena é apenas uma questão de disposição pessoal resumida na proposta atribuída ao imperador romano Marco Aurélio: "a vida de um homem é o que os seus pensamentos fazem dela".

Além disso, podemos facilmente perceber que, apesar de sua ênfase na "engenharia da alma", na autorrealização, no desenvolvimento da personalidade e dos poderes mentais, no acesso e liberação de recursos interiores, o objetivo da literatura de autoajuda é a solução de problemas, o progresso social e o bem-estar pessoal, leia-se "conforto". Os autores visam a oferecer manuais e textos práticos, além de narrativas em primeira pessoa, nas quais o sujeito relata a descoberta de suas forças mais íntimas e a maneira como as empregou para alcançar sucesso, onde sucesso é igual a "poder mandar seus filhos para a universidade que eles escolherem, mudar-se para aquela casa espaçosa e ajardinada de seus sonhos, levar a família em férias regulares para aqueles lugares fascinantes de que sempre ouviu falar".

Qualidade de vida

Existe o "evangelho da qualidade de vida", que prega a necessidade da reeducação alimentar, das medicinas alternativas, dos exercícios físicos sistemáticos, do descanso e do lazer e do bom ambiente onde morar. Multiplicam-se os condomínios de luxo nas periferias dos grandes centros urbanos, as academias de ginástica e as rodas de papo a respeito de dietas e de fórmulas para milhares de mulheres que se julgam acima do peso e que se martirizam porque, apesar de todos os esforços, não conseguem emagrecer. Surge a chamada geração saúde e a galera da malhação, além dos "cinquentões sarados", ainda hoje fisgados pela *Lolita* que Nobokov retratou em 1962.

Evidentemente, todas essas atividades e propostas são absolutamente saudáveis, desde que integradas numa rotina consciente e numa dinâmica de complementaridade. O que se vê, entretanto, é uma avalanche de engajamentos motivados pela culpa e pelo desespero, que têm "muita iniciativa e pouca acabativa". Os quartos e salas da classe média estão repletos de aparelhos de ginástica empoeirados (comprados no "zero-onze-quatorze-zero-meia") e pares de tênis novos abandonados depois da terceira caminhada matinal.

Let it be

Não são poucos os que se entregam ao que chamo de prazeres ilícitos e abusivos, utilizando-os como mecanismos de compensação para a sensação de vazio e de culpa existenciais. Essa é a turma que o Lobão descreveu em seu verso: "vida boa, vida breve, já que eu não posso te levar, quero que você me leve". Gente cheirando pó, enchendo a cara e se perdendo em noitadas, de cama em cama, também integra o elenco dos falidos administradores de estados de espírito perturbado. Existe ainda a turma do comprimido e da fartura, aqueles que se empanturram de quinquilharias disponíveis nos *shoppings* da vida, nas mesas lautas dos restaurantes e nas geladeiras abertas na madrugada, além dos "prozacs" e de outros coquetéis.

Esse "vamos deixar como está que é para ver como fica" estende-se, também, para os relacionamentos, que acabam se deteriorando em relações de dependência e de manipulação, em que os pares doentes e perpetuados disputam um joguinho idiota: "Eu culpo você e você diz que a culpa é minha". "Você diz que eu não presto, mas também não me abandona." "Não vai ter próxima vez, porque eu não aguento mais esta vida dupla." "Já cansei de tentar as coisas, você faz o que quiser da vida."

São milhares os casais que se retroalimentam em seus ciclos de litígios agudos e ou insatisfações crônicas. Para alguns, a tragédia do amor é "chover o ano inteiro chuva fina" e, para outros, é "cair lá de cima um elevador".

Pseudotranscendência

Por essas e outras, os templos e terreiros estão lotados, os gurus exotéricos e esotéricos estão em alta, e o misticismo varre as ruas com propostas inacreditáveis. As crendices e superstições que tecem a cultura do primitivismo religioso quase nos fazem acreditar que estamos de volta à idade das trevas. Desenvolve-se uma espiritualidade tribal, em que Deus torna-se um ídolo de esquina que deve ser acessado para uma negociação, na qual os benefícios da divindade nada têm a ver com a seriedade do suplicante, pois pouquíssima gente tem forças para trilhar o caminho da transformação de dentro para fora. A experiência espiritual moderna, ou pós-moderna, como preferem alguns, é na verdade, medieval. Primeiro, porque vê Deus como um meio e não como um fim em si mesmo. Deus passou a estar a serviço do fiel, responsável por realizar seus desejos, sob pena de ser abandonado e considerado um

Deus ausente, distante, omisso e lento demais para suprir as demandas dos desafios da vida.

Em segundo lugar, a espiritualidade contemporânea reserva muitos lugares para crédulos que acreditam no conforto produzido por uma fé mágica. É fita do Bonfim e do despacho, dízimos e correntes de fé, benzimentos e passes, jejuns e vigílias, novenas e procissões para tudo que é lado.

Sem dúvida, essa é uma experiência espiritual movida pelos paradigmas da autoajuda. Primeiro, porque está centrada no indivíduo e seu desconforto, e tudo quanto espera lograr do contato com a divindade, qualquer que seja ela, é a melhora da situação em termos de "solução de problemas, de progresso social e bem-estar pessoal".

A espiritualidade contemporânea reserva muitos lugares para crédulos que acreditam no conforto produzido por uma fé mágica.

Mas, também, essa espiritualidade pós-moderna *made in* movimento de autoajuda é cheia de truques e de artifícios para a conquista dos objetivos propostos. Assim como existem livros ensinando a fazer amigos e influenciar pessoas, existem outros tantos que ensinam "a oração que move a mão de Deus". Da mesma maneira como os neurolinguistas ensinam a "programação mental", os líderes espirituais ensinam a "programação dos deuses", mostrando que é impossível que os deuses não se comovam em favor de uma pessoa que acende uma vela, sobe uma escada de joelho, participa da corrente da fé, oferece donativos na creche do bairro, serve champanhe e cachaça nas esquinas escuras. Sem dúvida, aparentemente, uma espiritualidade de manipulação dos espíritos, mas certamente uma experiência de escravidão aos ritos, aos métodos e, principalmente, aos espíritos que por trás dessas coisas se escondem. Infelizmente, na tentativa de agarrar a vida pelo colarinho e de fazê-la vomitar prosperidade e conforto, vale tudo, ou quase tudo.

Essas experiências espirituais contemporâneas podem ser chamadas de pseudotranscendência. Apresso-me a dizer que nada é mais legítimo do que a busca de Deus, transcender no sentido religioso do termo. Mas o perigo está na pseudotranscendência, que Leonardo Boff compara com a experiência das drogas. Ele diz que "o problema da droga não é a viagem, é a volta da viagem, quando então não se suporta mais o cotidiano".[7]

De fato, existe muita gente querendo transcender, fazer contato com o sagrado, para que seus mundos sejam mudados: um novo emprego, uma cura, um conforto a mais. Outros desejam alívio, precisando de doses cada vez mais fortes de êxtases, e acabam alienando-se da realidade, ficando anestesiados para a experiência de viver, isolados no mundo da fantasia produzida pela experiência de arrebatamento. Nesse sentido, o critério para saber se uma experiência de transcendência é boa é a verificação do efeito que traz sobre o indivíduo: ela potencializa o ser humano ou o diminui? Em que medida essa experiência capacita o ser humano e o qualifica a enfrentar o cotidiano? A pseudotranscendência escraviza. A transcendência qualifica para a vida.

Uma experiência espiritual que funciona como válvula de escape, manipulação mágica da realidade e desculpa para a transferência de responsabilidades não pode ser considerada caminho para a felicidade, mas apenas rota de fuga e de alienação, que resulta em escravidão.

Causas nobres

Ao lado dos alienados, existem aqueles que optam pelo que chamo de compensações nobres e que se dedicam a causas de filantropia e de solidariedade, de militância política e de engajamento social. Não tenho dúvidas quanto às possibilidades da existência responsável, do impulso para fazer o bem e dos dividendos existenciais de uma vida útil. Cresce no mundo a consciência da necessidade da mobilização da sociedade civil em direção à busca de soluções para os conflitos sociais. Poucas coisas revelam a maturidade de uma civilização como sua capacidade de promover o espírito solidário. Poucas coisas revelam a maturidade pessoal como o desprendimento e a abnegação.

Mas não podemos confundir as pessoas com os papéis que desempenham no mundo, por meio dos quais se tornam relevantes na sociedade e contribuem para o bem da humanidade. Há muita gente útil e infeliz. Pessoas admiráveis exceto para si mesmas, as quais, à noite, colocam a cabeça no travesseiro e têm coragem de admitir que os benefícios que promovem na sociedade não alcançam o cônjuge ferido na mesma cama, nem o filho massacrado no quarto ao lado, e muito menos aplaca a fome de um significado eterno.

A essa altura você pode pensar que pintei um quadro escuro demais e que exagerei na dose para valorizar o caminho que tenho a propor. Mas ainda não terminei, pois acredito que esse cenário pode ficar ainda pior.

A vaca está indo para o brejo

Os efeitos desses fenômenos sobre a cultura ocidental são desastrosos. Poucos descreveram melhor esta geração do que Francisco Rüdiger,[8] quando disse que a geração autoajuda substituiu:

- o engajamento na busca de justiça social pela busca de sucesso pessoal individualista;
- a preocupação em formar pessoas de caráter pela preocupação de formar pessoas de sucesso;

- o compromisso com o cumprimento do dever pelo compromisso com a satisfação da vontade;
- a concepção cristã de que o mal é endógeno pela crença de que o mal é apenas uma reação mental inadequada às circunstâncias.

O mundo é dos espertos, e bom é levar vantagem em tudo, certo? Errado. O mundo é de todo mundo, e quem teve mais oportunidades do que os outros deve viver de maneira solidária e distribuir riquezas, para que a dignidade humana seja resgatada na dinâmica da cooperação que constrói uma sociedade em que ninguém fica em desvantagem.

"Eu tenho um sonho", disse Martin Luther King Jr. A geração *self-help* continua tendo sonhos, mas muito distintos daqueles conspirados na inesquecível marcha sobre Washington, que reuniu mais de um milhão de pessoas que protestavam em busca de justiça. Aqueles pretendiam que chegasse o dia quando "o sol se levantaria sobre homens que seriam julgados pela grandeza de seu caráter". Estes pretendem julgar as pessoas pela grandeza de seu saldo bancário e pelas curvas de seus corpos malhados.

Já virou lenda o tempo em que os negócios eram feitos na base do fio do bigode, em que a honra valia mais que o lucro e fazer o que é certo era mais compensador do que ter prazer. "Tenho direito a ser feliz" torna-se uma frase duvidosa quando as pessoas, com isso, querem dizer que desejam ser felizes custe o que custar, e agora mesmo, nem um minuto a mais, e que o caminho para isso é estender a mão e tomar posse dos objetos de seus desejos, aliás, na maioria das vezes, questionáveis.

A maldade intrínseca ao ser humano foi deixada na lata do lixo da cultura religiosa. Tudo, agora, é uma questão de pensar corretamente, de mudar condicionamentos mentais, de domesticar impulsos destrutivos, de construir hábitos saudáveis. O sucesso é um torrão de açúcar para milhares de humanos bestializados pelo behaviorismo, que mascara as tensões da alma e esconde a infelicidade ontológica que toda gente carrega no peito até descansar em Deus. Milton Nascimento parece um profeta quando canta que "longe se vai sonhando demais, mas onde se chega assim, vou descobrir o que me faz sentir eu caçador de mim". Mas parece que o conforto pode anestesiar, especialmente aqueles que têm medo de um mergulho para dentro de si mesmos e que preferem paliativos, como técnicas de controle mental, mecanismos de autossugestão, programação neurolinguística e comportamentos artificiais para influência pessoal.

Convite

Vivendo com propósitos é um caminho alternativo. Convido você a me acompanhar nesta trilha de descobertas que privilegia o desenvolvimento espiritual e a transformação pessoal, visando um estilo de vida que se identifica mais com uma jornada do que com um destino.

3
SIGNIFICADO

Outro caminho

Viver é muito perigoso, já dizia Guimarães Rosa. Viver é um grande desafio e, para ser bem franco, apesar de desprezar absolutamente o caminho escolhido pela "geração autoajuda", compartilho com ela a ambição pela felicidade. Também pretendo chegar ao fim de meus dias, olhar-me no espelho e, ao encontrar os olhos de Deus no mais profundo de minha consciência, ter a certeza de que não desperdicei o maravilhoso presente chamado vida. Também quero ser um sucesso. Também pretendo cruzar a linha da realização pessoal. Também almejo deixar no solo da história as pegadas da minha passagem para que alguns possam tomá-las como referência em sua própria peregrinação. E, para ser mais franco ainda, prefiro andar de BMW a andar de ônibus. Não sou bobo. Nem hipócrita. Faço coro com Sir Winston Churchill: "não sou um homem exigente; eu me contento com o melhor".

Mas, ao me comparar com a geração autoajuda, vejo que meu caminho é outro. E meu destino também. Meus heróis são de outro naipe. Acho interessantes e motivadoras algumas das palavras de Dale Carnegie, Norman Vincent Peale, Joseph Murphy, Leo Buscaglia, Napoleon Hill, Zig Ziglar, Deepak Chopra, Lair Ribeiro, José Silva, Lauro Trevisan e Roberto Shinyashiki, até porque, em sua maioria, são ótimos compiladores da sabedoria universal. Ou, como Stephen Covey[1] admitiu, boa parte da literatura de autoajuda é "bom-senso organizado".

Contudo, prefiro entrar na selva da aventura de viver pelas trilhas que conduzem às raízes da experiência humana. Somente pessoas que permaneceram na superfície da reflexão, ou que jamais pararam para pensar, admitem que sucesso e felicidade são resultado de dinheiro, sexo e poder, e que essas coisas se conseguem pela correta disposição mental e eficiente manuseio de técnicas de influência pessoal *(aliás, não sei por que dediquei tanto tempo criticando essa tal de autoajuda...)*.

OUTROS HERÓIS

Há caminhos de sucesso e de felicidade que todos os mortais comuns, como nós, chegando ao fim da vida, se orgulhariam de ter trilhado. Seria razoável que comparássemos as aspirações sociais contemporâneas com o legado de homens como Albert Schweitzer, Mohandas Gandhi, Martin Luther King Jr. e Nelson Mandela. Bom seria se conseguíssemos acompanhar e discernir a profundidade das reflexões existenciais de George Hegel, Martin Heidegger, Albert Camus, Friedrich Nietzsche, Emmanuel Kant, Soren Kierkegaard e Jean Paul Sartre. Talvez encontrássemos algumas placas sinalizadoras para o bem viver deixadas por aqueles que tentaram fazer o mapa da alma, como Sigmund Freud, Alfred Adler, Carl Jung e Viktor Frankl. Melhor proveito teríamos se buscássemos o porquê das coisas e as razões por trás do universo como buscaram Tales, Sócrates, Platão, Aristóteles, René Descartes e seus tantos pares menos célebres. Poderíamos avançar bastante seguindo as trilhas da filosofia oriental, desenvolvendo suas disciplinas e aprendendo com as inesgotáveis histórias de conversas enigmáticas entre mestres e discípulos. E, sem sombra de dúvidas, colheríamos maravilhosos frutos do pomar das tradições da espiritualidade judaico-cristã, desde o Antigo e Novo Testamentos, iniciando com a sabedoria rabínica, aprendendo com os Pais da Igreja e ouvindo corretamente os Reformadores. Mas deveríamos parar reverentemente diante do incomparável e inevitável Jesus de Nazaré.

TRANSCENDÊNCIA

Com raríssimas exceções, os grandes pensadores da história da humanidade concordaram que o bicho homem é essencialmente um ser transcendente, que não pode encontrar sua realização neste mundo da imanência e que, portanto, como disse Fyodor Dostoyevsky, carrega no coração "um vazio do tamanho de Deus" e que vive repetindo a oração de Agostinho, chamado Santo: "Ó Deus, inquieto bate meu coração enquanto não descansar em ti".

Nós, humanos, somos essencialmente "seres de protestação, de ações de protestos", como definiu o Frei Leonardo Boff.[2] "Desbordamos todos os esquemas, nada nos encaixa. Não há sistema que possa enquadrar o ser humano. E não há sistema que não tenha brechas por onde o ser humano não possa entrar. Estamos sempre nos projetando para fora (ex-istência). Possuímos essa dimensão de abertura, de romper barreiras, de superar interditos, de ir para além de todos os limites. É isso que chamamos de transcendência. Essa é a estrutura de base do ser humano", conclui.

Trazemos na bagagem a memória do paraíso e a esperança do céu. Por essa razão, caminhamos famintos, inquietos, insatisfeitos, e precisamos encontrar respostas essenciais que justifiquem o correr dos dias, durante setenta, oitenta anos, neste universo e neste globo chamado Terra. As respostas que procuramos devem ser suficientes para nos fazer capazes de levantar da cama na segunda-feira, a fim de encarar a vida e de nos livrar da sensação de que estamos apenas matando o tempo enquanto a morte não vem.

Lembro-me de que, durante anos, passei em frente ao cemitério do Araçá, em São Paulo, onde alguém deixara pichada sua angústia: "Olhe ao redor. Estranho, né?". Na certa, aquele grafiteiro não se referia à quietude do lado de dentro do muro, mas sim à turbulência e à agitação do lado de fora. Queria respostas para as perguntas que todo mundo faz: *Afinal, por que essa correria toda?*, *Por que razão estamos vivos?*, *O que é que dá sentido a isso tudo?*, pois naquele momento o mundo lhe parecia muito estranho. De fato, a sabedoria popular diz que, para o marujo que não sabe para onde vai, todo vento é contra. Friedrich Nietzsche foi mais feliz ao afirmar que "somente quem sabe o porquê da vida é capaz de suportar-lhe o como".

Isso explica por que Viktor Frankl,[3] psicanalista precursor da *logoterapia*, ou *terapia do sentido*, disse que "a principal preocupação da pessoa humana não consiste em obter prazer ou evitar a dor, mas antes em ver sentido para sua vida". Após anos e anos de aconselhamento psicológico e processos terapêuticos Carl Jung[4] chegou à mesma conclusão: "O problema de cerca de um terço de meus pacientes não é diagnosticado clinicamente como neurose, mas resulta da falta de sentido de suas vidas vazias. Isto pode ser definido como a neurose geral de nossa época". Por essa razão, "a perseguição da felicidade é o objetivo errado. Você não passa a ser uma pessoa feliz perseguindo a felicidade. Você se torna feliz vivendo uma vida com significado", vaticinou Harold Kushner.[5]

Sobrevivência, sucesso e significado

Todas as pessoas são dirigidas por alguma coisa, isto é, todas as pessoas são guiadas, controladas, direcionadas por alguma força que determina o roteiro de sua vida. Alguns são dirigidos pela culpa, outros pelo medo ou pelo ressentimento e desejo de vingança. Há pessoas dirigidas pelo passado, que dizem: "Sempre foi assim, por que agora vai ser diferente?". Outros são dirigidos pelos sonhos de terceiros, como, por exemplo, dos pais, dos filhos ou mesmo daqueles por quem nutrem louca paixão. Não são poucos os que vivem em razão do trabalho e dele derivam sua identidade – perdendo seu cartão de apresentação profissional perdem a si mesmos.

Um dos maiores desafios que devemos encarar é a descoberta ou opção a respeito das forças que determinam nossos caminhos e destinos. Em outras palavras, devemos decidir em razão de que estamos vivendo.

Você pode viver em um de três níveis. O primeiro nível podemos chamar de *sobrevivência,* isto é, a pessoa não vive, apenas existe, e cada dia vencido é uma grande batalha ganha. Para tais pessoas, a expressão "pão de cada dia" é literal. Não se referem aos recursos da vida como diversos, mas como escassos.

O segundo nível podemos chamar de *sucesso.* De acordo com a cultura e o meio social em que vivemos, buscamos conforto, prestígio, realização profissional e relacionamentos satisfatórios. Nessa perspectiva, você sabe que é um sucesso quando pode escolher onde passar as férias, e, se este é o seu caso, a maioria das pessoas do mundo gostaria de ter seus problemas. Você é uma pessoa bem-sucedida.

Recente estatística divulgada na internet mostrou que, se fosse possível reduzir a população do mundo inteiro a uma vila de 100 pessoas, mantendo a proporção do povo existente no mundo na virada para o terceiro milênio, tal vila seria composta com a seguinte configuração:

57 asiáticos, 21 europeus, 14 norte-americanos (Norte, Centro e Sul) e 8 africanos
52 seriam mulheres e 48 seriam homens
70 não-brancos e 30 brancos
6 pessoas possuiriam 59% da riqueza do mundo
80 viveriam em casas inabitáveis
50 sofreriam de desnutrição
1 teria computador e 1, apenas 1, teria formação universitária

Nesses termos, e falando francamente, você se considera uma pessoa vivendo no nível da sobrevivência ou já pode se considerar um sucesso? Leve em conta que, se você acordou hoje mais saudável que doente, tem mais sorte que aproximadamente um milhão de pessoas que não verão a próxima semana. Se nunca experimentou o perigo de uma batalha, a solidão de uma prisão, a agonia da tortura, a dor da fome, tem mais sorte do que 500 milhões de habitantes do mundo. Se você tem comida na geladeira, roupa no armário, um teto sobre a cabeça e um lugar aquecido para dormir, considere-se mais rico que 75% das pessoas do mundo. Se tiver dinheiro no banco, na carteira ou um trocado em algum lugar, considere-se entre os 8% das pessoas com melhor qualidade de vida do mundo. Enfim, considere-se uma pessoa bem-sucedida.

A questão é que você não consegue responder por que essa sensação de "está faltando alguma coisa". O que isso ensina? A velha ladainha de que o sucesso, por si só, não satisfaz. Você precisa de algo mais. Precisa chegar ao terceiro nível de vida. Além da *sobrevivência* e do *sucesso,* você precisa de *significado.*

Abraham Maslow, psicólogo norte-americano, abordou esse tema em sua Escala das Necessidades do Homem. Sua pirâmide hierarquizava as necessidades em cinco níveis. Em primeiro lugar, as necessidades fisiológicas, como, por exemplo, alimento, roupa, moradia, sexo, sono, prazer, alívio da dor, conforto. Depois vinham as necessidades de segurança, em que o foco estava na busca por proteção, controle, prevenção, garantias, em resposta ao anseio mundial por estabilidade e ordem. Em seguida, com a vida confortável e sentindo-se seguro a respeito da continuidade de suas circunstâncias favoráveis, o ser humano passaria a dedicar-se a suprir suas necessidades sociais de afeição, aceitação, pertença, convivência, amizade e amor. O degrau seguinte seria das necessidades do ego e de autoestima, em que estariam em jogo questões como autoaceitação, autoconfiança, prestígio, admiração por terceiros, aprovação social e reconhecimento. Finalmente, viriam as necessidades de autorrealização, a saber, o desenvolvimento do potencial criativo, o empreendimento significativo, a concretização dos talentos e de potencialidades para realizar algo de valor.

Essa percepção segue mais ou menos a ordem do *Qoelet*, o Eclesiastes, em seu testemunho de peregrinação em busca do sentido da vida. Salomão percorreu as trilhas do prazer, do trabalho, da estética e da beleza, do poder e da luxúria para chegar à conclusão de que tudo na vida era "vaidade de vaidades", no hebraico *hebel hebelim*, que "denota o que é visível ou identificável, mas imaterial, transitório e inútil".[6] Mas é exatamente Salomão quem promove a "destruição ruidosa de ídolos, das respostas fáceis às questões sobre o sentido da vida, incluindo as respostas religiosas".[7] O segredo do sentido da vida está na experiência do cotidiano à luz da eternidade, pois a afirmação mais contundente do Eclesiastes é que Deus "pôs no coração do homem o anseio pela eternidade"[8] ou, em outras palavras, a vida é aqui, com as coisas daqui, e ninguém pode realizar o sentido da vida excluindo este mundo e esta dimensão da existência, mas não é aqui seu ponto final e não são as coisas daqui as últimas. Na verdade, são as penúltimas.

É fato que precisamos sobreviver e ter sucesso, mas é mais verdadeiro ainda que ansiamos por significado e respostas que nos conduzem à eternidade

Maslow tinha certa razão. Mas esqueceu que "o coração do homem tem um vazio do tamanho de Deus", como disse Fyodor Dostoyevsky. É fato que precisamos sobreviver e ter sucesso, mas é mais verdadeiro ainda que ansiamos por significado e respostas que nos conduzam à eternidade, a eternidade que cabe dentro do nosso coração.

No seminário, meu amigo de quarto ensinou-me isso quando discutíamos *Morte e vida Severina*, de João Cabral de Mello Neto: "As pessoas não têm medo de morrer; elas, na verdade, têm medo de morrer sem saber por que viveram", disse-me no escuro da madrugada da cama de cima do beliche que dividíamos.

O paradigma judaico-cristão

Essa história de busca de sentido é mais velha do que andar para trás. Teilhard de Chardin, filósofo e matemático francês, propôs que "não somos seres humanos passando por uma experiência espiritual, somos seres espirituais passando por uma experiência humana". Ainda que questionável em seu sentido mais abrangente (trataremos da antropologia cristã no capítulo 11), o que Chardin está dizendo é que qualquer projeto de vida que se esgote no aqui e agora está fadado ao fracasso, e qualquer conquista que não sobreviva ao túmulo é incapaz de trazer a experiência de plenitude e encher de significado os dias.

A história de Adão e Eva é paradigmática. A Serpente revela toda a sua astúcia não apenas ao usar um discurso sedutor e uma linguagem enganosamente persuasiva, mas principalmente ao penetrar a essência abissal do ser humano a fim de manipular conceitos e anseios e de propor caminhos difusos para a realização da transcendência. Esqueça, por enquanto, o literalismo da narrativa do Gênesis, não se ocupe em tomar posição sobre se as personagens Adão, Eva e a Serpente existiram mesmo, se esse tal paraíso é um lugar geográfico ou se essa história é uma parábola, pois sendo fato ou figura, a história quer dizer a mesma coisa. Considere a possibilidade de ser apenas uma narrativa elucidativa da relação entre Criador e suas criaturas.

Primeiro, vamos olhar com cuidado a própria narrativa. Assim, o livro do Gênesis relata a conversa entre Adão, Eva e a Serpente:

> Ora, a serpente era o mais astuto de todos os animais selvagens que o Senhor Deus tinha feito. E ela perguntou à mulher: "Foi isto mesmo que Deus disse: 'Não comam nenhum fruto das árvores do jardim'?" Respondeu a mulher à serpente: "Podemos comer do fruto das árvores do jardim, mas Deus disse: 'Não comam o fruto da árvore que está no meio do jardim, nem toquem nele; do contrário vocês morrerão'". Disse a serpente à mulher: "Certamente não morrerão! Deus sabe que no dia em que dele comerem, seus olhos se abrirão, e vocês, como Deus, serão conhecedores do bem e do mal".
>
> Quando a mulher viu que a árvore parecia agradável ao paladar, era atraente aos olhos e, além disso, desejável para dela se obter discernimento, tomou do seu fruto, comeu-o e o deu a seu marido, que comeu também. Os olhos dos dois se abriram, e perceberam que estavam nus; então juntaram folhas de figueira para cobrir-se.
>
> Gênesis 3.1-7, NVI

Como lhe disse, essa narrativa é uma das bases da tradição judaico-cristã. Observe, então, o que disse o evangelista João, praticamente mil e quinhentos anos após o Livro do Gênesis:

> Não amem o mundo nem o que nele há. Se alguém ama o mundo, o amor do Pai não está nele. Pois tudo o que há no mundo – a cobiça da carne, a cobiça dos olhos e a ostentação dos bens – não provém do Pai, mas do mundo.
>
> 1 João 2.15,16, NVI

Calma, ainda não acabou. Agora, veja como o Gênesis se repete na história humana, desta vez não mais com Adão, mas com Jesus de Nazaré, na célebre tentação no deserto da Judeia.

> Então Jesus foi levado pelo Espírito ao deserto, para ser tentado pelo Diabo. Depois de jejuar quarenta dias e quarenta noites, teve fome. O tentador aproximou-se dele e disse: "Se és o Filho de Deus, manda que estas pedras se transformem em pães". Jesus respondeu: "Está escrito: 'Nem só de pão viverá o homem, mas de toda palavra que procede da boca de Deus'".
>
> Então, o Diabo o levou à cidade santa, colocou-o na parte mais alta do templo e lhe disse: "Se és o Filho de Deus, joga-te daqui para baixo. Pois está escrito: 'Ele dará ordens a seus anjos a seu respeito, e com as mãos eles o segurarão, para que você não tropece em alguma pedra'".Jesus lhe respondeu: "Também está escrito: 'Não ponha à prova o Senhor, o seu Deus'".
>
> Depois, o Diabo o levou a um monte muito alto e mostrou-lhe todos os reinos do mundo e o seu esplendor. E lhe disse: "Tudo isto te darei, se te prostrares e me adorares". Jesus lhe disse: "Retire-se, Satanás! Pois está escrito: 'Adore o Senhor, o seu Deus, e só a ele preste culto'".
>
> Então o Diabo o deixou, e anjos vieram e o serviram.
>
> Mateus 4.1-11, NVI

Lembre-se de que entre o escritor do Livro do Gênesis, muito provavelmente Moisés, e Mateus, o evangelista que narra a tentação de Jesus, há um intervalo de quase mil e quinhentos anos. Mateus e João, por sua vez, apesar de contemporâneos, inclusive de Jesus de Nazaré, escrevem seus textos num intervalo aproximado de 50 anos. Mas o impressionante é que os conceitos são os mesmos, a matriz existencial é a mesma, a leitura que fazem do ser humano e sua luta com as forças transcendentes é a mesma. Apenas os resultados são absolutamente diferentes.

Vamos imaginar esse paradigma distendido no tempo, desde Adão e Eva, passando por Jesus e chegando até nós. Existem três tríades que se repetem nesses processos. Eva imagina que a árvore é "boa para se comer",[9] e isso se refere à tentação na dimensão da necessidade física, o que para Jesus foi a fome depois de 40 dias de jejum, o que o levou a ser tentado a "transformar pedras em pães", e para nós, hoje, é o que o evangelista chamou de "cobiça da carne".

Em segundo lugar, Eva ficou fascinada porque o fruto do conhecimento do bem e do mal era "agradável aos olhos".[10] Da mesma maneira, Jesus foi levado ao alto monte onde o Diabo "mostrou-lhe todos os reinos do mundo e as suas grandezas",[11] o que para nós equivale à "cobiça dos olhos".[12] Talvez daí venha o ditado "o que os olhos não veem, o coração não sente", do qual se deduz que o desejo é atiçado pela visão ou pelo conhecimento.

Finalmente, em terceiro lugar, Eva é tentada quando a Serpente lhe diz que ela vai se tornar igual a Deus, apelando ao que o evangelista João chamou de "ostentação dos bens", e em Jesus foi representado na tentação de mostrar sua identidade messiânica saltando do pináculo do templo, para que os anjos viessem em seu socorro de maneira espetacular.

Observo claramente as combinações. Fruto bom de comer, pedras em pães e cobiça da carne. Depois, árvore bonita, visão dos reinos e de suas riquezas e cobiça dos olhos. Finalmente, a pretensão de ser igual a Deus, de mostrar o poder dos anjos, de ostentar os bens. A primeira tríade fala de necessidades e de sobrevivência. A segunda, de conquistas e desejos. A terceira, de poder e orgulho. A primeira apela aos instintos do corpo; a segunda, aos desejos da alma; e a terceira, aos anseios mais profundos do espírito. Ter o que preciso, ter o que desejo, até ter tudo. Sobrevivência, sucesso e significado. O básico, o supérfluo e o transcendente.

O corpo pede pão. O espírito pede transcendência, sentido, significado. A alma (na unidade corpo e espírito) fica no meio das duas dimensões e busca, no acúmulo de coisas e de fatos, o preenchimento de seu vazio. Porque somos corpo, precisamos satisfazer necessidades como a fome, o sono, a sede e o sexo. Porque somos espírito, precisamos satisfazer anseios sublimes, como sentido, significado, plenitude. Mas, porque somos corpo e espírito em unidade, corremos atrás da satisfação de algo mais do que efêmero e menos do que eterno.

Quando olho para essas narrativas, vejo o retrato de cada ser humano em suas lutas mais íntimas. Na verdade, em Adão e Eva, e em Jesus de Nazaré, vejo a própria raça humana. Mas vejo dois tipos de pessoas diferentes: as que foram derrotadas frente aos desafios do viver, sucumbiram aos apelos dos sentidos e permaneceram fincadas no chão da sobrevivência, ou, quando muito, do sucesso. E as que foram além de seus limites, enxergaram o invisível, lançaram uma âncora na essência última do Universo, o Deus Criador, que Jesus de Nazaré nos ensinou chamar de Pai, e transcenderam: encontraram o caminho da liberdade do mundo material e descobriram que a vida não se esgota no pão de cada dia, por mais abundante que seja, nem na satisfação das necessidades, apetites, instintos e desejos.

Não tenho dúvidas de que a matriz para o sentido da vida vai além, muito além das conquistas terrenas, da prosperidade material, da vazão aos instintos e apetites físicos, da realização e experimentação do prazer sensual. Mas também não acredito que a vida possa fazer sentido ou ser colorida com significado sem que essas dimensões estejam satisfeitas. "Com um homem faminto, você não pode falar de Deus, exceto em termos de pão", foi o que disse Gandhi. Por essa razão, proponho que o sentido da vida está absolutamente relacionado com a capacidade que desenvolvemos de equacionar as demandas do corpo, suas necessidades e seus desejos, mas também, e principalmente, do espírito e de sua essência.

Insuficiente

Também por essas razões não me satisfaço com as propostas mais usuais para a realização pessoal. A maioria dos manuais que se propõem a apontar caminhos para uma vida significativa trabalha em termos de administração do tempo e de objetivos e metas de curto, médio e longo prazos definidas para cada uma das áreas essenciais da vida. Estão baseadas em três perguntas: "Aonde você quer chegar?", "O que pretende fazer para chegar lá?", "Como vai encaixar isso tudo que você quer fazer na agenda?".

As propostas de gerenciamento de rotina e agendas, com base em planos de metas e objetivos futuros, mantêm nossos pés fincados nas dimensões da sobrevivência e do sucesso e dizem pouco a respeito das questões mais fundamentais, da transcendência e da fome por sentido e significado.

Evidentemente, os manuais para planejamento futuro e administração do tempo têm o seu valor. Versa o dito que "quem falha em planejar está planejando falhar". Uma vida bem administrada pode nos levar a situações de maior conforto e de menos conflitos em todas as dimensões. Mas não é por meio da gestão que chegaremos a satisfazer nossa fome de sentido e de significado.

Posso lhe garantir que esse pacote *mix* planejamento-*versus*-tempo é insuficiente para a maioria absoluta das pessoas que conheço e com quem convivo. Nem as pessoas nem a vida são organizadas dessa maneira. Essa coisa de pegar lápis e papel para planejar a vida incluindo "quanto tempo vou dedicar ao meu filho nesta manhã", "quantas vezes vou jantar com minha esposa neste mês" ou "quanto dinheiro vou despender com o lazer da família neste trimestre" não dá muito resultado, primeiro porque nem todo mundo é capaz de viver dessa maneira, mas também, e principalmente, porque a vida está sempre pregando peças na maioria dos que pretendem fazê-lo. Como disse Woody Allen, "se você quer fazer Deus rir, conte a ele seus planos".

Outra razão por que o pacote *mix* planejamento-*versus*-tempo é insuficiente é que ele visa apenas a ponta do *iceberg* chamado viver. Cada pessoa é um universo, e quando mergulhamos no mundo interior em busca de recursos para colocar o plano em ação, entramos num labirinto. Quando conseguimos emergir, via de regra trazemos mais perguntas do que respostas. Em minha atividade pastoral, estou cansado de ouvir pessoas confessando "Eu não consigo", "Eu gostaria muito, mas me sinto incapaz", "Eu comecei a fazer ginástica três vezes este ano e atualmente estou parada", "Eu não sei se ainda amo minha esposa" e outras tantas questões cujas respostas estão no submundo do coração, no qual o caderninho de planejamento nem sonha poder penetrar.

Há também a questão dos valores, que brotam da cosmovisão e da experiência religiosa conforme filtrados na vivência de cada pessoa. Algumas pessoas acreditam que vale a pena sacrificar o lazer em família para conseguir pagar a prestação da casa própria, enquanto outras preferem vender seu apartamento para enviar os filhos para estudar no exterior. Como se diz no popular, cada um, cada um, e, nesse caso, quando a gente faz uma lista de áreas da vida e estabelece metas para cada uma delas, o risco de fixar metas definidas pela média e pelas pressões sociais e culturais é muito grande. O resultado é que há muita gente que subiu a escada do sucesso e descobriu que ela estava escorada na parede errada, como denunciou Stephen Covey.[13]

Não vivemos movidos por metas, objetivos e alvos, mas sim por propósitos.

A resposta que nos faz sair do labirinto da vida medíocre não vem apenas da pergunta "O que quero alcançar na vida?", mas também da pergunta "Por que estou correndo atrás dessas coisas?". Em outras palavras, não vivemos movidos por metas, objetivos e alvos, mas sim por propósitos. A sobrevivência é o mínimo com que nos contentamos, o sucesso não nos satisfaz, pois queremos mesmo é o sentido da vida.

Depois de todos esses anos caminhando ao lado de pessoas em seus momentos de crises mais profundas, não me lembro de encontrar alguma delas que estivesse em dúvida quanto ao certo e errado ou que sinceramente não soubesse o que fazer. Muito embora boa parte das pessoas que me procuram em busca de aconselhamento pastoral esteja necessitada de receber luz para seus processos de pensamento, a maioria esmagadora vem em busca de uma de três coisas: o milagre imponderável; a complacência e a absolvição que lhes permitam transgredir sem carregar a consciência culpada para o resto da vida; ou o segredo para acessar forças que lhes possibilitem agir de acordo com suas convicções e valores. Minhas conversas pastorais, sejam elas nos encontros formais de aconselhamento, nas mesas de restaurantes, nos encontros informais rotineiros, quase sempre se iniciam com questões teológicas e filosóficas. As pessoas aproximam-se com perguntas que aparentemente dizem respeito a coisas que não entendem. Quem ouve sem muita atenção imagina que a conversa é entre duas mentes. Mas o que aprendi, nestes anos, foi discernir o que está por trás das palavras, quais são as dores, as angústias, as frustrações, os anseios mais profundos. Agora me exercito em outro tipo de conversa. Uma conversa entre dois corações.

Conclusão

George Bernard Shaw disse que a verdadeira alegria de viver consiste em "utilizar a existência para um propósito que se reconhece como grandioso; esgotar totalmente a existência antes de ser lançado aos vermes; ser uma força na natureza e não um egoísta exaltado, pequena massa de doenças e injúrias queixando-se porque o mundo não vai se sacrificar para fazê-lo feliz".

Qualquer pessoa que esteja em busca de transcendência e de significado precisará ir além da autoajuda e encontrar ajuda do alto. Jamais ficará satisfeita com sugestões para a administração do tempo, pois anseia por transformação pessoal. Não conseguirá dar um passo na direção de planejar e perseguir metas, porque suas questões não tratam de prosperidade, de fama e de poder, mas sim de desenvolvimento espiritual.

Se você se encaixa nesse perfil e se esse é o seu momento na vida, então pode jogar para o lado as frases de efeito e clichês emocionais, pendurar os amuletos e parar com as mandingas. Chegou sua vez de arregaçar as mangas para um projeto existencial e um processo contínuo de viver a aventura de realizar o sentido de cada momento e de desenvolver ao máximo as possibilidades semeadas por Deus em você.

4

CAMINHO PARA A FELICIDADE

Dilemas

Escrevo estas linhas na quarta-feira, 25 de setembro de 2002. Amanhã é aniversário da morte de Sigmund Freud. Na manhã de 26 de setembro de 1939, o corpo de Freud foi cremado em Golders Green, região Noroeste de Londres. Stefan Zweig, um dos oradores da cerimônia fúnebre, disse que "em qualquer lugar onde se busque avançar na compreensão do labirinto do coração humano, a luz do entendimento intelectual de Sigmund Freud brilhará sobre o caminho". Não tenho dúvidas quanto à veracidade das palavras de Zweig. De fato, não é possível falar a respeito da interioridade humana sem citar Freud.

Apesar de seu ateísmo confesso, a obra de Freud, entretanto, não foi desenvolvida tendo o homem como protagonista. Em sua autobiografia, ele escreve: "Minha inicial familiaridade com a história da Bíblia, teve, reconheci muito tarde, um efeito duradouro sobre todo o meu interesse". Durante toda a sua vida, Freud tratou a existência de Deus como a mais importante questão a ser resolvida. Seu último livro foi *Moisés e o monoteísmo,* que escreveu depois de completar 80 anos. Parece que o homem que conseguiu encontrar as mais essenciais respostas para as perguntas que habitam o submundo do coração humano, chegou ao fim da vida com uma pergunta mal respondida. E Deus estava bem no centro da questão.

Woody Allen disse que "não haverá nenhuma solução importante para os problemas da humanidade enquanto não alcançarmos alguma compreensão de quem somos, qual o propósito da criação, o que acontece depois da morte. Enquanto essas questões não forem resolvidas, estaremos em maus lençóis". De fato, a maioria das pessoas está mesmo em maus lençóis, pois pouca gente já conseguiu respostas satisfatórias para as perguntas universais: *de onde vim, para onde vou e o que devo fazer no intervalo?*

Carl Jung parecia ter razão ao diagnosticar que a neurose geral de nossa época é a falta de sentido das vidas vazias. Em resposta a essa demanda do mercado, os conselheiros espirituais e filosóficos – atualmente chamados de *personal coaches* – estão em alta. Por ,essa razão as prateleiras estão cheias de títulos do tipo *sete hábitos das pessoas muito eficazes, oito fundamentos para a vida feliz, sete obstáculos para a felicidade, vinte e uma leis do sucesso* e outros tantos. Poderíamos seguir com os exemplos, que se multiplicam a cada dia. Abre parêntese. Li muitos desses livros e aprendi muita coisa. Sou grato e devo prestar homenagens a todos eles. Fecha parêntese. Mas minha pergunta, ao receber tais sugestões, sempre foi a mesma: de onde eles tiram esses números de proposições? Isto é, por que 7 *hábitos* e não 12 ou 21? Por que 5 *propósitos* e não apenas 3? Por que *21 leis irrefutáveis* e não apenas 13 ou 7? Por que 8 *fundamentos* e não 10? Nunca obtive resposta.

Ponto de partida

A premissa já foi estabelecida: ninguém é feliz porque encontrou a felicidade; as pessoas são felizes porque encontraram significado para sua existência. A felicidade não é um objetivo a ser perseguido, mas a consequência de uma vida com sentido. A pergunta que está no ar, portanto, não é "como posso ser feliz?", mas sim "o que dá sentido à minha vida?", "como posso desenvolver uma vida com significado?". Para responder a estas questões precisamos mais do que "bom senso organizado" ou conclusões por amostragem do tipo "o que as pessoas felizes têm em comum". Precisamos definir um caminho coerente do começo ao fim. *Vivendo com propósitos* vai além da compilação de máximas e de princípios da sabedoria universal. *Vivendo com propósitos* apresenta uma resposta cristã para o sentido da vida – oferece os fundamentos do cristianismo para o desenvolvimento de uma vida com significado. Nesse sentido, *Vivendo com propósitos* apresenta um caminho para a felicidade.

> *Vivendo com propósitos apresenta um caminho para a felicidade.*

Abre mais um parêntese. Caso você esteja incomodado com essa conversa de felicidade pra lá e felicidade pra cá, saiba que o cristianismo não questiona a legitimidade do anseio de felicidade; questiona, sim, os caminhos pelos quais o ser humano pretende chegar lá. Fecha parêntese.

A tarefa que temos pela frente é discernir como a tradição de espiritualidade judaico-cristã responde à pergunta a respeito do sentido e significado da vida. Creio que, qualquer que seja a resposta, devemos partir dos fundamentos elementares desta questão, a saber: teologia, antropologia e teleologia. O *Novo Dicionário Aurélio* pode nos ajudar.

> **Teologia** [do gr. *theología,* "ciência dos deuses"] é o estudo das questões referentes ao conhecimento da divindade, de seus atributos e relações com o mundo e com os homens, e à verdade religiosa.

Antropologia [de *antrop(o)- + -logia*] é o estudo ou reflexão acerca do ser humano, do que lhe é específico; designação comum a diferentes ciências ou disciplinas cujas finalidades são descrever o ser humano e analisá-lo.
Teleologia [do gr. *tele(o)- + -logia*] é o estudo da finalidade; doutrina que considera o mundo como um sistema de relações entre meios e fins; teologismo [cf., nesta acepç., *finalismo.*]; estudo dos fins humanos.

Do início, por uma questão de princípios

A discussão a respeito de Deus pode ser resumida em quatro grandes categorias: ateísmo, deísmo, teísmo e agnosticismo. Para os ateus, Deus está fora de questão. Estranhamente, entretanto, o ateu Bertrand Russell disse que "enquanto você não admite Deus, a questão a respeito do propósito da vida fica sem sentido". Os deístas, por sua vez, acreditam em Deus, ou melhor, em um deus, um deus impessoal, a totalidade do universo, a causa de todas as coisas, em que deus e matéria se confundem e não há relação de causa e efeito entre os dois; esse é um deus acima do bem e do mal, um deus que não é *persona.* Os teístas acreditam que existe, sim, um Deus, e este universo foi criado por ele. Esse Deus criador é uma pessoa. Finalmente, há os que se recusam a entrar na discussão, pois consideram que a hipótese Deus não pode ser demonstrada: ninguém pode provar que Deus existe, e ninguém pode provar que Deus não existe. De modo simples, essa é a tese dos agnósticos.

O *Novo Dicionário Aurélio* pode nos ajudar mais uma vez.

ateísmo [De ateu + -ismo.] S. m. 1. Doutrina dos ateus. 2. Falta de crença em Deus. 3. Filos. Atitude ou doutrina que dispensa a ideia ou a intuição da divindade, quer do ângulo teórico (não recorrendo à divindade para se justificar ou fundamentar), quer do ângulo prático (negando que a existência divina tenha qualquer influência na conduta humana). [Cf., nesta acepç., *teísmo, panteísmo* e *acosmismo.*]
deísmo [De de(i)- + -ismo.].S. m. Filos. 1. Sistema ou atitude dos que, rejeitando toda espécie de revelação divina e, portanto, a autoridade de qualquer Igreja, aceitam, todavia, a existência de um Deus, destituído de atributos morais e intelectuais, e que poderá ou não haver influído na criação do Universo. [Cf. *teísmo.*]
teísmo [De te(o)- + -ismo.] S. m. Filos. 1. Doutrina que admite a existência de um deus pessoal, causa do mundo. [Cf. *ateísmo, deísmo* e *panteísmo.*]
agnosticismo [Do ingl. *agnosticism.*] S. m. Filos. 1. Segundo Thomas Henry Huxley (1825-1895), naturalista inglês, posição metodológica que só admite os conhecimentos adquiridos pela razão e evita qualquer conclusão não demonstrada.

2. Atitude que considera inúteis as discussões sobre questões metafísicas, já que estas tratam de realidades incognoscíveis. 3. P. ext. Doutrina, ou atitude, que admite uma ordem de realidade que é incognoscível. [Cf. *dogmatismo* (1).]

O Deus judaico-cristão

Enquanto me preparava para ser examinado pelo concílio de pastores que, na minha tradição Batista, me credenciaria para o exercício da atividade pastoral, fui aconselhado por um dos meus professores no seminário: "Meu filho, mostre suas credenciais na primeira pergunta. Geralmente os examinadores iniciam solicitando do candidato uma definição de Deus. Responda que Deus não pode ser definido, pois definir é delimitar, estabelecer limites, e isso contraria, na essência, toda e qualquer compreensão a respeito de Deus. Se você fizer isso, vai sair na frente e determinar o tom do restante do exame". Encarei aquela banca examinadora cheio da confiança e da prepotência que caracterizam a juventude inexperiente. Minha primeira resposta estava na ponta da língua, e eu mal podia esperar para retrucar a meu algoz. Do alto de sua sabedoria, entretanto, meu examinador mandou a primeira pergunta: "Sabemos que Deus não pode ser definido. Mas pode ser percebido. Como você percebe Deus?". Sou grato ao pastor Edson Borges de Aquinno, meu examinador, que naquela primeira pergunta me convidou à humildade, mostrando repetidas vezes, durante aquelas inesquecíveis quatro horas de precisas perguntas, que o labor teológico se faz com a alma e o coração, e não com a mente e os manuais de teologia e filosofia. Desde então, tenho tentado "perceber Deus".

Claro, creio nas múltiplas expressões da revelação de Deus aos homens. A cosmologia, a antropologia, a história, a Bíblia Sagrada e Jesus de Nazaré, sua palavra final. Creio na iluminação do Espírito Santo. Creio também naquilo que Don Richardson chamou de *Fator Melquisedeque,* a saber, os sinais de Deus em todas as culturas e tradições de espiritualidade. Mas creio que todos os sinais devem ser decodificados na interioridade da experiência de cada pessoa, de modo que Deus seja uma realidade experimentada e vivenciada, não apenas um objeto de estudo.

O melhor que consegui até agora foi perceber Deus como *o fundamento pessoal de toda a realidade existente.* Essas duas dimensões são, para mim, o mínimo irredutível da percepção de Deus: Fundamento *e* Pessoal – Fundamento Pessoal.

Deus no mundo

Quando eu morrer, verei o avesso do mundo.
O outro lado, além do pássaro, da montanha, do poente.
O significado verdadeiro, pronto para ser decodificado.

O que nunca fez sentido, fará sentido,
O que era incompreensível, será compreendido.
– Mas, e se o mundo não tiver avesso?
Se o sabiá na palmeira não for um signo,
Mas apenas um sabiá na palmeira? Se a
Sequência de noites e dias não fizer sentido
E nessa Terra não houver nada, apenas terra?
– Mesmo se assim for, restará uma palavra
Despertada por lábios agonizantes,
Mensageira incansável que corre e corta
Campos interestelares, corta galáxias que giram,
E clama, reclama, grita.

Gosto desse poema do polonês Czeslaw Milosz, Nobel de Literatura, porque expressa a impressão popular de que, após a morte, o mundo finalmente fará sentido. Mas o que me chamou mesmo a atenção foi a confissão de seu desespero ao considerar a hipótese de que o mundo não tenha qualquer outro sentido senão o que está diante de nossos olhos aqui e agora: *e se o sabiá na palmeira for apenas um sabiá na palmeira? E se não houver nada por trás da sequência de dias e noites?* Imagino que alguns religiosos sacariam, do coldre, a Bíblia e despejariam sobre o poeta uma avassaladora saraivada de conceitos mostrando que é isso mesmo. No céu, o mundo fará sentido, e, depois, tentarão confortar o poeta convidando-o a acreditar que Jesus poderá levá-lo para lá, o céu. Mas não posso ser contado entre eles.

Além da imanência e a transcendência

Na teologia cristã, transcendência e imanência são dois atributos de Deus. A transcendência trata do *Deus Totalmente Outro,* como se referem os teólogos, aquele que "habita em luz inacessível".[1] A transcendência é a afirmação de que Deus, "embora presente e perpassando tudo, não pode ser retido nas malhas de nenhuma presença concreta".[2] A transcendência diz que Deus está no mundo, mas também fora dele. Ou, como diz Huxley, "somente o transcendente, o completamente outro, pode ser imanente sem ser modificado pelo vir a ser daquilo que ele habita".[3] Em outras palavras, Deus está no mundo, mas não é o mundo. Deus abrange o todo, mas é mais do que o todo. Deus está aqui e além. Por uma razão simples, Deus é, e não pode ser contido pelo que está.

A imanência, por sua vez, fala que "Deus está presente e ativo dentro de sua criação",[4] como fundamento de toda a realidade. Este conceito é bem desenvolvido nas tradições orientais. Por exemplo, a fórmula sânscrita *tat tvam asi:* "Tu és isto" advoga que Deus é o *Eu eterno imanente*, o Princípio, absoluto de toda a existência. O *Bhagavad-Gita*, texto sagrado do hinduísmo panteísta, fala de Deus como *Aquilo por que todo este mundo é penetrado*. O *Upanixade* (texto filosófico anexado ao Veda, fundamento sagrado do bramanismo e do hinduísmo), conta a seguinte história.

– Svetaketu, meu filho, tu, que estás tão ancho do teu saber e és tão dado a críticas, solicitaste, porventura, ao teu mestre que te ensinasse o conhecimento mercê do qual ouvimos o inaudível, percebemos o que não pode ser percebido e conhecemos o que não pode ser conhecido?

– Que conhecimento é esse, senhor? – indagou Svetaketu. Replicou o pai:

– Assim como conhecendo um bloco de argila se conhece tudo o que é feito de argila, residindo a diferença apenas no nome, mas sendo verdade que tudo é argila, assim, meu filho, é esse conhecimento, de modo que, se o possuirmos, conheceremos tudo.

– Os meus veneráveis mestres ignoram, sem dúvida, esse conhecimento; pois, se o possuíssem, ter-mo-iam comunicado. Portanto, senhor, dê-mo.

– Assim seja – conveio o pai, e ordenou: – Traze-me um fruto da árvore nyagrodha.

– Aqui está um, senhor.

– Quebra-o.

– Está quebrado, senhor.

– O que vês aí?

– Algumas sementes, senhor, excessivamente miúdas.

– Quebra uma delas.

– Está quebrada, senhor.

– O que vês aí?

– Absolutamente nada.

Disse o pai:

– Meu filho, nessa essência sutil que não percebes aí, nessa mesma essência se encontra o ser da imensa árvore nyagrodha. Nisto, que é a essência sutil, tudo o que existe tem o seu eu. Isto é o Verdadeiro, isto é o Eu, e Tu, Svetaketu, és Isto.

– Rogo-lhe, senhor, fale-me mais sobre isso.

– Assim seja – tornou o pai, e disse: – Coloca este sal na água e vem ter comigo amanhã cedo.

Fez o filho o que lhe fora prescrito. Na manhã seguinte, ordenou o pai:

– Traze-me o sal que puseste na água.

O filho procurou o sal, mas não o encontrou, pois o sal, naturalmente, se dissolvera.

Disse o pai:

– Prova um pouco da água da superfície do vaso. Como está ela?

– Salgada.

– Prova um pouco da água do meio. Como está ela?

– Salgada.

– Prova um pouco da água do fundo. Como está ela?

– Salgada.

Ordenou o pai:

– Deita fora a água e em seguida vem ter comigo outra vez.

Assim fez o filho; mas o sal não se perdera, pois o sal existe para sempre.

Disse então o pai:

– Da mesma forma, aqui, nesse corpo que é teu, meu filho, não percebes o Verdadeiro; mas ele, na verdade, está aí. Nisto que é a essência sutil, tudo o que existe tem o seu eu. Isto é o Verdadeiro, isto é o Eu, e tu, Svetaketu, és Isto.

Talvez você esteja se mexendo na poltrona e começando a desconfiar que estou advogando o panteísmo. Mas de fato, o panteísmo não fala da presença de Deus em tudo e todas as coisas. O panteísmo, na verdade, fala que Deus é exatamente a soma deste tudo e de todas as coisas – Deus é tudo e Tudo é Deus. O panteísmo, além de roubar de Deus seu mais essencial atributo, a saber, a pessoalidade, esgota-se na imanência. O cristianismo, entretanto, não é panteísta. O cristianismo pode chegar perto do panenteísta[5] – ver tudo em Deus – mas jamais do panteísmo – chamar Deus de tudo.

Tudo está em Deus: "nele vivemos, nos movemos e existimos",[6] disse Paulo, apóstolo, em Atos 17, citando um poeta grego em seu discurso em Atenas, confirmando que "dele, por ele e para ele são todas as coisas".[7] Teilhard de Chardin falava do *le milieu divin:* nós estamos dentro de Deus, pois "nunca saímos de Deus, nem vamos a Deus, porque estamos sempre dentro de Deus. A tarefa da fé (ou efeito da revelação) é descobrir esse Deus presente em todas as coisas, mas oculto sob mil sinais. O universo é o grande sacramento".[8]

Faço questão de deixar claro o fato de que a linha que separa o panteísmo do teísmo é muito tênue. O teísmo sugere que Deus criou o universo e o entregou às leis naturais, de modo que o mundo funciona tal qual um relógio, cujo criador deu corda e depois o abandonou à sua própria sorte. Essa compreensão mecanicista da atividade divina roubou de Deus sua transcendência, sua capacidade de existir além do seu universo criado, sua possibilidade de interferir na história dos homens com feitos milagrosos – amorosos. É na carona do "panteísmo spinoziano do século 17 e do teísmo dos filósofos iluministas do século 18[9] que surge o ateísmo dos séculos 19,20 e 21.

Por essas razões, nunca é demais afirmar a imanência e a transcendência de Deus. Mas a transcendência e a imanência não são suficientes para elucidar a experiência de Deus, pois, via de regra, são tratadas como categorias dissociadas, às vezes opostas, e não raramente antagônicas. Esse é o dilema de Czeslaw Milosz. Ele está entre a imanência e a transcendência. Ou o sabiá é somente um sabiá (imanência), ou saberemos o que, de fato, é um sabiá quando enxergarmos o avesso do mundo (transcendência). Mas há uma terceira via.

Deus não é apenas transcendente e imanente. É também transparente, ensina Leonardo Boff:

> Transparência significa a presença da transcendência dentro da imanência. Em outras palavras, significa a presença de Deus dentro do mundo e do mundo dentro de Deus. Conforme se expressou Paulo, apóstolo, em Efésios 4.6: "Há um só Deus e Pai de todos, que está acima de tudo (transcendência), por tudo (transparência) e em tudo (imanência)"[10]

Nesse triângulo transcendência-imanência-transparência, o mundo não é negado, pois Aquele que é transcendente está nele, dando-lhe sentido, e também não é absolutizado como realidade última, pois Aquele que é imanente está nele, e ninguém encontrará sentido no mundo antes de encontrar-se com o transcendente que nele também está.

Philip Yancey, jornalista, é um dos mais premiados escritores cristãos da atualidade. Em seu livro O *Deus (in)visível,* você vai encontrar as seguintes afirmações: "buscar o Espírito é como procurar os óculos estando com eles [...] o Espírito é com mais precisão aquilo pelo qual percebemos, não aquilo que percebemos: é quem abre nossos olhos para destacar as realidades *espirituais* subjacentes". O que ele está dizendo é que a maioria de nós encara a vida como uma laranja e pensa que Deus é um dos gomos. Funciona mais ou menos da seguinte maneira: assim como interagimos com o trabalho, o lazer, o dinheiro, as pessoas, o corpo, a igreja, e por aí vai, também interagimos com Deus – Deus é uma das nossas interações. Mas essa é uma concepção errada da realidade. O correto é compreender que Deus está por trás de cada uma das nossas interações. Deus está presente em cada uma das realidades com as quais convivemos, e, inclusive em nós mesmos, estamos imersos em Deus. Todas as nossas interações são mediadas por Deus. A única relação imediata que temos é com Deus (imediato, do lat. *immediatu,* que não tem nada de permeio), todas as outras são mediatas (mediato, do lat. *mediatu,* que está em relação com uma coisa por intermédio de uma terceira; indireto). Isso significa que um sabiá somente fará sentido quando entre nós e ele Deus estiver presente; a sequência de dias e noites fará sentido apenas quando Deus tomar parte no dia e na noite. O mundo somente faz sentido quando mediado por Deus, quando entre nós e o mundo, Deus estiver no permeio. O encontro com Deus deve ocorrer "não ao lado, dentro ou acima do mundo, mas justamente com o mundo, no mundo e por meio do mundo. Deus somente é real e significativo para o ser humano se emergir das profundezas de sua própria experiência no mundo com os outros".[11]

O grande problema da maioria dos religiosos é que desejam o relacionamento direto com Deus, sem incluir as realidades criadas por Deus como ambiente da experiência vivencial. Querem se aproximar de Deus sem os sabiás, os filhos, o trabalho, o dinheiro e tudo o mais, como se pudessem abrir uma gaveta, colocar Deus lá dentro e deixar toda a realidade do lado de fora. Estão no avesso dos materialistas: querem se relacionar com os sabiás, os filhos, o trabalho, o dinheiro, e tudo o mais, deixando Deus de lado. Ambos estão em situação difícil. Para os primeiros, Deus não faz sentido. Para os outros, o mundo é que não faz.

Essa é a grande descoberta e o grande susto do patriarca, Jacó, após sua experiência espiritual: "O Senhor está neste lugar, e eu não o sabia".[12] A partir disso deveríamos necessariamente perguntar: onde mais Deus esteve sem que eu o soubesse?, onde mais Deus está sem que eu o saiba?, e, principalmente, por que não fui capaz de perceber Deus estando ele aqui? As respostas seriam simples: Deus esteve e está em todo lugar, e eu não fui capaz de percebê-lo simplesmente porque não estava a procurá-lo aqui, mas acolá, ou simplesmente porque jamais imaginei que ele pudesse estar aqui, no sabiá, na palmeira e em mim.

Aquele que deseja experimentar Deus deve se aproximar dele levando consigo os sabiás, as palmeiras e a terra. E quem deseja experimentar a plenitude dos sabiás, das palmeiras e da terra deve se aproximar deles a partir de sua experiência de Deus. Assim, reconciliamos Deus com sua criação, e a criação com seu Deus. Ao lado do poema de Czeslaw Milosz podemos colocar um trecho de outro poeta, Gilberto Gil:

> Se os campos cultivados neste mundo
> São duros demais
> E os solos assolados pela guerra

Não produzem a paz
Amarra o teu arado a uma estrela
E aí tu serás
O lavrador louco dos astros
O camponês solto nos céus
E quanto mais longe da terra
Tanto mais longe de Deus.

Fundamento pessoal

Dallas Willard, em seu imprescindível livro *A conspiração divina,* disse que vivemos num "mundo imbuído de Deus *(imbuído, particípio de imbuir, que se imbuiu; mergulhado, embebido; penetrado, impregnado)*, onde cada elemento está dentro da alçada do conhecimento e do controle direto de Deus. O que Deus deseja para nós é que vivamos nele. Ele coloca no meio de nós o caminho que leva até ele. Isso mostra como Deus realmente é bem no seu âmago – na verdade mostra como é realmente a realidade. *Na sua natureza e no seu significado mais profundos, o nosso universo é uma comunidade de amor ilimitado e absolutamente capaz*". Eis aí a distinção entre o cristianismo e as tradições orientais, como o budismo, o hinduísmo e o taoísmo. O cristianismo afirma que a essência última do Universo é mais do que força, energia e luz. O cristianismo afirma que a essência última do Universo é uma pessoa. Ou melhor, a Pessoa. O Eu, o Verdadeiro, o real, é a Pessoa. O fundamento de todas as coisas é Deus. E Deus é Pessoa.

> Há, hoje, uma concordância ampla, que no lado da física chega quase à unanimidade, de que a corrente do conhecimento se dirige para uma realidade não mecânica. O universo começa a se assemelhar mais a um grande pensamento do que a uma grande máquina. A mente não aparece mais apenas como uma intrusa acidental no reino material; estamos começando a suspeitar que seria melhor saudá-la como criadora e governadora do plano material.[13]

Essa compreensão de Sir James Jeans, expressa em 1932, isto é, na primeira metade do século passado, corrobora a intenção do Gênesis ao narrar a criação do Universo. O texto bíblico não se propõe a explicar como, mas sim em fazer afirmações a respeito da essência do processo, a saber, o fato de que tudo quanto existe é fruto de uma inteligência criativa e amorosa.

Escrevo este trecho tendo acabado de chegar de minha corrida matinal no Parque do Ibirapuera, geralmente em companhia do Ricardo Gondim. Enquanto comemos o chão passo a passo, às segundas-feiras, geralmente contamos um ao outro os sermões do domingo anterior. Hoje, falamos sobre o relato bíblico da criação. Ricardo iniciou uma série expositiva do *Livro do Gênesis* e conversamos bastante a respeito dos diversos sentidos possíveis dos "sete dias". Alguns teólogos interpretam o texto literalmente, defendendo dias de 24 horas. Outros, creem que os dias podem ser de 24 horas, mas não necessariamente sucessivos, havendo entre eles intervalos de milhões de anos. Há os que acreditam num abismo de tempo entre os versículos 1 e 2 do primeiro capítulo do Gênesis e, também, os que preferem traduzir "dia" por era, período, ciclo, bloco de tempo não mensurável. A interpretação mais interessante é a que propõe que os sete dias são os dias da revelação de Deus a Moisés, o que significa que Deus criou o Universo num período indefinido e revelou o processo em sete dias. Independentemente da opção que façamos, concordo com o que meu amigo me ensinou a saber que o relato bíblico se presta a dizer três coisas. A primeira, é que, antes de existir qualquer coisa, existia alguém. Antes do Universo, o Criador era. A segunda, é que, antes de existir qualquer coisa, havia design-desígnio. Todas as coisas têm seu propósito, no Universo nada é aleatório. A *máquina-macro-micro-cósmica* exibe uma ordem tal que levou Einstein a afirmar que "Deus não joga dados com o Universo". A terceira e última intenção do relato bíblico é afirmar que o Universo não é autoexistente, e, portanto, não é autossustentável. Na verdade, a segunda Lei da Termodinâmica diz que todo organismo abandonado a si mesmo tende a se degenerar, e é por esse motivo que a Bíblia diz que o Universo subsiste em Deus.

De fato, Deus é o fundamento de todas as coisas. Mas esse fundamento divino é uma Pessoa com vontade, intenção e mente criativa. Mais do que isso, esse fundamento divino de todas as coisas é uma Unidade de Pessoas, *TriUnidade*, Trindade: Deus Pai, Deus Filho e Deus Espírito Santo. Deus é Pessoa, e nunca se mostrou mais pessoal do que em Jesus de Nazaré. Transcendência, imanência e transparência expressam perfeitamente a Pessoa de Jesus. O Evangelho de João é o texto sagrado por excelência para expressar a absoluta interação entre essas dimensões divina e humana na pessoa de Jesus. Para cumprir seu propósito, o evangelista João se apressa em sintetizar na pessoa de Jesus Cristo os três conceitos. Fala da transcendência quando diz que "no princípio era o *Lagos*, e o *Lagos* estava com Deus, e o *Lagos* era Deus". Fala também da imanência ao afirmar que "*o Lagos* se fez carne e habitou entre nós". E, finalmente, fala da transparência quando conclui: "cheio de graça e de verdade, e vimos a sua glória, glória como do unigênito do Pai [...]. Ninguém jamais viu a Deus; o Deus unigênito, que está no seio do Pai, é quem o revelou".[14]

Jesus de Nazaré conhecia perfeitamente essas realidades. Suas declarações durante o tempo de sua peregrinação terrena demonstram plena consciência e autoconsciência. Ele conhecia sua gênese, pois afirmou que veio do céu, e que não era deste mundo, da Terra, mas sim do Céu.[15] Conhecia sua identidade, pois apresentou a si mesmo como o Messias - o Ungido;[16] disse que Deus era seu próprio Pai, fazendo-se igual a Deus,[17] estabeleceu um paralelo entre sua honra e a honra do próprio Deus;[18] afirmou categoricamente sua unidade essencial com Deus ao declarar "Eu e o pai somos um";[19] e concluiu da maneira mais óbvia dizendo que quem desejasse ver o Pai deveria olhar para ele.[20]

Como disse Charles Stanley, a grande notícia do cristianismo não é apenas que Jesus é igual a Deus, mas sim que Deus é igual a Jesus. Aquele *Eu eterno*, o *Princípio absoluto de toda a existência, Aquilo por que todo este mundo é penetrado*, da fórmula sânscrita "Tu és isto", descrito nos *Vedas*, no *Upanixade* e no *Bhagavad-Gita* textos sagrados das tradições hinduístas –, os gregos chamavam de *Logos*. E exatamente nesse contexto o evangelista João introduz a pessoa de Jesus de Nazaré: o *Logos* que se fez carne.

Essa é a compreensão dos apóstolos, que assim se identificaram com o Cristo. O Novo Testamento apresenta Jesus Cristo como: aquele em quem foram criadas todas as coisas, pois sem ele nada do que foi feito se fez; a imagem do Deus invisível; o primeiro e único-gerado de toda a criação; aquele que enche todas as coisas, é tudo em todos; aquele em quem habita toda a plenitude da divindade; aquele que é antes de todas as coisas e em quem tudo subsiste; aquele em que habita corporalmente toda a plenitude da divindade; a exata expressão do Ser, em quem estão sustentadas todas as coisas.

Apenas no cristianismo Deus é Persona.

A bem da verdade, Huxley observa que "a doutrina segundo a qual Deus pode encarnar em forma humana encontra-se na maioria das principais exposições da filosofia perene (a metafísica, que reconhece a realidade divina) - no hinduísmo, no budismo maaiana, no cristianismo e no maometismo dos sufis, pelo qual o Profeta foi igualado ao *Lagos* eterno. Mas a doutrina cristã da encarnação da Divindade em forma humana difere da doutrina da Índia e do Extremo Oriente, uma vez que afirma que só pode ter havido e só pode haver um Avatar" - no hinduísmo, Deus reencarnado; no cristianismo, Deus encarnado. De fato, diz Huxley, "Krishna é uma encarnação de Brama; Gautama Buda, do que os maaianistas chamam de *Dharmakaya*, a Realidade sem nome e sem caráter em sua natureza final, a Mente, o fundamento espiritual de todo ser".[21] Nesses casos, porém, nem Buda nem Krishna são pessoas, mas sim estágios espirituais de integração com a realidade última, em que o eu particular funde-se com o "Eu sem caráter e sem nome". Apenas no cristianismo Deus é *Persona*. Pessoa que fala, que sente e que tem vontade. Pessoa que se manifestou em carne, em Jesus de Nazaré, e que nos convida a todos a integrar essa realidade última. Mas com a ressalva que faz toda a diferença: "na sua natureza e no seu significado mais profundos o nosso universo é uma comunidade de amor ilimitado e absolutamente capaz".[22]

O mistério Cristo

Para apontar um caminho cristão para a felicidade, faço minhas, portanto, as palavras de Leonardo Boff:

> Aquele que experimentou Deus penetrou o reino da mística. A mística não assenta sobre o extraordinário, mas é a transfiguração do ordinário. O místico é aquele que se faz sensível ao outro lado da realidade. É aquele que capta o mistério (de mistério vem a mística), que se revela e vela em cada ser e em cada evento da história pessoal e coletiva. E o capta porque aprendeu a ser sensível ao invisível aos olhos, mas sensível ao coração atento. Por essa razão, o verdadeiro místico não tem segredos a contar ou confidências a fazer. Ele vê Deus em todas as coisas enquanto está sempre em busca de um Deus sempre maior do que Aquele que ele já encontrou. Porque Deus perpassa toda a realidade, pode por esse motivo ser percebido e experimentado nas mais diferentes situações da vida e em cada detalhe da vida pessoal e do Universo.[23]

O sentido da vida consiste justamente em viver a partir desse encontro com Deus, que nos reconcilia uns com os outros e também com "os sabiás e as palmeiras". O sentido da vida consiste em viver o eterno agora em harmonia com esse Deus Transcendente-Imanente-Transparente, pois, conforme disse o apóstolo Paulo, "dele, por ele e para ele são todas as coisas. A ele seja a glória para sempre! Amém".[24] O sentido da vida consiste em fazer todas as coisas, seja comer, seja beber, a partir da comunhão com Jesus Cristo,[25] de dentro dessa "comunidade de amor ilimitado". O sentido da vida consiste em integrar os mundos do aqui e do além, do agora e do porvir, da Terra e do céu, do tempo e da eternidade, num mundo só, onde Deus é tudo em todos.[26] O sentido da vida, em síntese, consiste em *viver em alinhamento com Deus*.

O Catecismo de Westminster, escrito ao longo de mais de cinco anos, desde julho de 1643, por uma assembleia de teólogos reunidos na Abadia de Westminster, em Londres, resumiu a proposta cristã para o sentido e significado da vida ao afirmar que "a finalidade suprema da vida humana é glorificar a Deus e se alegrar nele por toda a eternidade". John Piper traduziu essa expressão para o que chamou de hedonismo cristão, da seguinte maneira: "Deus é mais glorificado em nós quando estamos mais satisfeitos nele".[27] Isso é o que chamo de viver em perfeito alinhamento com Deus, imerso em Deus e, portanto, imerso em tudo quanto Deus criou e chamou de bom e muito bom.[28]

Essa vivência integrada em Deus, em harmonia com Deus, em comunhão com Deus, é o convite do evangelho: sair da fragmentação, da desintegração e da desarmonia para a unidade; sair das trevas para a luz; sair das dimensões da vida biológica para a vida plena - nascer de novo, da água e do espírito-Espírito; sair das trevas para a luz; deixar este mundo tenebroso e passar a existir no Reino do Amado Filho de Deus. E o caminho é Jesus.

Apenas quando seus primeiros discípulos o identificaram como "o Filho do Deus vivo", Jesus começou a predizer sua morte.

Tendo ouvido a confissão de Pedro, Jesus começa a anunciar sua necessidade de ir para Jerusalém para ser morto e ressuscitar. E exatamente nesse contexto lança seu convite solene: "Se alguém quer vir após mim, a si mesmo se negue, tome a sua cruz e siga-me".[29] Demorou para que eu compreendesse que o convite de Jesus não se destinava apenas aos seus discípulos imediatos, mas era na verdade um convite - ou uma convocação - para toda a humanidade. Sua intenção não era apenas chamar um grupo de poucos homens palestinos para que o seguissem até Jerusalém e testemunhassem a "semana da paixão". Sua convocação era e é para todo aquele que atravessar a morte rumo à ressurreição. Seu chamamento ao discipulado implica experimentar a ressurreição para participar da realidade última - vida, "comunidade de amor ilimitado", atravessando as limitações finitas do presente estado de ser mortal - morte. E somente seguindo seus passos chegaremos lá. Somente em comunhão com Jesus Cristo nos tornaremos *cristãos - pequenos Cristos,* destino de todo ser humano. Somente na imitação de Jesus há identificação com o Pai de Cristo e a participação no Espírito de Cristo. Somente quem nega a si mesmo e toma a sua própria cruz ganha possibilidades de seguir a Jesus, isto é, de atravessar a morte rumo à ressurreição.

O sentido da vida, em síntese, consiste em viver em alinhamento com Deus.

O Concílio Ecumênico de Calcedônia (451 d.c.) afirma que "Jesus Cristo é verdadeiro Deus e verdadeiro Homem". Jesus é, portanto, não apenas nosso Deus, mas também nosso destino. E, nesse caso, em ninguém mais as dimensões da teologia, da antropologia e da teleologia se harmonizam tão perfeitamente. Jesus nos revela Deus. Jesus Cristo também nos revela quem é o Homem. A teologia cristã diz que "em Cristo sabemos como Deus é e como o Homem deve ser". Sabemos como Deus é, porque Jesus Cristo é Deus-encarnado. E sabemos como o homem deve ser, porque Jesus Cristo é *Deus-encarnado.* Jesus Cristo nos revela o propósito da vida humana: a perfeita comunhão com Deus, a ponto de podermos afirmar: "Eu e o Pai somos um",[30] pois assim pretendeu Jesus ao orar ao Pai: "que todos sejam um, Pai, como tu estás em mim e eu em ti. Que eles também estejam em nós".[31]

5

IMAGO DEI

Pingos nos "is"

A felicidade está necessariamente associada aos estados de espírito com os quais atravessamos a vida. A melhor expressão para esse estado de felicidade é "contentamento", e com isso não quero dizer que você deve estar sempre alegre, sorrindo, de bom humor. "Contentamento" vem do latim *contentu,* que quer dizer "conteúdo", e, nesse caso, contente é aquele que consegue experimentar e concretizar o conteúdo de cada momento, aquele que está satisfeito – sabe adaptar-se – em qualquer circunstância. Contentamento é uma satisfação de dentro para fora.

"Os caminhos existem para jornadas e não para destinos", dizem os chineses. Ser feliz, portanto, não consiste em conquistar objetos que tragam, em si, a satisfação. Isto é, ser feliz é muito mais do que viver de desejo em desejo. Ser feliz é reagir a cada circunstância da maneira adequada: chorar quando a situação for triste, rir quando a notícia for boa, rolar no chão quando as crianças estiverem por cima, apertar o nó da gravata antes de entrar em cena para assinar o contrato, enfim, concretizar o conteúdo de cada momento e emprestar significado para cada situação. Somente assim conseguiremos ir adiante, deixando para trás situações consolidadas, vividas em sua plena possibilidade. Somente assim chegaremos ao fim da vida com o quebra-cabeça montado. Algo como entender o filme na cena final, uma vez que entendemos o sentido de cada cena que o compôs. O filme da vida terá um significado apenas quando os significados de suas partes forem consolidados. Por essa razão, a felicidade é muito mais um jeito de ir do que um lugar aonde se chega.

O que interessa, portanto, não é se você vai agendar um jantar por semana com seu cônjuge, exercícios físicos quatro vezes por semana e visitas regulares aos seus clientes mais estratégicos. O que é importante não é se você vai separar duas horas por semana para aperfeiçoar seu inglês ou se vai levar sua mãe para almoçar domingo sim, domingo não. A questão é sua atitude interior quando estiver fazendo cada uma dessas coisas. O que seu filho, seu cônjuge, seus pais, clientes e amigos querem mesmo saber é se eles ocupam lugar no seu coração ou se são apenas compromissos em sua agenda. O problema não é separar tempo para exercícios físicos matinais ou para aulas de inglês semanais, mas sim de onde você tira forças para se levantar da cama ou para atravessar a cidade, num fim de tarde chuvoso, para perguntar *How do you do, Mr. Miller?* e dizer para o cara que estará ao seu lado que *the book is on the table.*

DESIGN DIVINO

A grande charada não é *o que você faz,* mas sim *como você faz o que faz.* E a resposta está no fato de que você foi desenhado por Deus para fazer as coisas de um jeito especial. Falar que o ser humano foi desenhado por Deus é uma forma de repetir a pedra angular da antropologia cristã: Deus criou o homem à sua imagem e semelhança. O ser humano é uma criatura semelhante ao seu Criador.

> Então disse Deus: "Façamos o homem à nossa imagem, conforme a nossa semelhança. Domine ele sobre os peixes do mar, sobre as aves do céu, sobre os grandes animais de toda a terra e sobre todos os pequenos animais que se movem rente ao chão". Criou Deus o homem à sua imagem, à imagem de Deus o criou; homem e mulher os criou.
>
> GÊNESIS 1.26,27, NVI

Quando digo que você foi desenhado por Deus para fazer as coisas de um jeito especial, quero dizer que há um jeito certo de viver, e esse jeito é de acordo com a imago Dei. Isso quer dizer que, ou você funciona conforme seu *design,* ou vai se machucar. Ou você funciona conforme seu *design,* ou não vai conseguir apropriar-se do sentido e significado de cada momento e, consequentemente, da própria vida. Em outras palavras, se você quiser usar chave de fenda para bater prego, duas coisas vão acontecer: o prego não vai penetrar e a chave de fenda sairá danificada. Por essa razão, a vida com propósito é uma experiência passo a passo, um momento de cada vez, que experimentamos a partir de nossa identidade mais profunda. E nossa identidade mais profunda é a imago Dei.

> *Nossa identidade mais profunda é a imago Dei.*

Concluímos o capítulo anterior – Caminho para a felicidade – dizendo que o sentido da vida depende de nossa capacidade de dar significado a cada momento, o que, por sua vez, depende absolutamente da nossa experiência de Deus, como fundamento pessoal de toda a realidade, e de que Jesus de

Nazaré é a mais exata expressão desse Deus Transcendente-Imanente-Transparente, que nos convida a segui-lo, passando pela morte rumo à ressurreição, a fim de vivermos no Reino de Deus, em comunhão com a comunidade de amor ilimitado. Isso é o que significa "glorificar a Deus e alegrar-se nele para toda a eternidade", como propuseram os antigos. O caminho para essa identificação com Deus é a imitação de Jesus – o discipulado de Cristo: ser e viver como Jesus.

Você foi desenhado por Deus para fazer as coisas de um jeito especial.

Em síntese, o sentido da vida depende da compreensão e experiência das seguintes variáveis:

- a vida fará sentido em seu todo quando suas partes fizerem sentido;
- as partes da vida, a sucessão de *agoras,* farão sentido quando soubermos realizar o sentido de cada momento;
- seremos capazes de realizar o sentido de cada momento quando cada momento de nossa vida for vivido em harmonia com Deus, o fundamento pessoal de todas as coisas;
- Jesus Cristo é o modelo de vivência integrada em Deus, e por esse motivo a imitação de Cristo é o caminho para a harmonia com Deus.

Com essa linha de raciocínio, promovemos a correlação dos conceitos de teologia, antropologia e teleologia. C. S. Lewis, um dos meus teólogos prediletos, disse que "se é verdade que alguém – *teologia* – me fez – *antropologia* – para seus próprios fins – *teleologia* –, então é evidente que recaem sobre mim certos deveres que eu não teria se simplesmente fosse dono do meu nariz".[1] Isso é perfeitamente coerente com as premissas da tradição judaico-cristã: "antes de existir qualquer coisa, existia alguém-Alguém; antes de existir qualquer coisa, existia *design-desígnio*". Em síntese, as categorias teologia, antropologia e teleologia casam-se na afirmação de que o ser humano foi criado à imagem e semelhança de Deus, e o sentido de sua vida está na possibilidade de viver de acordo com essa imago Dei. Todo aquele que deseja experimentar uma vida com significado deve afirmar: *Deus me criou, e a minha vida somente fará sentido quando eu viver de acordo com esse* design *divino segundo o qual fui criado.* E é exatamente isso o que se quer dizer com seguir-imitar a Jesus, ser e viver como Jesus.

Imago Dei

As linguagens teológica e filosófica carecem de trem de pouso. Henry David Thoreau disse que "ser filósofo não é meramente ter pensamentos sutis, nem mesmo fundar uma escola... é resolver alguns dos problemas da vida, não na teoria, mas na prática". O mesmo vale para ser teólogo ou pretender fazer teologia: ou a reflexão nos ajuda a viver melhor, ou é puro diletantismo.

Em que consiste, portanto, essa imago Dei? Como essa imagem de Deus se manifesta no ser humano? De que maneira Deus se expressa por meio do ser humano? Como esses conceitos de *teologia-antropologia-teleologia* podem se tornar práticos? Como podemos colocar trem de pouso nesse universo de ideias, a fim de que elas nos sejam úteis para encarar a segunda-feira? Responder a essas perguntas é imprescindível para o desenvolvimento da vida com significado, porque essas respostas trarão consigo as implicações práticas da imagem de Deus para a vida humana.

O *Dicionário Internacional de Teologia do Antigo Testamento* (1981a), ao comentar o vocábulo *adam*, sugere uma série de interpretações possíveis para a *imagem de Deus*, que podem ser assim resumidas:

- alma ou espírito, que envolvem a invisibilidade e a imortalidade e, também, a capacidade de relacionamento com Deus.
- capacidades intelectuais e físicas, que englobam o intelecto e a vontade, ou o livre-arbítrio e a razão.
- integridade intelectual e moral, que abrangem o conhecimento e a justiça.
- corpo físico, que se refere ao órgão apropriado da alma por meio do qual o homem exerce seu domínio.
- domínio sobre a criação, isto é, o domínio do homem sobre o mundo não humano.

Alguns teólogos resumem que o ser humano herdou de Deus a *espiritualidade da alma*, a *liberdade da vontade* e a *imortalidade do corpo*. A imagem de Deus é vista, também, como tudo quanto distingue o humano do não humano. Essa distinção pode ser descrita a partir de três capacidades humanas: relacional, racional e volitiva. O ser humano, portanto, é capaz de amar e de ser amado, capaz de distinguir a si mesmo do restante da realidade e de tomar decisões baseadas em certo e errado, bem e mal, isto é, decisões morais.

Essas definições e sugestões das manifestações e expressões da imagem de Deus no homem giram ao redor dos mesmos paradigmas e confundem-se com pressupostos filosóficos. Uma das grandes discussões a respeito envolve as posições de Santo Agostinho e Tomás de Aquino, que falam de essência de Deus e de aparência de Deus (ícone). Muitos críticos aprofundam o debate para o conflito entre as visões platônica e aristotélica. Na verdade, a matriz filosófica é sempre dedutiva e, muito embora imprescindível, jamais pode tomar o lugar da matriz bíblica, que não é dedutiva, é *revelacional.* Isto é, num simplismo arriscado, a filosofia é a tentativa humana de decodificar o universo e seus fenômenos, enquanto a revelação é a iniciativa divina em revelar a si mesmo e seu universo criado. Na verdade, a única razão por que a filosofia discute a imagem de Deus no homem é porque a Bíblia diz que assim foi feito: "Façamos o homem à nossa imagem, conforme a nossa semelhança" (Gn 1 .26,27, ARA, NVI). Opto, portanto, por buscar no próprio texto bíblico o fundamento para a interpretação dessa imagem de Deus. O relato do Gênesis é insubstituível e inigualável.

Fazer teologia, entretanto, é também trilhar caminhos de raciocínios dedutivos. Afinal, como bem diz John Stott, "crer é também pensar". Olhando para o texto bíblico, deduzimos que as expressões "imagem e semelhança" implicam paralelos entre Deus e o homem. Nosso conceito de Deus vai gerar o conceito de homem. A união das duas percepções coloca-nos diante do desafio de discernir a aplicação prática do significado-expressões-manifestações-dimensões da imago Dei.

As entrelinhas do Gênesis

O que é dito a respeito de Deus no relato do Gênesis? Uma leitura atenta nos levará a pelo menos quatro afirmações a respeito de Deus nas entrelinhas do relato bíblico da criação. Primeiro, é dito que Deus é antes de todas as coisas, de modo que *Deus não é matéria,* ou, na linguagem de Jesus, *Deus é Espírito.*[2] Quando no Gênesis se diz que "no princípio, criou Deus", estamos diante do marco zero do universo e concordando que, "antes de existir algo, existia alguém", e esse alguém é distinto do algo. Isso sem falar na proposta exegética que sustenta que o verbo "criar", usado na língua hebraica, denota "criar do nada", criar sem que houvesse qualquer realidade anterior, exceto o próprio criador.

Em segundo lugar, é dito que Deus é plural: "*Façamos* o homem à *nossa* imagem, conforme a *nossa* semelhança".[3] O Deus cristão é Três Pessoas em um só Deus, é *Tri-Uno,* Deus Pai – Deus Filho – Deus Espírito Santo. Deus é "uma comunidade e amor ilimitado". Note que não estamos falando de três manifestações da mesma pessoa, como, por exemplo, o José, que é marido da Rosa, pai do João e filho do seu Pedro. O José é uma pessoa só em três relações diferentes. Mas Deus não é assim. Conforme Atanásio, bispo de Alexandria (século 4), em seu Credo: "a fé universal é esta, que adoremos um único Deus em Trindade, e a Trindade em unidade. Não confundindo as pessoas, nem dividindo a substância. Porque a pessoa do Pai é uma, a do Filho é outra, e a do Espírito Santo, outra. Mas no Pai, no Filho e no Espírito Santo há uma mesma divindade, igual em glória e coeterna majestade. O que o Pai é, o mesmo é o Filho, e o Espírito Santo".

Em terceiro lugar, é dito que Deus exerce livremente sua vontade criativa: "Façamos". Ele se propõe a fazer-criar e, pela sua palavra, os mundos são feitos e passam a existir. Esse exercício da vontade divina é chamado livre, porque não é determinado por nada, exceto por si mesmo. Não há uma causa antes de Deus, pois, na afirmação de Tomás de Aquino, em sua argumentação da teologia natural, Deus é a causa primeira de todas as coisas. Mas, por trás desta vontade livremente exercida, existe autoconsciência, intenção, inteligência, poder e autoridade. Por trás de uma vontade livre de causalidade externa, não determinada exceto por si mesma, existe uma pessoa. Deus é Pessoa.

Finalmente, é dito no Gênesis que, após ter criado o Universo, Deus delegou ao homem o domínio sobre a criação. Na verdade, tal domínio era intencionado desde antes da criação: "façamos o homem [...] tenha ele domínio sobre".[4] O ser humano recebe autoridade delegada e passa a ser coparticipante da obra criativa de Deus, responsável por preservar a ordem posterior ao caos.

A imagem de Deus no homem possui pelo menos quatro dimensões fundamentais: espiritual, pessoal, relacional e criativa. Espiritual, porque Deus é Espírito. Pessoal, porque Deus é Pessoa. Relacional, porque Deus é Plural. Criativa, porque Deus delegou sua autoridade para que o homem exerça domínio sobre o restante da criação.

A DIMENSÃO ESPIRITUAL DA IMAGO DEI

O ser humano é a primeira e única criatura do Universo dotada de espírito semelhante ao Espírito divino. Deus é Espírito, e, portanto, o ser criado à sua imagem e semelhança deve ser também espírito. Para compreender essa dimensão espiritual, precisamos ajustar nossa percepção do que é o espírito e de onde ele se situa no espaço. A primeira vez que apresentei palestras a respeito da vida com propósito a partir da imago Dei, fui abordado por um budista, inconformado com minha definição de um *Deus pessoal*, que queria porque queria saber onde estava, então, esse Deus: "Se ele é uma pessoa, deve estar em algum lugar", afirmou inquiridor.

Dallas Willard comparou a presença de Deus no espaço com a presença do ser humano em seu corpo:

> Sou um ser espiritual que tem atualmente um corpo físico. Eu ocupo meu corpo e seus arredores pela consciência que tenho dele e pela minha capacidade de exercer a vontade de agir com ela e por meio dela. Eu ocupo o meu corpo e seu

> espaço circundante, mas não posso ser localizado nele ou em torno dele. Você não consegue me encontrar nem encontrar os meus pensamentos, sentimentos e características de personalidade em parte nenhuma do meu corpo. Se você quiser me encontrar, a última coisa que deve fazer é abrir o meu corpo para dar uma olhada. Viajar pelo espaço e não encontrar a Deus não significa que Deus não está lá, assim como viajar pelo meu corpo e não me encontrar não significa que eu não estou aqui. Podemos dizer que Deus se relaciona com o espaço do mesmo modo como nos relacionamos com o nosso corpo. Ele o ocupa e transborda, mas não pode ser localizado nesse espaço. Cada ponto do espaço está acessível à consciência e à vontade divinas, e a sua presença manifesta pode ser concentrada em qualquer ponto que ele julgue adequado. Na encarnação ele concentrou sua realidade de modo especial no corpo de Jesus.[5]

Numa comparação admirável, Ole Hallesby ressalta que:

> O ar de que o nosso corpo precisa nos envolve por todos os lados. Do mesmo modo, o ar de que nossa alma precisa também envolve a todos nós em todos os momentos e por todos os lados. Deus está em torno de nós em Cristo, cercando-nos por todos os lados, com a sua graça multifacetada e plenamente suficiente. Só o que precisamos fazer é abrir o nosso coração.[6]

A afirmação de que o ser humano compartilha com o Deus do Espírito-espírito implica dizer que somente o ser humano pode *vibrar na frequência de Deus,* e somente imerso nesse Deus o ser humano pode ser o que foi destinado a ser. Pense, por exemplo, que no ambiente onde você está existem ondas de UHF, VHF, AM, FM, ondas curtas, ondas médias, mas você não é capaz de captar nenhuma delas. A menos que esteja com algum rádio ou aparelho de televisão ligados, você (ainda) não é capaz de ouvir qualquer música nem perceber qualquer imagem passando em ondas sobre a sua cabeça. Isso quer dizer que você não está aparelhado (ou desenvolvido) para captar tais frequências de energia. Em linguagem metafórica, o espírito humano é o instrumento (perdoe-me não ter achado palavra melhor) por meio do qual podemos "captar" Deus.

Não se esqueça de que Deus não está *lá,* em alguma outra dimensão, em algum outro mundo, em algum ponto fora do Universo. Deus está aqui. Ele é imanente. Não podemos mais viver com a ideia de que Deus é aquele velhinho que fica sentado num trono celestial e, de vez em quando, visita o mundo dos homens para fazer uma coisa ou outra. Aliás, suspeito que a maioria das pessoas pensa isso mesmo. Acredita que Deus está em algum lugar e que, se pedir com fé, sem ter cometido pecado nenhum nos últimos dois minutos, Deus vai se levantar do trono e lhe dar uma mãozinha.

Falar de Deus como realidade espiritual e afirmar a espiritualidade humana é afirmar a perfeita possibilidade de relação, interação, contato, apropriação, experiência entre Deus e o homem. Essa é a convicção dos santos apóstolos: o Espírito Santo habita em nós;[7] somos templo santo para morada de Deus por seu Espírito;[8] Deus age em nós;[9] "Cristo em VÓS";[10] quem nasce da semente incorruptível é "casa espiritual", um edifício com "pedras que vivem".[11] E de onde os apóstolos tiraram essa ideia? Posso assegurar que ouviram de Jesus: "Na casa de meu Pai há muitos aposentos; se não fosse assim, eu lhes teria dito. Vou preparar-lhes lugar. E se eu for e lhes preparar lugar, voltarei e os levarei para mim, para que vocês estejam onde eu estiver".[12]

Geralmente se interpreta a "casa do pai" como o *céu* e "estar onde Jesus está" é uma experiência pós-morte. Mas isso é um grande equívoco. Jesus deixou claro aos discípulos que, após sua morte e ressurreição, enviaria o seu Espírito:

> Se vocês me amam, obedecerão aos meus mandamentos. E eu pedirei ao Pai, e ele lhes dará outro Conselheiro para estar com vocês para sempre, o Espírito da verdade. O mundo não pode recebê-lo, porque não o vê nem o conhece. Mas vocês o conhecem, pois ele vive com vocês e estará em vocês. Não os deixarei órfãos; voltarei para vocês. Dentro de pouco tempo o mundo não me verá mais; vocês, porém, me verão. Porque eu vivo, vocês também viverão. Naquele dia compreenderão que estou em meu Pai, vocês em mim, e eu em vocês. Quem tem os meus mandamentos e lhes obedece, esse é o que me ama. Aquele que me ama será amado por meu Pai, e eu também o amarei e me revelarei a ele". Disse então Judas (não o Iscariotes): "SENHOR, mas por que te revelarás a nós e não ao mundo?" Respondeu Jesus: "Se alguém me ama, obedecerá à minha palavra. Meu Pai o amará, nós viremos a ele e faremos morada nele".
>
> JOÃO 14.15-23, NVI

Sublinhe as expressões "outro Conselheiro para estar com vocês para sempre", "pois ele vive com vocês e estará em vocês", "voltarei para vocês", "me revelarei a ele", "se alguém me ama, obedecerá à minha palavra. Meu Pai o amará, nós viremos a ele e faremos morada nele" e perceba como Jesus está falando de uma experiência presente. De fato, Jesus está falando que, na relação Espírito Santo-espírito humano, reside a comunhão com o Cristo ressurreto.

Nenhuma outra criatura vibra na frequência de Deus, pois ninguém mais além do ser humano foi criado à imagem e semelhança de Deus e herdou o atributo do Espírito-espírito. Para ninguém mais o cristianismo afirma "Cristo em vós", senão para o ser humano, que se rende a essa relação. A imago Dei é, portanto, essa dimensão espiritual, privilégio singular do ser humano em relação a todos os outros seres e realidades criadas.

A dimensão pessoal da imago Dei

Herdeiros de Platão e de sua teoria das ideias, quase todos os filósofos e teólogos posteriores que abordaram o tema trataram a imagem de Deus como própria da alma, não do corpo, e notadamente identificada com a mente-razão. Fílon de Alexandria chamou a mente de "princípio hegemônico da alma". Gregório de Nissa propôs que, assim como Deus tem mente e verbo, também o ser humano possui a capacidade do conhecimento, expressões daquela mente e verbo divinos. Agostinho de Hipona diz que "o homem representa Deus em relação ao nobilíssimo ato que é conhecer – de fato, representa Deus não apenas enquanto ente e vivente, mas também enquanto inteligente". Tomás de Aquino incluía o conhecer e o querer como próprios da imagem de Deus no homem, mas dava prioridade ao conhecimento em detrimento da vontade, afirmando que a imagem reside, sobretudo, na dimensão cognitiva, pois a vontade origina-se na memória e na inteligência.

Compreender a mente-razão como expressão da imagem de Deus é inevitável. Mas não precisamos ficar restritos ao conceito que faz a razão equivaler apenas ao conhecimento e à capacidade de raciocínio. Devemos dar atenção às últimas conclusões das pesquisas no campo da neurociência. Antonio Damásio escreveu O *erro de Descartes,* em que discute as bases do cartesianismo na formação da antropologia ocidental e suas influências na neurociência. René Descartes (1596-1650), com sua famosa proposição

"Penso, logo existo", quer dizer que:

> Eu soube que era uma substância cuja essência integral é pensar, que não havia necessidade de um lugar para a existência dessa substância e que ela não depende de algo material; então, esse "eu", quer dizer, a alma, por meio da qual sou o que sou, distingue-se completamente do corpo e é ainda mais fácil de conhecer do que esse último; e ainda que não houvesse corpo, a alma não deixaria de ser o que é.[13]

Damásio denuncia que exatamente aí está seu erro:

> A separação abissal entre o corpo e a mente, entre a substância corporal, infinitamente divisível, com volume, com dimensões e com um funcionamento mecânico, de um lado, e a substância mental, indivisível, sem volume, sem

> dimensões e intangível, de outro; a sugestão de que o raciocínio, o juízo moral e o sofrimento adveniente da dor física ou agitação emocional poderiam existir independentemente do corpo. Especificamente: a separação das operações mais refinadas da mente, para um lado, e da estrutura e funcionamento do organismo biológico, para o outro.[14]

Quando falamos em *razão-mente-alma,* devemos incluir necessariamente os atributos intelectuais, emocionais e volitivos sem jamais separá-los do corpo, a dimensão física e material do ser humano.

O ser humano possui também uma dimensão moral ou, se você preferir, consciência moral: o senso de certo e errado presente em todo ser humano de todas as culturas e de todos os tempos. Paulo, apóstolo, falou a respeito desse senso de certo e errado como algo que Deus semeou na mente humana:

> A ira de Deus é revelada dos céus contra toda impiedade e injustiça dos homens que suprimem a verdade pela injustiça, pois o que de Deus se pode conhecer é manifesto entre eles, porque Deus lhes manifestou. Pois desde a criação do mundo os atributos invisíveis de Deus, seu eterno poder e sua natureza divina, têm sido vistos claramente, sendo compreendidos por meio das coisas criadas, de forma que tais homens são indesculpáveis; porque, tendo conhecido a Deus, não o glorificaram como Deus, nem lhe renderam graças, mas os seus pensamentos tornaram-se fúteis e o coração insensato deles obscureceu-se... (De fato, quando os gentios, que não têm a Lei, praticam naturalmente o que ela ordena, tornam-se lei para si mesmos, embora não possuam a Lei; pois mostram que as exigências da Lei estão gravadas em seu coração. Disso dão testemunho também a sua consciência e os pensamentos deles, ora os acusando, ora os defendendo.) Isso tudo se verá no dia em que Deus julgar os segredos dos homens, mediante Jesus Cristo, conforme o declara o meu evangelho.
>
> ROMANOS 1.18-21; 2.14-16, NVI

"Além do Antigo e Novo Testamentos", disse C. S. Lewis, "há duas outras maneiras como Deus se torna evidente para o ser humano: a primeira, pelo Universo que ele criou, a segunda, pela consciência moral que ele colocou em nossas mentes".[15] Lewis comenta que a consciência moral é a melhor evidência, porque se trata de uma informação intrínseca: "você encontra mais a respeito de Deus na Lei Moral do que no universo em geral, assim como você enxerga melhor um homem ouvindo sua conversa do que admirando a casa que ele construiu".[16]

Finalmente, podemos falar da autoconsciência como um dos atributos humanos. Dessa vez, precisamos da ajuda de Viktor Frankl, que disse que, para ouvir a voz de sua consciência, o ser humano deve admitir que essa consciência é algo diferente do eu, mais do que o eu, extra-humano, além da mera condição humana, isto é, transcendente:

> Da mesma maneira como o umbigo humano, considerado por si mesmo, pareceria sem sentido, porque só pode ser compreendido a partir da pré-história, ou melhor, da história pré-natal do homem, como sendo um "resto" no homem que o transcende e o leva à sua procedência do organismo materno, no qual estava contido, exatamente desta mesma forma a consciência só pode ser entendida em seu sentido pleno quando a concebermos à luz de uma origem transcendente.[17]

Esses atributos, consciência e autoconsciência, implicam o fato de que o ser humano é capaz de se chamar de eu e de colocar-se em relação a outros eus.

A dimensão criativa da imago Dei

A maior unanimidade na interpretação da imagem de Deus ao longo da história da teologia é a relação que se faz entre ela e a vocação humana de dominar o Universo criado. Os estudiosos estão de acordo que a expressão "imagem e semelhança de Deus" quer afirmar duas coisas: a posição privilegiada que cabe ao ser humano em relação ao restante da criação e a função de representar Deus no Universo. Clemente de Alexandria não considerava que a semelhança entre Deus e o homem estivesse no ser, mas sim no agir: o ser humano assemelha-se a Deus quando faz o bem e exerce domínio sobre as coisas. Gregório de Nissa disse que a determinação, no sentido de liberdade e de exercício de domínio sobre a criação, é uma expressão da imagem de Deus.

O poeta bíblico expressa essa singularidade do ser humano em relação à criação, singularidade esta que o faz detentor da vocação de dominá-la:

> Quando contemplo os teus céus, obra dos teus dedos, a lua e as estrelas que ali firmaste, pergunto: Que é o homem, para que com ele te importes? E o filho do homem, para que com ele te preocupes? Tu o fizeste um pouco menor do que os seres celestiais e o coroaste de glória e de honra. Tu o fizeste dominar sobre as obras das tuas mãos; sob os seus pés tudo puseste: todos os rebanhos e manadas, e até os animais selvagens, as aves do céu, os peixes do mar e tudo o que percorre as veredas dos mares.
>
> SALMOS 8.3-8, NVI

O Deus da Bíblia é um Deus que trabalha desde a eternidade. O labor divino é uma forma de Deus revelar-se singular:

> Ó Soberano SENHOR, tu começaste a mostrar ao teu servo a tua grandeza e a tua mão poderosa! Que Deus existe no céu ou na terra que possa realizar as tuas obras e os teus feitos poderosos?
>
> DEUTERONÔMIO 3.24, NVI

> Meditarei em todas as tuas obras e considerarei todos os teus feitos. Teus caminhos, ó Deus, são santos. Que deus é tão grande como o nosso Deus? Tu és o Deus que realiza milagres; mostras o teu poder entre os povos.
>
> SALMOS 77.12-14, NVI

É por meio do seu trabalho que Deus compartilha sua alegria com os seus: "Tu me alegras, SENHOR, com os teus feitos; as obras das tuas mãos levam-me a cantar de alegria. Como são grandes as tuas obras, SENHOR, como são profundos os teus propósitos!".[18] A atividade de Deus revela sua sabedoria: "Quantas são as tuas obras, SENHOR! Fizeste todas elas com sabedoria! A terra está cheia de seres que criaste".[19] Enquanto age, Deus se perpetua entre a raça humana: "Grande é o SENHOR e digno de ser louvado; sua grandeza não tem limites. Uma geração contará à outra a grandiosidade dos teus feitos; eles anunciarão os teus atos poderosos. Proclamarão o glorioso esplendor da tua majestade, e meditarei nas maravilhas que fazes. Anunciarão o poder dos teus feitos temíveis, e eu falarei das tuas grandes obras. Comemorarão a tua imensa bondade e celebrarão a tua justiça. O SENHOR é misericordioso e compassivo, paciente e transbordante de amor. O SENHOR é bom para todos; a sua compaixão alcança todas as suas criaturas. Rendam-te graças todas as tuas criaturas, SENHOR, e os teus fiéis te bendigam".[20] 0 povo de Deus confia em Deus por saber que ele trabalha: "Entregue o seu caminho ao SENHOR; confie nele, e ele agirá",[21] pois "desde os tempos antigos ninguém ouviu, nenhum ouvido percebeu, e olho nenhum viu outro Deus, além de ti, que trabalha para aqueles que nele esperam".[22]

Essa visão do Deus laborioso inspirou Jesus em sua resposta àqueles que questionavam suas atividades no sábado, o dia do descanso conforme a lei judaica, de Moisés: "Meu Pai trabalha até agora, e eu trabalho também".[23] Muito mais do que uma defesa do ativismo, a resposta de Jesus revela uma dimensão da imago Dei: a ação criativa, o ímpeto criador, o desejo de interferir no mundo, de mudar a realidade, de transformar o Universo.

Mais surpreendente ainda é a sugestão feita por Jesus de que essa dimensão de trabalho não conflita com o mandamento do descanso. "Guardar o sábado", santificando-o, separando-o para Deus, é um dos Dez Mandamentos da Lei de Moisés. Alguns intérpretes da Lei foram literalistas e chegaram ao extremo de considerar um ato mínimo, como tirar a casca de uma espiga de milho, uma quebra do mandamento.

Uma das maneiras de interpretar esse rigor para a guarda do quarto mandamento é o belíssimo conceito rabínico de descanso. Descansar é "não interferir na realidade". Se sua casa está pegando fogo no sábado, não tente salvar nada, pois você estaria trabalhando. Descanse. Diga ao Deus Eterno que você não vai mudar o curso das circunstâncias e que, portanto, sua sorte está completamente rendida às mãos dele, Deus. Descansar é recusar-se a mudar o que o Deus Eterno determinou como sucessão natural dos fatos. Nesse caso, existe apenas uma possibilidade de não considerar o trabalho de Jesus no sábado quebra do mandamento. De fato, ou a atividade de Jesus no sábado contraria a vontade de Deus, ou, muito ao contrário, é justamente a expressão da vontade de Deus.

Em síntese, o mandamento de guardar o sábado foi uma forma de mostrar ao ser humano que somente Deus é capaz de gerir sua Criação. Nesse caso, trabalho é igual a descanso quando o ser humano não tem a pretensão de tomar nas mãos o controle do Universo, mas de se oferecer como instrumento para que Deus mesmo administre o mundo, e essa vocação de exercer domínio sobre a criação mediante a autoridade delegada por Deus é, sem dúvida, uma expressão da imagem de Deus no ser humano.

A DIMENSÃO RELACIONAL DA IMAGO DEI

"Sob o nome de Deus a fé cristã vê o Pai, o Filho e o Espírito Santo em eterna correlação, interpenetração e amor; de tal sorte que são um só Deus uno. A unidade significa a comunhão das Pessoas divinas. Por essa razão, no princípio não está a solidão do Uno mas a comunhão das três divinas Pessoas." Com essas palavras de Leonardo Boff,[24] chegamos ao ponto mais alto e talvez mais negligenciado da interpretação da imago Dei.

Ao comentar a natureza do Deus bíblico, Ricardo Barbosa afirma que ele é

> essencialmente relacional. Esta é a diferença entre o monoteísmo trinitário cristão e os outros monoteísmos unitários, como o judaísmo e o islamismo. Nestes, encontramos a solidão do Uno, de um Deus que não tem nenhum outro igual com o qual possa se relacionar. O cristianismo é a única religião monoteísta que crê num único e indivisível Deus que se manifesta como uma Trindade de Pessoas. O Deus cristão e bíblico não existe solitariamente, ele é sempre a comunhão das três pessoas divinas.[25]

Essa percepção chegou-me ao coração alguns anos atrás quando deparei com Gênesis 2.18 em que Deus declara solenemente: "Não é bom que o homem esteja só; farei para ele alguém que o auxilie e lhe corresponda" (NVI). A primeira vez em que prestei, de fato, atenção nessa declaração bíblica formulei uma equação que, à primeira vista, soou esquisita: Deus mais um homem é igual a um homem sozinho. Fiquei imaginando uma eventual cena, caso Adão se aproximasse de Deus reclamando de sua solidão: "Ok, Deus, passei o dia dando nome aos animais e percebi que todos eles passaram em pares, macho e fêmea, e cada um saía de minha presença em busca de um cantinho aconchegante, onde se aninhavam de mansinho. Fiquei com uma tremenda inveja quando me dei conta de que, para mim, não existia par e, então, senti-me muito sozinho. Vim reclamar e, muito respeitosamente, apresentar minhas críticas ao Universo que o Senhor criou. Está incompleto, falta alguma coisa. Tudo o que o Senhor fez não é suficiente. Ainda não está bom".

Deus poderia responder, furioso, fazendo com que Adão compreendesse que ele mesmo, Deus, era seu par: "Que absurdo, você é tão estúpido que não consegue enxergar que o par do boi é a vaca, do cavalo é a égua, do cachorro é a cadela e que Eu, o Senhor Todo-poderoso, Criador dos céus e da Terra, sou o seu par? Você não consegue enxergar que nós formamos o par perfeito? Você não consegue perceber que o único ser criado à minha imagem e semelhança é você, e que eu fiz você desse jeito porque desejava me relacionar em termos especialíssimos com uma pessoa além de mim mesmo? Ora, Adão, tenha a santa paciência...".

Absurdo mesmo é esse diálogo entre Criador e criatura. Contudo, mais absurda é a afirmação de Deus a respeito da solidão do ser humano. Acredito que, por trás dessa declaração, está a mais bela de todas as confissões de Deus e a mais elevada expressão de sua essência, o amor, que se traduz em abnegação, altruísmo, doação e autodoação. Por trás dessa declaração feita por Deus: "Não é bom que o homem esteja só", consigo enxergar o diálogo da comunhão da Trindade: "Nós não somos suficientes para a felicidade humana. Nós não bastamos para que o homem seja plenamente realizado no Universo que criamos. Nossa insistência em reivindicar a exclusividade da dedicação e afeição do homem vai acabar condenando-o a uma infelicidade crônica e eterna. Precisamos tomar alguma providência".

A insuficiência de Deus e a consequente solidão do homem geram a necessidade da criação da mulher.

> Depois que formou da terra todos os animais do campo e todas as aves do céu, o Senhor Deus os trouxe ao homem para ver como este lhes chamaria; e o nome que o homem desse a cada ser vivo, esse seria o seu nome. Assim o homem deu nomes a todos os rebanhos domésticos, às aves do céu e a todos

> os animais selvagens. Todavia, não se encontrou para o homem alguém que o auxiliasse e lhe correspondesse. Então o Senhor Deus fez o homem cair em profundo sono e, enquanto este dormia, tirou-lhe uma das costelas, fechando o lugar com carne. Com a costela que havia tirado do homem, o Senhor Deus fez uma mulher e a levou até ele. Disse então o homem: "Esta, sim, é osso dos meus ossos e carne da minha carne! Ela será chamada mulher, porque do homem foi tirada". Por essa razão, o homem deixará pai e mãe e se unirá à sua mulher, e eles se tornarão uma só carne. O homem e sua mulher viviam nus, e não sentiam vergonha.[26]

A partir dessa narrativa, observamos que Adão enxergava Eva como extensão de si mesmo, até porque estavam vocacionados a se tornarem "uma só carne".

De fato, Deus mais um homem é igual a um homem sozinho. E isso não é bom, não é suficiente, não é bastante. Demorou para que eu entendesse a afirmação de Deus. Tudo ficou claro quando consegui enxergar Deus como Pai, Filho e Espírito Santo, distinguindo as pessoas e crendo que me relaciono com um Deus em três pessoas distintas, porém iguais. Aí está o segredo. Deus é uma comunhão entre iguais. O ser criado à sua imagem e semelhança deveria, necessariamente, ser completo apenas e tão somente numa relação entre iguais. Isso explica por que Deus disse que o homem estava só. O homem possuía alguém acima dele – Deus –, e também abaixo dele – o restante da criação –, mas não possuía ninguém ao lado dele, como seu igual, e nessa dimensão estava sozinho.

Ariovaldo Ramos afirma que essa é a mais característica expressão da imagem de Deus no ser humano. Considerando que todo o Universo está impregnado de Deus, podemos afirmar que a imagem de Deus está em todo o Universo. Por outro lado, considerando que a Bíblia afirma que Deus criou o homem à sua imagem e semelhança, podemos depreender que existe uma dimensão da imagem de Deus que apenas o homem consegue expressar, e essa dimensão é a unidade na diversidade, a capacidade de pessoas distintas tornarem-se uma só.

O argumento de Ariovaldo faz sentido. Até agora, falamos que Deus é Espírito, e que, portanto, o ser humano também é um ser espiritual. Dissemos que Deus é um ser pessoal, Espírito com atributos intelectuais, afetivos e volitivos, e que, portanto, o ser humano também é uma pessoa. Dissemos que Deus é criativo e ativo, e que exerce domínio sobre a sua criação, e que, portanto, o ser humano também atua criativamente transformando o mundo. Mas é fato que o ser humano não é o único ser espiritual, pessoal e determinado, identificado na Bíblia Sagrada: os anjos e os demônios também o são. Resta concordar com

Ariovaldo quanto ao fato de que a única dimensão de Deus da qual apenas e tão somente o ser humano é portador é a vocação de unidade-unicidade, a capacidade de formar comunidade, de se tornar um, um entre seus iguais e um com Deus Tri-Uno.

Essa unidade da humanidade explica o conceito cristão de salvação, pois o propósito eterno de Deus é a geração de um novo homem, e esse homem novo é coletivo, pois o objetivo dele (Cristo) era criar em si mesmo, de toda a humanidade, um só homem novo,[27] e por essa razão orou ao Pai pedindo:

> Para que todos sejam um, Pai, como tu estás em mim e eu em ti. Que eles também estejam em nós [...] para que eles sejam um, assim como nós somos um: eu neles e tu em mim. Que eles sejam levados à plena unidade, para que o mundo saiba que tu me enviaste, e os amaste como igualmente me amaste. Pai, quero que os que me deste estejam comigo onde eu estou e vejam a minha glória, a glória que me deste porque me amaste antes da criação do mundo.
>
> João 17.21-24, NVI

Por essa razão, Paulo, apóstolo deixa claro que a experiência com o Cristo é também uma experiência com o corpo de Cristo:

> Ora, assim como o corpo é uma unidade, embora tenha muitos membros, e todos os membros, mesmo sendo muitos, formam um só corpo, assim também com respeito a Cristo. Pois em um só corpo todos nós fomos batizados em um único Espírito: quer judeus, quer gregos, quer escravos, quer livres. E a todos nós foi dado beber de um único Espírito. O corpo não é feito de um só membro, mas de muitos. Se o pé disser: "Porque não sou mão, não pertenço ao corpo", nem por isso deixa de fazer parte do corpo. E se o ouvido disser: "Porque não sou olho, não pertenço ao corpo", nem por isso deixa de fazer parte do corpo. Se todo o corpo fosse olho, onde estaria a audição? Se todo o corpo fosse ouvido, onde estaria o olfato? De fato, Deus dispôs cada um dos membros no corpo, segundo a sua vontade. Se todos fossem um só membro, onde estaria o corpo? Assim, há muitos membros, mas um só corpo.
>
> O olho não pode dizer à mão: "Não preciso de você!". Nem a cabeça pode dizer aos pés: "Não preciso de vocês!" Ao contrário, os membros do corpo que parecem mais fracos são indispensáveis, e os membros que pensamos serem menos honrosos, tratamos com especial honra. E os membros que em nós são indecorosos são tratados com decoro especial, enquanto os que em nós são decorosos não precisam ser tratados de maneira especial. Mas Deus estruturou o corpo dando maior honra aos membros que dela tinham falta, a fim de que não haja divisão no corpo, mas, sim, que todos os membros tenham igual cuidado uns pelos outros. Quando um membro sofre, todos os outros sofrem com ele;

> quando um membro é honrado, todos os outros se alegram com ele. Ora, vocês são o corpo de Cristo, e cada um de vocês, individualmente, é membro desse corpo".
>
> 1 Coríntios 12.12-27, NVI

De modo que

> Todos vocês são filhos de Deus mediante a fé em Cristo Jesus, pois os que em Cristo foram batizados, de Cristo se revestiram. Não há judeu nem grego, escravo nem livre, homem nem mulher; pois todos são um em Cristo Jesus.[28]

Essa é a justificativa da dimensão relacional da imago Dei. Deus é Uno, mas é Três, distinto entre iguais. Assim também o ser humano é pleno apenas na comunhão entre iguais, e tanto mais será um reflexo da imagem de Deus quanto mais desenvolver essa unidade com o próximo e com Deus.

Conclusão

Espero que não me tomem como alguém que foge do debate com a ciência, mas não quero tomar partido na discussão entre evolucionismo e criacionismo, exceto para afirmar perigosamente que não vejo incompatibilidade entre o criacionismo e determinadas categorias do evolucionismo. Isto é, não faço questão de afirmar (e, no fundo, considero tolice) que o ser humano criado por Deus no Gênesis equivale ao espécime contemporâneo que transita pela Avenida Paulista em São Paulo. Aprendi na escola que a seleção dos humanoides, antes de dar a camisa dez ao *Homo sapiens sapiens,* teve alguns outros artilheiros no campeonato da peregrinação na história natural, como por exemplo o *Homo habilis* (2,5 milhões de anos), *Homo erectus* (1,8 milhão de anos), o *Roma sapiens arcaico* (500 mil anos), até que finalmente o *Homo sapiens sapiens* chegou à Europa há aproximadamente 40 mil anos. O fato é que a *imagem de Deus* (e isso para mim é uma grande notícia) parece muito mais uma semente plantada na espécie humana – e somente na espécie humana –, semente essa que evolui e conduz o ser humano a degraus mais elevados de existência.

C. S. Lewis diz que:

> O homem moderno talvez entenda melhor a ideia cristã da transformação se a relacionar com a da evolução – embora, é claro, haja alguns espíritos ilustrados que duvidem de sua existência –; e a todos nós ensinam que o homem evoluiu a partir de formas inferiores de vida. Em consequência, as pessoas às vezes se perguntam: E qual será a próxima etapa? Quando surgirá o ser que ultrapassará

> o homem? Ora bem, se você gosta de pensar nestes termos, o que o cristianismo nos diz é precisamente que esse "novo passo" já se deu e que realmente é inovador. Não é uma mudança de homens com cérebro para homens com mais cérebro ainda; é uma mudança que envereda para rumos completamente inesperados – a mudança da condição de criaturas de Deus para a condição de filhos de Deus. E o primeiro exemplar da nova espécie já apareceu na Palestina, há dois mil anos. Ele não é apenas um homem novo, um espécime dessa espécie, mas o homem novo. Ele é a origem, o centro e a vida de todos os homens novos. Veio por vontade própria ao Universo criado, trazendo consigo a *Zoe,* a nova vida – nova para nós, quero dizer, porque nele a *Zoe* sempre existiu. E transmite-a não por hereditariedade, mas pelo que chamei de bom contágio. Todos os que recebem essa vida fazem-no por um contato pessoal com ele. Os homens são novos por estarem em Cristo. Milênio após milênio, Deus foi dirigindo a natureza até ao ponto em que pudesse produzir criaturas capazes de transcendê-la e de transformar-se em "deuses", se assim o quisessem.[29]

Esse parágrafo de C. S. Lewis é um dos textos da literatura universal que sustentam minha fé no cristianismo e no Cristo. Ele me coloca ao lado e acima do mais avançado que a ciência já conseguiu chegar em tratar do ser humano em sua origem, evolução e destino, bem como ao lado e acima de todas as tradições de espiritualidade já discernidas no planeta. A afirmação central do cristianismo está assim exposta: *Deus me fez para que eu me tornasse como Cristo.* E tudo quanto devo me tornar como ser humano. Jesus Cristo foi em sua peregrinação terrena. A imagem de Deus está explícita em Jesus de Nazaré e em sua humanidade perfeita. Os santos apóstolos disseram: "No princípio era o Verbo *[Logos],* e o Verbo estava com Deus. [...] E o Verbo era Deus. O Verbo se fez carne e habitou entre nós [...] e vimos sua glória, glória como a do unigênito [único gerado *versus* criado] do Pai";[30] Deus nos predestinou a ser "conformes a imagem de seu Filho, a fim de que ele seja o primogênito dentre muitos irmãos";[31] Ele é antes de todas as coisas, e nele tudo subsiste [...] é o princípio e o primogênito dentre os mortos [...]. Pois foi do agrado de Deus que nele habitasse toda a plenitude".[32] Jesus de Nazaré, o Cristo, é, portanto, o padrão do que é humano. Aquele que realmente deseja saber o que é a imagem de Deus no ser humano, mais do que se perder em elucubrações teológicas e filosóficas, deve olhar para Jesus.

A dimensão pessoal da imago Dei é o conjunto de dotações e de capacidades inerentes ao ser humano, e que o distingue do que não é humano. E ninguém duvida de que Jesus de Nazaré, a quem mesmo os que não consideram Deus chamam de "o mais iluminado de todos os espíritos que pisou no planeta", foi digno representante de todas as capacidades que Deus pudesse ter compartilhado com o ser humano. A dimensão relacional da imago Dei está explícita em Jesus de Nazaré, pois ninguém discute sua capacidade de amar incondicionalmente, bem resumida na apresentação que Pedro, apóstolo, faz dele em Atos 10.38 como aquele que andou fazendo o bem. A dimensão criativa da imago Dei também é expressa por Jesus, evidenciada pelo seu domínio sobre o restante do Universo criado. Jesus deu provas suficientes de que o mundo lhe obedecia: ele acalmou tempestades, curou enfermos, alterou os elementos (multiplicou pães e peixes, transformou água em vinho), e até mesmo ressuscitou pessoas. Tudo fez com exata consciência de si mesmo e de sua vocação. Entendia-se não apenas como o Filho de Deus, mas também como o Filho do homem. Sabia que viera ao mundo para "buscar e salvar o que estava perdido",[33] e não "para ser servido, mas para servir e dar a sua vida em resgate por muitos".[34] Finalmente, a dimensão espiritual da imago Dei é a própria identidade de Jesus. Sendo Deus encarnado e sabendo que Deus é Espírito, ninguém mais expressou em termos absolutos a Pessoa de Deus quanto Jesus, que, por esse motivo, foi chamado de "o Cristo".

Essas são as razões por que o cristianismo é o caminho daqueles que escolheram responder ao sentido da vida a partir da imago Dei conforme expressa em Jesus de Nazaré, o Cristo de Deus.

6

PROPÓSITOS

Definindo os termos

Metas, objetivos e propósitos são palavras entrelaçadas que, para a maioria das pessoas, querem dizer exatamente a mesma coisa: pontos de chegada. Os manuais de planejamento e de gestão multiplicam-se e, com eles, também cresce o número de definições possíveis para os termos. Na verdade, o mais comum é que cada autor use as palavras de acordo com sua conceituação particular: o que um chama de meta o outro chama de objetivo, e o que o outro chama de propósito, aquele um chama de meta, e assim por diante, até que ninguém se entende numa reunião porque todos estão usando as mesmas palavras, mas com sentidos diversos. Tudo porque cada um leu um manual diferente, e ninguém se preocupou em unificar a linguagem.

A coisa não poderia mesmo ser diferente. As definições do *Dicionário Aurélio*, por exemplo, ajudam, mas não esclarecem. Precisamos montar o quebra-cabeça dos conceitos, e o melhor que temos a fazer é redigir nosso próprio *Aurélio:* cada um escreve o seu dicionário e, depois, no meio das conversas faz as adequações necessárias do tipo "ele está falando de objetivo, mas pra mim isso é meta, tudo bem, já entendi, vamos em frente". Fiz o meu *Aurélio* particular e convido você a me acompanhar no raciocínio. Primeiro, vamos ao Aurélio de verdade.

> **meta**. [Do lat. meta.] S. f. 1. Poste, marco, cordel ou qualquer outro sinal que indica ou demarca o ponto final das corridas (de pedestres, de cavalos, de regatas etc.): O jóquei levou o potro além da meta. 2. V. gol (1). 3. Baliza, barreira, marco, limite: as metas da pista. 4. Alvo, mira, objetivo: "E quando o leitor tem mais altas ambições, visa também seu ideal ponto de chegada ou sua meta negaceadora: a filosofia da literatura ou a discussão dos problemas gerais da literatura" (Fidelino de Figueiredo, Um homem na sua Humanidade, p. 162) 5. Termo, limite, fim: a meta do asteroide; a meta da vida. [Pl.: metas. Cf. meta (ê) e metas (ê), do v. meter.]
>
> **objetivo.** [De *objeto* + *-ivo.*] Adj. 1. Relativo ao objeto. 2. Prático, positivo. 3. Filos. Diz-se do que é válido para todos, e não apenas para um indivíduo. 4. Diz-se

de fenômeno natural que se determina conforme os critérios científicos vigentes. ~ V. *complemento* –, *direito* –, *idealismo* –, *novação* –*a*, *pronome* – e *vertigem* –*a*. • S. m. 5. Mat. No método interativo, o valor final para o qual convergem progressivamente os resultados das sucessivas interações. 6. Objeto.

propósito. [Do lat. *propositu.*] S. m. 1. Algo que se pretende fazer ou conseguir; intenção, intento, projeto. 2. Deliberação, determinação, decisão, resolução. 3. Modo sisudo; tino, prudência. 4. Relação, ligação. 5. Fim a que se visa. [Cf. *prepósito.*] A propósito. 1. A respeito. 2. Oportunamente, convenientemente. 3. V. *por sinal.* A propósito de. 1. Pelo fato de. 2. Com respeito a. De propósito. 1. Por querer; por acinte; intencionalmente, adrede. Fora de propósito. 1. Alheio ao assunto ou às circunstâncias presentes; despropositado.

finalidade. [*De final* + *(i)dade*; lat. tard. *finalitate*, "desinência", "terminação".] S. f. 1. Fim a que se destina uma coisa; objetivo, alvo; destinação. 2. Causa final, i.e., explicação intelectual dum fenômeno pelos acontecimentos que se lhe seguem, pelo fim a que ele se destina. Finalidade externa. *Filos.* 1. A que tem por fim um ser diferente daquele que (total ou parcialmente) é meio de realizar esse fim. Finalidade imanente. *Filos.* 1. A que resulta da natureza e do desenvolvimento do próprio ser em que aparece. Finalidade interna. *Filos.* 1. A que tem por fim o próprio ser cujas partes são consideradas como meios. Finalidade transcendente. *Filos.* 1. A que se realiza em um ser pela ação que sobre ele exerce outro ser visando ao fim considerado.

O propósito é a razão por que algo existe ou é feito.

Minhas definições pessoais indicam que a meta está relacionada com pontos mensuráveis de uma caminhada e dizem respeito a pontos de chegada ou a paradas para avaliação. A *meta* é o lugar definitivo ou intermediário onde eu quero chegar. A meta responde à pergunta *aonde?* O *objetivo*, por sua vez, está relacionado com o que se pretende caso a meta seja alcançada. O objetivo justifica a meta. O objetivo responde à pergunta *para quê?* O *propósito* está relacionado com a motivação pela qual se busca um objetivo. O propósito é aquilo de que estou imbuído ao me mover em alguma direção. O propósito está relacionado com a *finalidade,* e a *finalidade* é algo *intrínseco à natureza* do próprio ser, que age em direção às suas metas e objetivos. O propósito é a programação interior que me coloca em movimento em certa direção. O propósito é a razão por que algo existe ou é feito. O propósito responde à pergunta *por quê?*

Em síntese, o propósito é algo que vem de dentro, que faz parte da minha natureza e identidade e que naturalmente me leva a buscar algumas coisas em detrimento de outras. Para alcançar essas coisas que estou buscando (objetivos), estabeleço alguns padrões de medida (metas), isto é, maneiras de saber se estou chegando aonde quero chegar. Dando asas à imaginação, podemos trilhar os caminhos de *La Fontaine* e imaginar que o Vento perguntou ao Fogo a razão pela qual estava derretendo a ponta do cordão, e ele respondeu que estava preocupado em não deixar o cordão desfiar, mas, no fundo, no fundo, gostava mesmo era de queimar. Derreter a ponta do cordão era a meta. Evitar que o cordão desfiasse era o objetivo. Queimar era o propósito, pois o fogo foi feito para queimar. Na moringa sobre a pia da cozinha estava a Água, ouvindo a conversa entre o Vento e o Fogo. Naquele instante, pensou: "Também tenho uma meta: ser bebida até o fim da tarde, e um objetivo: matar a sede de alguém, porque para isso existo, esse é o meu propósito: sou Água, fui feita para molhar".

Ilusão, frustração e felicidade

Conheço pessoas que têm meta, mas não têm objetivo nem propósito. Tratam as metas como um fim em si mesmo. Conseguem alcançar suas metas, mas não sabem explicar a razão por que tanto se sacrificaram. Cruzam a linha de chegada com uma sensação de vazio e não se conformam que o sucesso em atingir a meta não tenha repercutido em qualquer mudança em sua vida ou num mínimo de realização. Essas pessoas, geralmente, vivem de acumulação. Acumulam bens, mas nunca desfrutam de suas posses. Acumulam romances, mas nunca se satisfazem afetivamente. São pessoas movidas pela conquista, e a conquista para elas é um fim em si mesmo. Jamais estão satisfeitas. É o que Schopenhauer resume ao afirmar que "a vida oscila, pois, como um pêndulo, da direita para a esquerda, do sofrimento ao tédio".[1] Sofrimento, porque há desejo sem posse, e tédio, porque há posse sem desejo. Quem tem meta sem objetivo nem propósito não é capaz de satisfazer-se com suas conquistas, porque as conquistas não podem ser encaradas como fins em si mesmas.

Conheço também pessoas que têm objetivos e propósitos, mas que não têm metas. Não conseguem sair do lugar, pois faltam os passos práticos na direção de seus objetivos. Essas pessoas geralmente convivem com imensas frustrações em razão de desejos não satisfeitos, mas, na verdade, não sabem o que poderia trazer tal satisfação. Desejam conforto para a família, viver um grande amor, ganhar dinheiro, obter reconhecimento entre os pares, mas não conseguem identificar, ao certo, quais seriam as experiências que resultariam na realização de tais objetivos. São pessoas que pensam de maneira abstrata e que enxergam dificuldade em tudo. Diferentemente dos que vivem de acumulação, gente assim vive de ilusão. Têm sonhos sem trem de pouso.

Há também os que têm metas e objetivos, mas não têm propósito. Esses são os mais infelizes. Stephen Covey fala daqueles que subiram a escada do sucesso e descobriram que a escada estava escorada na parede errada, mas de fato, as pessoas que têm metas e objetivos, mas não têm propósito, escoraram a escada em parede nenhuma. Sua peregrinação rumo aos objetivos por meio das metas não encontra sustentação. Chegam lá, mas é como se não tivessem chegado. Conseguiram alcançar a meta de comprar a casa para realizar o objetivo de dar mais conforto para a família, mas se esqueceram de perguntar se era mesmo o conforto o que traria a todos o senso de plenitude. Essas pessoas não vivem nem de acumulação nem de ilusão. Vivem de frustração. Cruzam a linha de chegada e caem no vazio, percebendo que a conquista da meta e a realização do objetivo não supriram as fomes essenciais e reais anseios do coração.

Isso explica por que o mundo está cheio de gente infeliz sem saber por que, ou, pior, gente infeliz que acredita ter tudo para ser feliz. Alcançaram suas metas, mas isso não bastou. Concretizaram seus objetivos, mas isso não satisfez. Realizaram seus desejos, mas isso de nada adiantou. A razão é simples: a felicidade não é um lugar aonde se chega, mas sim um jeito como se vai.

PROPÓSITOS

André Comte-Sponville explica que "virtude é poder, mas poder específico. A virtude do heléboro não é a da cicuta, a virtude da faca não é a da enxada, a virtude do homem não é a do tigre ou da cobra. A virtude de um ser é o que constitui seu valor, em outras palavras, sua excelência própria: a boa faca é a que corta bem, o bom remédio é o que cura bem, o bom veneno é o que mata bem".[2]

E quanto ao ser humano, como se aplica esse conceito de virtude? Dessa vez, Comte-Sponville socorre-se de Aristóteles, que disse que a virtude é uma maneira de ser, adquirida e duradoura, é o que somos, porque assim nos tornamos, pois "a virtude de um homem é o que o faz humano". Mas, se a virtude da faca é cortar, do remédio é curar e do veneno é matar, qual é, pois, a virtude do ser humano? Creio, conforme venho tentando demonstrar, que a virtude do ser humano é derivada de Deus, pois fomos criados à imagem e semelhança de Deus.

Para que sejamos plenamente humanos, devemos nos render à nossa natureza. Devemos concretizar as finalidades nela embutidas. Estamos destinados a expressar o divino, a refletir o divino, a representar o divino, a manifestar o divino em todo o Universo. Viver em alinhamento com a imago Dei é nossa única opção de humanidade. Viver cumprindo as finalidades segundo as quais fomos criados é o nosso desafio, ou seja, realizar os propósitos inerentes ao fato de sermos imagem e semelhança de Deus.

Viver em alinhamento com a imago Dei é nossa opção de humanidade.

"Navegadores antigos tinham uma frase gloriosa: 'Navegar é preciso; viver não é preciso'. Quero para mim o espírito desta frase, transformada a forma para a casar como eu sou: Viver não é necessário; o que é necessário é criar. Não conto gozar a minha vida, nem em gozá-la penso. Só quero torná-la grande, ainda que para isso tenha de ser o meu corpo e a (minha alma) a lenha desse fogo. Só quero torná-la de toda a humanidade; ainda que para isso tenha de a perder como minha. Cada vez mais assim penso. Cada vez mais ponho da essência anímica do meu sangue o propósito impessoal de engrandecer a pátria e contribuir para a evolução da humanidade."

Assim Fernando Pessoa expressou o caminho por meio do qual pretendia dar sentido à sua vida. Viver seria pouco. Era necessário criar. De fato, não basta viver, no sentido de passar pela existência. É preciso concretizar as finalidades que justificam nossa existência. Conforme vimos no último capítulo, a imago Dei no ser humano tem quatro dimensões básicas: essencial, pessoal, relacional e criativa. Dessas dimensões, derivamos quatro propósitos universais à luz dos quais todo ser humano deve viver: *transcender, crescer, conviver* e *construir.*

Podemos parafrasear Fernando Pessoa: viver não é necessário, é preciso transcender. A dimensão essencial da imago Dei faz dos seres humanos os únicos capazes de uma interação de unidade com o divino. O propósito de transcender implica experimentar a unidade entre o espírito humano e o Espírito de Deus, estabelecer conexão, desenvolver um relacionamento pessoal, afetivo e eterno. O estágio final do propósito de transcender é a participação na natureza divina.[3]

Viver não é necessário, é preciso crescer. A dimensão pessoal da imago Dei faz do ser humano o único a compartilhar dos atributos pessoais de Deus: mente e razão, emoções e sentimentos, vontade e consciência, autoconsciência e autodeterminação. O propósito de crescer implica desenvolver ao máximo todas as potencialidades e capacidades da plena humanidade. O estágio final do propósito de crescer é a conformação à pessoa de Cristo: ser como Cristo.

Viver não é necessário, é preciso conviver. A dimensão relacional da imago Dei faz do ser humano o único a compartilhar da unidade plural da identidade divina: Deus é Três. O propósito de conviver implica desenvolver plenamente vínculos de amor e de afeto. O estágio final do propósito de conviver é a unidade da raça humana, em que cada ser humano compreende-se e experimenta-se como um entre pares: eu sou ele, e ele sou eu.

Viver não é necessário, é preciso construir. A dimensão criativa da imago Dei faz do ser humano o único a compartilhar com Deus o domínio sobre todo o Universo criado. O propósito de construir implica cooperar com Deus para colocar ordem no caos e para manter o caos em ordem. O estágio final do propósito de construir é a restauração da harmonia cósmica, em que todas as coisas, nos céus, na Terra e debaixo da terra, serão reconciliadas sob o governo de Deus, a saber, o Reino de Deus, em que a vontade de Deus é feita assim na Terra como no céu.

No tribunal da consciência

Há um jeito de viver que resulta em experiência de plenitude. E esse jeito de viver in depende das conquistas e circunstâncias. Esse jeito de viver é que estou chamando de vivendo com propósitos: viver em alinhamento com nossa identidade mais profunda, sabendo que nossa identidade mais profunda é a imagem de Deus.

Uma das mais elevadas compreensões do cristianismo está registrada nas palavras de C. S. Lewis, em seu *Cristianismo puro e simples,* o qual mostra que toda tentativa de viver em desalinho com Deus é frustrada na origem. Lewis diz que:

> A felicidade que Deus destinou às suas criaturas superiores é a felicidade de estarem livre e voluntariamente unidas a ele e umas às outras, num êxtase de amor e alegria [...] Deus nos criou do mesmo modo como um homem inventa um motor. Ora, um automóvel feito para andar com gasolina não andará bem com nenhum outro combustível; e Deus projetou a máquina humana para andar à base dele mesmo. Ele é o combustível que o nosso espírito foi projetado para queimar, o alimento que fomos feitos para consumir; não há nenhum outro. É por esse motivo que não adianta pedir a Deus que nos deixe ser felizes à nossa maneira, sem termos de nos preocupar com "religião". Deus não pode nos dar uma felicidade e uma paz independentes dele, simplesmente porque não existem. Não há sucedâneos para ele.[4]

As expressões "queimar o combustível divino" e "consumir o alimento divino" são apenas outra maneira de dizer que devemos viver de acordo com a imago Dei.

Creio que, no último dia de nossa vida, antes de atravessarmos o rio rumo à eternidade, passaremos pelo tribunal da consciência, em que nós mesmos julgaremos a vida que tivemos. Seremos ao mesmo tempo réus e juízes. Naquele dia, deveremos estabelecer o veredicto a respeito do sentido da vida e concluir se valeu ou não a pena viver. Naquele dia, não fará a menor diferença a casa onde moramos, o carro que dirigimos, as vezes que visitamos a Europa, os diplomas que penduramos na parede, o número de romances que tivemos ou as roupas que vestimos. Acredito que estaremos diante de quatro perguntas, cada uma delas ligada à imagem de Deus e aos propósitos pelos quais deveríamos ter vivido. São elas:

- Onde está Deus?
- Que tipo de gente eu me tornei?
- Onde estão as pessoas que eu amo e que me amam?
- Qual foi minha contribuição para o bem da raça humana?

Vivendo com propósitos é um caminho para que você comece a responder a essas perguntas desde já. Tenho certeza de que sua vida fará sentido e você estará no caminho em que é possível experimentar a plenitude da vida. Quando essas respostas estiverem claras em sua mente e coração, e você começar a viver de acordo com elas, a peregrinação existencial-espiritual será uma aventura fascinante e compensadora. Mas *Vivendo com propósitos* é apenas um mapa, um guia de viagem, um roteiro. Isso significa, pelo menos, duas coisas. A primeira é que o mapa jamais substitui a realidade. O mapa é apenas um registro limitado da leitura do peregrino, apenas as anotações que o peregrino conseguiu fazer ao longo de sua jornada. Por mais exato que o peregrino tente ser, o mapa sempre conterá equívocos e imperfeições, pois a realidade é sempre maior do que o que o peregrino consegue enxergar, e o que ele conseguiu enxergar é também maior do que o que conseguiu registrar. A segunda observação, à luz dessa metáfora do mapa, é que o estudo do mapa jamais substitui a peregrinação. Nenhum peregrino contenta-se em conhecer mapas, pois o que todos desejam mesmo é pisar o chão e descobrir novas trilhas que os peregrinos anteriores não conseguiram perceber, ou por não as registrarem, ou porque não tiveram coragem de registrá-las.

Síntese

Imago Dei	Derivações	Propósitos	Perguntas
Essencial	Compartilhar a essência espiritual de Deus: Deus é espírito, poder pessoal incorpóreo	Transcender	Onde está Deus?

Imago Dei	Derivações	Propósitos	Perguntas
Pessoal	Compartilhar os atributos pessoais de Deus: mente, sentimentos, vontade, autoconsciência, consciência	Crescer	Que tipo de gente eu me tornei?
Relacional	Compartilhar a natureza plural de Deus: Deus é Três, uma unidade entre iguais	Conviver	Onde estão as pessoas que eu amo e que me amam?
Criativa	Compartilhar com Deus a responsabilidade de ordenar o caos e de exercer domínio sobre o Universo	Construir	Qual foi minha contribuição para o bem da raça humana?

Parte II | Transcender

7
CONVERSÃO

Espiritualidade

A palavra espiritualidade pode suscitar muitas imagens: um mosteiro, com homens recolhidos e afastados da realidade, autoflagelando-se em penitências; pessoas sentadas em roda, na posição de lótus, buscando fazer uma ponte entre seu eu mais profundo e as energias do Universo; o auditório repleto de evangélicos diante de um pastor que faz promessas para a solução imediata de quaisquer problemas em troca de ofertas financeiras; a romaria de fiéis que cruzam uma pequena vila, à luz de velas, seguindo um santo de devoção ao som de cantilenas tristes; ou até mesmo a mesa daquele seu colega de trabalho, cheia de cristais, gnomos, fitas e amuletos que visam atrair bons fluidos e afastar maus-olhados.

Todas essas, na verdade, são expressões de espiritualidade, cada uma delas empacotada segundo o critério de uma tradição religiosa. Cada civilização tem seu jeito de sistematizar a experiência espiritual estruturando as coisas em termos de dogmas, de rituais e de padrões morais. Isso é o que chamamos de religião. Mas nosso assunto não é religião. É espiritualidade.

O espiritual é uma realidade pessoal, não física, que não se pode perceber com os cinco sentidos: "o espiritual não tem propriedades físicas como forma, tamanho, peso, cor, sabor, odor e textura".[1] O espírito é "poder pessoal incorpóreo",[2] e podemos entender que "Deus é Espírito",[3] como ensinou Jesus, assim como o ser humano, criado à imagem e semelhança de Deus.

A peregrinação espiritual é a caminhada em que o Espírito de Deus foi unido ao espírito do homem. Nesse caso, precisamos deixar para trás os hinduísmos e budismos, que desconsideram a característica pessoal do espírito e convocam as pessoas para o autodesenvolvimento a fim de realizarem a integração e harmonização com o todo – o *Dharma* e o *Nirvana*. C. S. Lewis comenta que essas propostas poderiam ser caracterizadas como espiritualidades de absorção: "depois desta vida, ou de várias vidas, as almas humanas seriam absorvidas em Deus"[4] (ou deus, digo eu, pois se referem ao todo, ao tudo impessoal). Essa absorção é comparada com uma gota de água que cai no mar, o que significa o fim da gota. Nesse caso, ser absorvido significa deixar de existir. Nessa versão de espiritualidade, não existe personalidade, individualidade, pessoalidade.

Para abordar as possibilidades da relação espírito-Espírito, poderíamos também transitar pelos ambientes do islamismo e do judaísmo, que têm o mesmo tronco com ramificações diferentes, a saber, a revelação de Deus a Abraão e a saga de seus descendentes Ismael e Isaque, respectivamente, como se pode ler no capítulo 15 do Gênesis, na Bíblia Sagrada.

Nosso caminho, entretanto, é o cristianismo. Apesar de, ou mesmo em razão de, sua base judaica *(o Cristo cristão é o Messias prometido aos judeus)*, o cristianismo é Cristo. Não o Cristo interior de cada ser humano. Não o Cristo como estado – estágio final da evolução humana, o chamado "eu crístico", numa espécie de "budismo ou de hinduísmo cristão". O cristianismo não propõe que os seres humanos tornem-se *cristos* da mesma maneira que o budismo propõe que se tornem *budas* ou que o hinduísmo propõe que se tornem *krishnas.* No cristianismo, Cristo não é um *status* universal do espírito humano plenamente iluminado. Cristo é sim uma pessoa distinta de todas as criaturas de Deus, sendo ele mesmo o próprio Deus – *Um com o Único.* E a espiritualidade cristã propõe o revestir-se de Cristo na perspectiva do relacionamento de unidade com ele, em que as partes não se descaracterizam em sua individualidade. O cristianismo fala de unidade, em vez de absorção; intimidade, em vez de aniquilamento; relacionamento, em vez de incorporação; rendição, em vez de fusão.

A espiritualidade cristã é, portanto, o encontro espírito-Espírito, em que este Espírito, com "E" maiúsculo, é Deus Pai, Deus Filho e Deus Espírito Santo, o mistério da Santíssima Trindade. Transcender é ter acesso, fazer contato, estabelecer conexão, encontrar-se, deixar-se encontrar, ser encontrado *pelo* Espírito. Transcender é imergir em Deus. Transcender é estabelecer um relacionamento consciente com o Espírito por meio de – na pessoa de – Jesus Cristo. A espiritualidade cristã implica cuidar do espírito e relacionar-se com o Espírito a partir do encontro pessoal com Jesus Cristo.

MATRICIAL

Justiça seja feita. Qualquer tradição de espiritualidade decente vai tratar das relações entre o ego e o eu, o eu humano e o Eu divino, e das relações entre eles. Talvez com linguagens diferentes, ou até chegando a ter posturas bem próximas, todos os mestres de espiritualidade, inclusive não cristãos, afirmam categoricamente a impossibilidade da realização plena do ser humano enquanto permanecer preso aos interesses egocêntricos, ou a estados egoicos, em detrimento do eu verdadeiro, mais profundo, mais essencial, que se plenifica na abnegação, no altruísmo absoluto e na entrega voluntária de si mesmo em favor do bem comum e maior. Podemos dizer que a experiência espiritual matricial diz respeito ao que fazer com o impulso egocêntrico de que é vítima-algoz toda pessoa humana.

"A partir do momento em que existe em nós um 'eu' autônomo, existe sempre a possibilidade de preferirmos esse 'eu' a tudo o mais, de querermos ser o centro, na verdade, de querermos ser Deus", disse C. S. Lewis. "Esse foi o pecado de Satanás, e esse foi o pecado que ele ensinou à raça humana".[5] Esse é o real sentido da narrativa de Gênesis, chamada na teologia cristã de "queda", significando que o ser humano "caiu da presença de Deus" e "caiu de sua condição de perfeição". O diálogo entre Adão, Eva e a Serpente processa-se ao redor de uma insinuação mentirosa, mas quase irresistível, a respeito do benefício de comer do fruto proibido: "no dia em que dele comerdes... como Deus, sereis conhecedores do bem e do mal".[6]

Harold Kushner diz que a história do jardim do Éden não trata do "paraíso perdido", mas do "paraíso desenvolvido", e também não trata do "pecado original", mas do "nascimento da consciência", não aborda a "queda do Homem", mas o "surgimento da Humanidade", e narra o salto por meio do qual a raça humana descobriu o que existe para além da existência animal – aquele que antes era dirigido por instintos passa a ser dirigido por senso moral.[7] A palavra de Deus: "no dia em que dela comeres [da árvore do conhecimento do bem e do mal] certamente morrerás",[8] não teria sido o estabelecimento de uma condenação, mas sim apenas uma advertência, uma declaração da consequência natural do ato de conhecer o bem e o mal.

Essa interpretação parece lógica e conveniente, mas não é coerente com o todo da Escritura Sagrada. Em primeiro lugar, porque a narrativa do Gênesis não autoriza a afirmação de que, antes de comer o fruto, o ser humano não possuía consciência nem senso moral, pois, se assim fosse, não poderia ser julgado por Deus em razão de seu ato. Isto é, como poderia Deus atribuir responsabilidade moral a um ser que não possuía senso moral, discernimento de certo e errado, enfim, consciência?

Também devemos levar em consideração que toda a estruturação da relação entre Deus e a raça humana, especialmente no Novo Testamento, está baseada na realidade de que o evento paradigmático de Adão e Eva resultou em alienação de Deus. Isso significa que o complexo "alma vivente" (pó da terra + fôlego da vida) passou a funcionar em detrimento de sua fonte original. O cristianismo propõe que o espírito do homem pode viver tanto em harmonia quanto em rebeldia em relação ao Espírito de Deus. Quando o espírito do homem está em harmonia com o Espírito de Deus, dizemos que tal pessoa está "vivendo no espírito- Espírito"; quando está em rebeldia, dizemos que tal pessoa está "vivendo na carne".[9]

O conceito cristão de pecado está absolutamente ligado a essa compreensão: estar em pecado é estar em rebeldia contra Deus, em busca da possibilidade de viver independentemente de Deus, como se ele não existisse.

O conceito cristão de *pecado* está absolutamente ligado a essa compreensão: estar em pecado é estar em rebeldia contra Deus, em busca da possibilidade de viver independentemente de Deus, como se ele não existisse. Aqueles que "vivem na carne" estão alheios à vida do Espírito de Deus e dependem da energia vital comum a todo ser humano, isto é, dependem de *Bios,* e não de *Zoe,* que é própria de Deus, chamada de *vida eterna.* Por essa razão, o evangelho diz que as pessoas que estão afastadas de Deus "estão espiritualmente mortas".

> O homem não somente vive, mas também ama e raciocina; a vida biológica atinge nele o nível mais elevado que conhecemos. Mas o que o homem não possui, na sua condição natural, é a vida espiritual: essa espécie de vida mais elevada, diversa da nossa, que existe em Deus. Usamos a mesma palavra vida para ambas [...] mas na realidade a diferença que há entre a vida biológica e a vida espiritual é tão grande que prefiro usar nomes distintos para referir-me a elas. À vida biológica, que recebemos da natureza, e que corno tudo o mais que há na natureza tende a esgotar-se e decair, de forma que só pode manter-se se receber subsídios permanentes dessa mesma natureza sob a forma de ar, água, alimento etc., a essa vida daremos o nome de Bios. Já a vida espiritual, que está em Deus desde toda a eternidade, e que criou todo o Universo natural, dar-lhe-emos o nome de Zoe. Bios apresenta, sem dúvida, uma semelhança vaga e simbólica com Zoe, mas apenas o tipo de semelhança que existe entre uma fotografia e o lugar fotografado, ou entre uma estátua e um homem. Um homem que passasse da condição de ter vida Bios para a de ter Zoe teria sofrido uma transformação tão grande como uma estátua que passasse da condição de pedra esculpida para a condição de ser humano real. E este é o tema central do cristianismo. O nosso mundo é um imenso ateliê de um grande escultor. Nós somos as estátuas, e entre nós corre o rumor de que, um dia, alguns de nós vamos receber vida.[10]

Fico impressionado com a coerência do evangelho. Jesus diz que quem quer participar do Reino de Deus deve "nascer de novo". O primeiro nascimento é "da carne", e resulta em vida-Bios. O segundo é o do *Espírito-espírito,* que nos dá acesso à vida-Zoe. A maneira como nascemos do espírito é por meio de um relacionamento com Jesus, o primeiro dos humanos a ter em si mesmo a vida eterna. Por essa razão, Jesus disse que ele veio para que tenhamos vida, e vida completa, integral, e essa é a vida-Zoe.

A questão ao redor do conhecimento do bem e do mal não é meramente uma discussão a respeito de ter ou não ter consciência, de ser dotado ou não de senso moral, de ser ou não ser obediente, de comer ou não comer um fruto. Sou de opinião que acreditar que os critérios de Deus para seu relacionamento com a raça humana estejam baseados em obediência e desobediência é um absurdo não cristão. O conflito entre Deus e a raça humana não é uma questão moral, mas sim relacional; não é uma questão de obediência ou de desobediência, mas de dependência e independência. O ato de desobediência, simbolizado em comer do fruto proibido, é um ato de rebelião, uma pretensa declaração de independência e de autonomia absoluta da criatura para com o Criador. Ser rebelde é muito mais do que ser desobediente.

O conflito entre Deus e a raça humana não é uma questão moral, mas sim relacional; não é uma questão de obediência ou de desobediência, mas de dependência e independência.

Vale a pena lembrar que *pneuma,* palavra grega que identifica tanto o espírito humano quanto o divino, pode também ser traduzida como "sopro, vento". A metáfora é perfeita. O ser humano que se harmoniza com Deus, alinha seu espírito ao Espírito de Deus, passa a viver impulsionado por uma força-energia que extrapola suas condições inerentes. Isto é, quem está em rebeldia contra Deus vive apenas da força biológica, enquanto aquele que está em harmonia e sujeição a Deus vive da relação espírito-Espírito, força da vida-Zoe, vida eterna. Isso explica as afirmações de Paulo, apóstolo, quando define a vida espiritual como "Cristo vive em mim" (ou, como prefiro em outra tradução, "Cristo me vive");[11] "Cristo [vive] em vocês";[12] "o Espírito Santo que habita em vocês".[13]

A expressão "Cristo em vocês" não é simplesmente uma metáfora, mas um fato. O Cristo ressurreto habita, por meio do seu Espírito, naquele que crê. A melhor compreensão do Gênesis não pode gravitar ao redor de ações morais nem de "pecado original". Paulo, apóstolo, interpreta o Gênesis a partir do binômio vida-morte,[14] e por essa razão se diz que Jesus veio trazer "vida completa", e não apenas destruiu a morte, mas "trouxe à luz a vida e a imortalidade".[15]

Pecado

A definição mais comum para pecado é "infringir normas divinas". Millard Erickson, em sua teologia sistemática, define pecado como "qualquer falta de conformidade, ativa ou passiva, com a lei moral de Deus. Isso pode ser uma questão de ato, de pensamento ou de disposição". A ênfase recai sobre conformidade com a lei, e isso pressupõe uma autoridade legisladora. Nesse caso, estamos em sérias dificuldades, pois essa definição de pecado já não faz o menor sentido para a maioria de nossos vizinhos e, para falar a verdade, nem para nós, que sabemos que nem tudo o que é legal é moral, e que nem tudo o que é moral é legal. Quem pretende convencer alguém de que pecado é desobedecer às leis de Deus sai perdendo de três a zero. Esse papo de normas, leis e regras está descartado – um a zero. A ideia de um Deus autoritário, aliás, de qualquer noção de autoridade, também já era – dois a zero. E mesmo que seja verdadeiro que pecado é infringir leis divinas, as pessoas perguntam: "E daí, que diferença isso faz?" – três a zero.

Isso nos coloca no contexto do relativismo ético. Nem mesmo práticas como matar, mentir e roubar podem ser consideradas unânimes na definição de pecado. Isto é, todo mundo concorda que é pecado matar, mas quase todo mundo também concorda que matar o sujeito que estuprou aquela menininha linda do quinto andar não é pecado. Todo mundo concorda que mentir é pecado. Mas quase todo mundo também concorda que mentir para preservar o emprego não é pecado. Todo mundo concorda que roubar é pecado. Mas quase todo mundo também concorda que roubar do governo não é pecado. Em outras palavras, para que algo seja identificado como pecado é preciso que seja incluído na categoria do hediondo. Somente o que extrapola, o que agride até mesmo as consciências mais degeneradas pode ser considerado pecado. E, mesmo assim, há controvérsias.

Afinal, o que é pecado? Como definir pecado para a sociedade contemporânea? Poderíamos teologizar, observando os três estágios, seguindo a ordem mais correta que evolui (ou decai) de (1) pecado original – rebelião – para (2) natureza humana corrompida, isto é, a inclinação interior para o mal, que resulta em (3) práticas pecaminosas. A teologia bíblica concorda que existe a dimensão de pecado restrita a atos e práticas: o que fazemos ou o que deixamos de fazer, em razão das leis que expressam e revelam o caráter de Deus. Há uma lógica nos imperativos morais bíblicos: fomos criados à imago Dei e, nesse caso, nossa plena humanidade deve desenvolver-se em conformidade com o Deus que expressamos e de quem derivamos. Em outras palavras, se Deus é amor, não podemos ser ódio, e por esse motivo não podemos matar – banir pessoas de nossa existência. Não podemos mentir, porque Deus é a verdade, e somente se relaciona com o que é verdadeiro. Nosso vínculo com Deus, de modo que sejamos inteiros, completos, saudáveis e equilibrados, depende de funcionarmos em conformidade com seu caráter e com sua natureza. Nesse caso, as regras e leis divinas são muito mais uma espécie de "manual do proprietário" do que imposições de uma divindade melindrosa. Quando a tradição de espiritualidade judaico-cristã fala de "fazer e deixar de fazer", está falando de "pecados", no plural.

Mas a tradição de espiritualidade judaico-cristã apresenta o pecado também em outra dimensão. Pecado é um estado de rebelião contra Deus, uma recusa de submissão, uma pretensão de autonomia (ser lei para si mesmo) em relação a Deus. Nesse caso, pecado é um *status* diante de Deus. Pecado, então, é também uma posição que ocupamos em relação a Deus, o que define a maneira como nos relacionamos com ele. A Bíblia diz que todos os que estão em rebelião contra Deus são filhos da desobediência, sobre quem se manifesta a ira de Deus.[16] Agora já não estamos falando em "fazer e deixar de fazer", mas em uma atitude em relação a Deus, pecado, no singular.

Finalmente, pecado é um estado de ser. Aqueles que estão em rebelião, na posição de filhos da desobediência, estão "na carne", alheios à vida de Deus, vivendo com seus próprios recursos e impossibilitados de agradar a Deus, pois o ser humano distante de Deus pode até ter o desejo de fazer o bem, mas é escravizado pelo mal, pois está sob a ação dos espíritos que operam sobre os filhos da desobediência.[17] Já não se trata de uma atitude em relação a Deus, nem mesmo de "fazer ou deixar de fazer". Agora, pecado é uma inclinação, uma disposição interior, uma tendência para o mal. Nesse caso, o ser humano é tão culpado por pecar quanto o tuberculoso é culpado por tossir. O problema já não é a tosse, mas a tuberculose.

Precisamos traduzir isso para nossos vizinhos. Jesus fez isso com uma história: a parábola do *Filho Pródigo.*[18] Ele contou a respeito do menino rico que pediu a herança em vida, "se mandou" da casa do pai (reivindicou sua autonomia), "torrou a grana" como se não houvesse amanhã (desperdiçou a si mesmo e seus recursos) e acabou sozinho e pobre (decaiu de seu *status),* restando-lhe apenas duas alternativas: viver com os porcos (bestializado) ou voltar para a casa do pai (arrependido, após cair em si e cair de si). Eis algumas ilustrações de pecado. Pecado é uma opção pela autossuficiência que gera em nós uma ilusão de potência e faz-nos desperdiçar recursos como se fossem inesgotáveis, fazendo-nos descer a ladeira até a desumanização. Pecado anestesia. Pecado ilude. Pecado drena. Pecado bestializa. Pecado desumaniza.

O melhor caminho para compreender o pecado é tratá-lo em termos existenciais: que tipo de gente você pensa que é? Que tipo de gente você está se tornando? Que tipo de gente você gostaria de ser? Que tipo de gente você sabe que é?

O melhor caminho para compreender o pecado é tratá-lo em termos existenciais: que tipo de gente você pensa que é? Que tipo de gente você está se tornando? Que tipo de gente você gostaria de ser? Que tipo de gente você sabe que é? Quando chegamos a esse ponto da conversa, ela tem dois caminhos possíveis. O autoengano, e, nesse caso, não adianta conversar, pois quem não quer ouvir ou não está pronto para ouvir não receberá nem conceitos, nem histórias. Ou a autoconsciência, possível para qualquer pessoa honesta que tem espelho em casa. A autoconsciência é a porta da conversão.

METANOIA

A essência da mensagem de Jesus Cristo é: "O Reino de Deus está próximo. Arrependam-se e creiam nas boas novas!".[19] Quando Jesus diz que o Reino de Deus está próximo, não está querendo dizer que vai chegar daqui a pouco, como quem fala de uma proximidade em termos de tempo. O que ele está dizendo é que o Reino de Deus está acessível: "Basta levantar a mão e você vai esbarrar no Reino de Deus". Em outras palavras, Jesus estava prometendo acesso a uma realidade vivencial. Reino é o ambiente em que a vontade de seu soberano é exercida sem restrições e resistências. Jesus está dizendo que o ser humano pode fazer parte do Reino de Deus, isto é, o ambiente em que as coisas funcionam do jeito de Deus ou, se você preferir, em que a realidade humana está harmonizada com a realidade divina, sendo as duas uma somente. Isso explica a convocação do evangelho ao arrependimento.

Arrependimento vem da palavra grega *metanoia,* geralmente traduzida como "mudança de mente", mas que, de fato, significa algo mais profundo, como, por exemplo, expansão da consciência, capacidade de enxergar as coisas de outro prisma ou mesmo de enxergar as coisas de perspectiva mais completa. *Metanoia* é a experiência que nos possibilita dizer: "Mudei, já não penso mais assim, já não consigo ver as coisas desse jeito", e, consequentemente, redefine nossos valores e prioridades. *Metanoia* faz-nos mudar de atitude e de comportamento. Por essa razão, *metanoia* é arrependimento, mudança de rota, meia volta. Quem se arrepende, abandona uma direção e toma outro rumo. Diferente do remorso, que é apenas uma tristeza em relação ao caminho que está sendo trilhado, o arrependimento implica transformação – mudança nas atitudes e na disposição da vontade.

Nesse caso, cabe perguntar de que o ser humano precisa arrepender-se, senão de sua rebelião em relação a Deus e a seu Reino. O ser humano deve arrepender-se de tentar viver às expensas de seus recursos próprios, em pretensa independência da fonte da vida-Zoe: "Se alguém quiser acompanhar-me, negue-se a si mesmo, tome a sua cruz e siga-me. Pois quem quiser salvar a sua vida, a perderá, mas quem perder a sua vida por minha causa, a encontrará",[20] disse Jesus. Por causa disso, os apóstolos compreenderam que viver no Reino de Deus era viver em sujeição a Jesus: "Porque estamos convencidos de que um morreu por todos; logo, todos morreram. E ele morreu por todos para que aqueles que vivem já não vivam mais para si mesmos, mas para aquele que por eles morreu e ressuscitou".[21]

Espírito Santo

O primeiro kerigma legitimamente cristão foi proclamado pelo apóstolo Pedro, no dia de Pentecostes.[22] Sua mensagem foi ao mesmo tempo simples e, no mínimo, constrangedora. Fez quatro afirmações a respeito de Jesus de Nazaré.

1. Jesus de Nazaré viveu de um jeito que nenhum outro ser humano viveu: homem aprovado por Deus, que viveu sem pecado, sem rebeldia, livre da rebelião.
2. Jesus de Nazaré morreu de um jeito que nenhum outro ser humano morreu: entregue segundo o determinado desígnio e presciência de Deus.
3. Jesus de Nazaré venceu a morte como nenhum outro ser humano venceu: Deus o ressuscitou, rompendo os grilhões da morte, pois era impossível que fosse retido por ela.
4. Jesus de Nazaré detém uma autoridade que nenhum outro ser humano detém: Deus o fez Senhor e Cristo.

Compreendidas no contexto da Lei de Moisés e de tudo quanto os profetas falaram, Pedro identifica Jesus de Nazaré com o Messias prometido, cuja figura indicava autoridade absoluta sobre todos os reinos humanos.[23] Mas, antes de prometer um Messias para os judeus, Deus prometera um redentor para a raça humana: aquele que esmagaria a cabeça da Serpente que havia seduzido o ser humano a declarar independência do Criador.[24]

A relação entre Jesus de Nazaré e Adão é absolutamente clara no Novo Testamento. Howard Mumma acerta ao dizer que:

> Adão, em hebraico, significa homem. Portanto, o que você tem aqui [no Gênesis] não é a história do que aconteceu a um homem, mas a dramatização de como as coisas são com todos nós. Adão é um espelho da natureza humana. Olhando no espelho de Adão, vemos que o homem é uma mistura de bem e mal. O homem tem uma aptidão para o verdadeiro, o belo e o bom. Como tal, ele difere de qualquer outra criatura sobre a Terra. Essa aptidão é a imagem de Deus. O mundo em que vivemos é o jardim pelo qual andamos. Pecado é tirar Deus do lugar central de nossas vidas e colocar o nosso eu no centro. Não somos capazes de entrar no mundo sem trazer junto um querer que tenta tomar o lugar de Deus. Recusamos dar o lugar de Deus a Deus; exigimos esse lugar para nós mesmos.[25]

Quando andamos em alinhamento com Deus, na relação espírito-Espírito, o mundo é um jardim, um paraíso de delícias onde as possibilidades da felicidade e da plena realização humana estão latentes em potência. Quando recusamos submeter o ego a Deus e aspiramos viver como se fôssemos nossos próprios deuses, perdemos o paraíso, somos arremessados numa condição existencial em que não há qualquer possibilidade de plenitude, pois a felicidade a que se destinou a raça humana é a felicidade somente possível em Deus. A expulsão do paraíso, conforme descrita no Gênesis, não é outra coisa senão ser lançado para fora da presença de Deus, perder a conexão com Deus, perder o fluxo de retroalimentação da divina energia espiritual vital, vida-Zoe, perder a relação espírito humano-Espírito de Deus.

Somente Jesus pode esmagar a cabeça da Serpente que se pronuncia insistentemente dentro de cada ser humano.

Por essa razão, Jesus é apresentado no evangelho como Senhor e Cristo. Em suas mãos, fruto de sua vida, morte e ressurreição, está toda a autoridade que há nos céus e na terra.[26] Em suas mãos está o poder de trazer de volta o ser humano ao paraíso que perdeu. Somente Jesus pode esmagar a cabeça da Serpente que se pronuncia insistentemente dentro de cada ser humano, cada Adão, e devolver ao ser humano a possibilidade de viver em rendição a Deus, de acordo com sua aptidão matricial - a imago Dei. Por essa razão, a convocação do evangelho de Jesus ao ser humano é para o arrependimento, que possibilita o perdão para os pecados e o acesso ao dom do Espírito Santo: "Arrependam-se, e cada um de vocês seja batizado em nome de Jesus Cristo para perdão dos seus pecados, e receberão o dom do Espírito Santo".[27]

O evangelho nos mostra que, livres do peso da culpa pelo pecado, temos paz com Deus, isto é, já não vivemos mais em rebelião contra sua autoridade e estamos isentos de condenação.[28] Mas não apenas isso. Em paz com Deus, somos novamente incluídos no ambiente do Espírito Santo, recebemos de volta a possibilidade de entrar na relação espírito-Espírito, e por essa razão se diz que o Espírito Santo de Deus habita em nós,[29] e que não estamos mais "na carne", mas no espírito-Espírito, isto é, não mais limitados ao que é próprio do humano, a *vida-Bios,* mas imersos em toda a potência de Deus, a vida-Zoe.

Receber o dom do Espírito Santo pode ser traduzido de diferentes maneiras: voltar a interagir com Deus, ser recebido de volta ao paraíso, ser reconciliado com Deus, imergir ou ser imerso na esfera de atuação influência do Espírito Santo ou como você quiser se referir à relação entre Deus e o ser humano, rompida na rebelião e restaurada com o arrependimento da pessoa.

Conclusão

A experiência matricial cristã é chamada "novo nascimento".[30] Nas palavras de Jesus, "nascer da água e do Espírito". Russell Shedd esclarece que "Jesus está dizendo que o homem natural não herdará a vida sobrenatural sem a conversão vinda pelo arrependimento e pelo Espírito".[31] Transcender é nascer de novo. Nascer pela segunda vez. A raça humana compartilha com Adão o nascimento biológico: "o que nasce da carne é carne"[32], e compartilha com Jesus de Nazaré o nascimento espiritual: "o que nasce do Espírito é espírito"[33].

Transcender é relacionar-se com o Espírito Santo de Deus por meio da consagração do ego a Jesus Cristo. A consagração do ego é o que o evangelho chama de conversão. A conversão é a experiência de arrependimento – *metanoia* – pela rebelião contra Deus. O fruto da conversão é a interação do espírito humano com o Espírito de Deus. No momento da conversão, Deus une seu Espírito ao espírito humano. Em termos de metáfora, o ser humano passa a captar o sinal da energia divina e a ser alimentado por ela, justamente porque já não está longe do divino, em rebeldia, mas relacionando-se com ele em sujeição e rendição amorosa. Essa é a dimensão mais elementar do que chamamos de transcender – transcendência.

Transcender é nascer de novo.

8
CONEXÃO

Desafio

Caso você tenha esquecido, estamos diante do desafio de dar significado e sentido à vida. Isso somente será possível quando conseguirmos fazer duas coisas: viver no presente, dando sentido e explorando a plenitude de significado de cada momento, e respondendo a cada momento à luz de nossa natureza mais essencial, a saber, a imago Dei. O sentido da vida não se esclarece no fim dos dias, na véspera do último suspiro, quando, num lampejo mágico, exclamaremos: Ah, sim, agora entendi! Viver com sentido e significado não depende também das circunstâncias e da realidade externas ao ser, daí a afirmação de que mais importante do que quaisquer circunstâncias é a maneira como reagimos a elas. Isso explica por que a felicidade é muito mais "um como se vai" do que um "lugar aonde se chega" – ou em que se está.

Em síntese, administrar o estado de espírito, momento após momento, para viver plenamente aqui e agora é, ao mesmo tempo, o ônus e o privilégio do direito e dádiva da vida. Quando eu emagrecer ou depois que nosso filho nascer, assim que eu terminar o mestrado, quando as crianças estiverem um pouquinho maiores ou tão logo a gente termine de pagar o apartamento correspondem a um tempo que não existe, realidade hipotética, futuro eventual, passível inclusive de jamais se realizar. Enquanto você está acima do peso, aquela pessoa mais magra que você deseja ser não existe. Durante o tempo em que você está pressionado entre prazos de entrega de monografias e premido por relatórios atrasados, aquela pessoa disponível e serena, capaz de dar atenção ao cônjuge, não existe. A pergunta, portanto, é como desfrutar todo o prazer da vida a dois em meio a papéis, contas vencidas e telefonemas de chefes estressados, ou como entregar meu corpo fora de forma sem perder uma gota do prazer possível na cama do amor? Fora isso, você estará vivendo no mundo do "se – então". Esse mundo não existe e, portanto, você não o está vivendo.

Todas as realidades – circunstâncias insatisfatórias – têm uma capacidade enorme de acumular lixo psíquico em nosso coração e em nossa mente.

Pensamentos e sentimentos tóxicos estragam o dia, os relacionamentos, os empreendimentos, enfim, a vida. Mas a infelicidade circunstancial está longe de ser o pior dos infortúnios. Ser abandonada pelo marido, perder um filho num acidente de automóvel, ser demitido de surpresa, ser preterido injustamente para aquela vaga perseguida durante meses, receber a notícia que o resultado do exame foi positivo ou negativo, acumular dívidas, ficar sozinho no sábado e não ter com quem repartir a noite de aniversário são situações comuns – digo com pesar – e, estranhamente, estão longe de ser as maiores tragédias que alguém possa experimentar. A maior de todas as infelicidades não é circunstancial. A maior infelicidade é existencial: a escravidão volitiva, o cativeiro emocional e o labirinto mental. A incapacidade e a falta de motivação para agir e a sensação de que não faz mais sentido realizar qualquer coisa são forças – ou antiforças – quase invencíveis. O tédio, a desmotivação, a falta de esperança, a resignação estoica, a descrença e a ausência de respostas e de nexos são primos distantes do cinismo niilista, que trata a vida com descaso e que deixa o mundo cinzento.

Lembro-me muito bem daquele domingo quando fui interpelado por uma jovem que havia pouco passara a puberdade: "Pastor, o que é a vida senão uma sucessão de fatos sem sentido?".

Imaginei que sua questão era noogênica, não resultava de repetidos desencantos, até porque conhecia muito pouco da vida. Ali estava uma pessoa que, talvez precocemente, deparara com as perguntas matriciais da existência humana. Mas também me lembro da pergunta que um diretor da multinacional em que eu fazia uma palestra endereçou-me diante de mais de duzentos de seus gerentes e supervisores: "Pastor, o senhor está dizendo que nunca fica estressado?". Naquele momento, eu sabia que estava diante de um homem em busca de resposta para manter seu mundo interior em ordem em meio ao caos que tentava administrar no dia a dia. Aquela não foi uma pergunta existencial, como da jovem, mas sim circunstancial, de gente grande que não conseguiu amarrar todas as pontas dos papéis que desempenha na vida.

Vindos de lugares absolutamente diferentes, ali estavam duas pessoas que passariam a conviver com a tentação de pegar atalhos para dar colorido aos seus dias. Minha tarefa era a mesma: ensiná-las a encontrar sua identidade mais profunda e acessar a realidade plena no eterno agora.

Demasiadamente humano

O homem é mais do que uma máquina biopsíquica. Você é muito mais do que um organismo com vontades, sentimentos e inteligência. Este muito mais é chamado de espírito, a dimensão do ser que transcende o tempo e o espaço. O apóstolo São Paulo chamava esse muito mais de "homem interior":

> Por tudo isso, não desanimamos; pelo contrário, mesmo que o nosso homem exterior se corrompa, contudo, o nosso homem interior se renova de dia em dia. Porque a nossa leve e momentânea tribulação produz para nós eterno peso de glória, acima de toda comparação, não atentando nós nas coisas que se veem, mas nas que se não veem; porque as que se veem são temporais, e as que se não veem são eternas.
>
> 2 Coríntios 4.16-18, ARA

O "homem exterior" está sujeito aos desgastes naturais do tempo: adoece, envelhece, enfraquece, fica senil. Ele é instintivo e reage às circunstâncias, tentando sobreviver: tem fome, e come, tem sono, e dorme, tem apetites e desejos, e atira-se alucinado em busca de satisfação imediata. Mas o "homem interior" é que transcende. Está destinado e equipado para ir além dos limites biopsíquicos. Quando Jesus disse que "o espírito está pronto, mas a carne é fraca"[1], estava se referindo a essas duas dimensões: o homem interior (espírito) e o exterior (carne). Jesus disse também que "o reino de Deus está dentro de Vós",[2] isto é, não é experimentado na dimensão biopsíquica, mas na dimensão espiritual, pois "carne e sangue não podem herdar o Reino de Deus".[3]

Se houve um homem que transitou naturalmente pela dimensão espiritual, e que dedicou sua vida a fazer com que as pessoas encontrassem o mesmo caminho, esse homem foi Jesus – o homem completo. Na verdade, Deus encarnado: 100% Deus; 100% homem. Mistério divino.

Para um observador do estilo de vida de Jesus, conforme descrito nos Evangelhos, duas coisas chamam especial atenção. Em primeiro lugar, o fato de que ele jamais esteve contido nos limites da matéria em relação ao universo natural ou biopsíquico da realidade humana. Jesus curou doenças e enfermidades das mais diversas, andou sobre as águas, multiplicou pães e peixes, fez cessar tempestade, exerceu domínio sobre espíritos opressores, conduziu bastante gente pelas trilhas da transformação pessoal e até mesmo ressuscitou mortos.

O trânsito de Jesus no meio das multidões era admirável. Conseguia andar no meio da massa sem perder de vista o indivíduo. Jesus não apenas montava e desmontava "legos mentais" – padrões de pensamento, paradigmas de raciocínios – em si mesmo, mas também e principalmente conduzia as pessoas nesse processo extraordinário de transformação pessoal. Sabia perfeitamente chegar ao âmago daqueles que dele se aproximavam. Foi assim com Zaqueu, homem de pequena estatura, rejeitado socialmente, desonesto e culpado de traição do povo judeu, tendo sido cooptado por Roma para cobrar impostos de sua própria gente. Zaqueu é um homem abalado em sua autoestima, que tenta se superar enriquecendo e acaba consumido pela ganância, vendendo a alma pelo poder econômico para vencer seu senso de rejeição. O evangelista Lucas registra o dia em que Zaqueu subiu em uma árvore e se expôs publicamente ao ridículo na tentativa desesperada de ver Jesus passar. Jesus percebeu a cena, parou o cortejo, ordenou que Zaqueu descesse da árvore e convidou-se para jantar na casa dele. A multidão ficou confusa pelo fato de que Jesus escolhera "a casa errada" para ficar hospedado: a casa de um pecador.[4]

O constrangimento de Zaqueu foi tão grande que se comprometeu a dar aos pobres metade dos seus bens e a restituir quatro vezes mais a todas as pessoas que por ele haviam sido lesadas. Para um homem cujo alicerce existencial era o dinheiro, a disposição de abrir mão da riqueza acumulada é a maior evidência de que um "lego mental" foi substituído, isto é, houve mudança de mente – arrependimento.

João, no capítulo 4 de seu Evangelho, conta a história de uma mulher de Samaria. À beira do poço, tirando água, é interpelada por Jesus: "Dá-me de beber." "Como, sendo tu judeu, pedes de beber a mim, que sou mulher samaritana?", indagou a mulher, sabedora da inimizade radical entre judeus e samaritanos. "Se conheceras o dom de Deus e quem é o que te pede: dá-me de beber, tu lhe pedirias, e ele te daria água vida", respondeu Jesus enigmaticamente.

A mulher fica confusa e Jesus lhe explica que não está falando da água do poço, mas do Espírito Santo, uma fonte de água viva que jorra do interior.[5] Jesus referia-se à conexão espiritual, e a mulher pensava na realidade imediata, pois diz: "Dá-me dessa água para que eu não precise mais vir buscá-la". É nítido que essa mulher ainda não desceu nem subiu às dimensões do espírito. Jesus está diante de uma mulher com apetites interiores que imagina poder satisfazê-los por meio de romances. Está presa aos limites de suas emoções feridas e de seus instintos, carentes de afeição genuína. Não consegue abstrair-se do universo *biopsíquico*. Jesus falava da água da vida e ela falava da água de poço. Jesus falava de sede espiritual, enquanto ela corria atrás de satisfação emocional. Mais uma vez, Jesus facilita conexão espiritual e joga alguém que vivia na superfície do "homem exterior" para as regiões abissais do "homem interior", que pode adorar a Deus em espírito.

Tantas outras histórias poderiam ser contadas a respeito de Jesus. João, evangelista, diz que "fez Jesus diante dos discípulos muitos outros sinais",[6] tantos que se todos eles fossem relatados, "creio eu que nem no mundo inteiro caberiam os livros que seriam escritos",[7] o que é uma hipérbole, lógico, que se presta ao papel de exaltar ao máximo possível um homem que atuou apenas trinta anos e teve uma vida pública de apenas três.

Os discípulos observaram atentamente esse divino taumaturgo, capaz de transitar com a mesma naturalidade entre o universo material, mental e espiritual. Ali estava diante deles um homem que era, como diria John Wimber, naturalmente sobrenatural. Um homem capaz de transitar serenamente por meio do labirinto das ideias, das contrariedades dos sentimentos e dos apelos das vontades. Um peregrino que não considerava o mundo espiritual como um lugar distante, posterior (céu depois da morte) ou anterior (paraíso antes do pecado) à existência humana pé no chão. Mas os discípulos conseguiram observar um pouco mais. Enxergaram que Jesus gostava de ficar sozinho. Expressões como "foi Jesus levado pelo Espírito ao deserto", "retirou-se dali... para um lugar deserto, à parte", "despedidas as multidões, subiu ao monte, a fim de orar sozinho", "caindo a tarde, lá estava ele, só", "tendo-se levantado alta madrugada, saiu, foi para um lugar deserto e ali orava", "de uma feita, estava Jesus orando em certo lugar" fizeram com que os discípulos pedissem a ele: "SENHOR, ensina-nos a orar".[8]

MOMENTOS DIVINOS

> Para onde poderia eu escapar do teu Espírito? Para onde poderia fugir da tua presença? Se eu subir aos céus, lá estás; se eu fizer a minha cama na sepultura, também lá estás. Se eu subir com as asas da alvorada e morar na extremidade do mar, mesmo ali a tua mão direita me guiará e me susterá. Mesmo que eu diga que as trevas me encobrirão, e que a luz se tornará noite ao meu redor, verei que nem as trevas são escuras para ti. A noite brilhará como o dia, pois para ti as trevas são luz.
>
> SALMOS 139.7-12, NVI

> Reconheçam que o SENHOR é o nosso Deus. Ele nos fez e somos dele: somos o seu povo, e rebanho do seu pastoreio. Entrem por suas portas com ações de graças, e em seus átrios, com louvor; deem-lhe graças e bendigam o seu nome.
>
> SALMOS 100.3,4, NVI

Esses dois trechos da poesia hebraica são aparentemente contraditórios. O primeiro diz que não existe a menor possibilidade de alguém estar longe da presença de Deus. O segundo convoca-nos a entrar na presença de Deus por meio da gratidão e do louvor. Um deles diz que Deus está em todo lugar, e outro afirma que entre mim e Deus existe um portão e um pátio.

A aparente contradição poderia ser explicada pela linguagem poética e, portanto, metafórica. Mas esse paradoxo pode servir para expressar aspectos diferentes de estar na presença de Deus. Uma coisa é estar na presença de Deus, outra é estar consciente da presença de Deus. Uma é estar na presença de Deus, outra é estar interagindo conscientemente com Deus, sofrendo a ação de Deus.

Deus presente é diferente de Deus agindo. Deus agindo é diferente de Deus agindo em mim, ou por meio de mim, e ainda mesmo em meu favor. Isso até parece óbvio. Considerando que Deus é uma Pessoa e não uma energia, uma luz ou um poder imaterial, é razoável imaginar que podemos estar em sua presença e, ainda assim, longe de sua interferência, alheios à sua voz, a seu toque e manifestações. Muitas vezes, passamos por pessoas sem perceber sua presença, somos tocados sem sentir, chamados sem ouvir, de tão absortos ou concentrados em outra direção.

Essa experiência foi narrada na Bíblia em diferentes momentos. Jacó, o patriarca, fugia de seu irmão Esaú e escondia-se no deserto. Certa noite, sonhou com uma escada ligando a terra e o céu, com anjos subindo e descendo. Ao acordar, expressou espanto: "Na verdade, o SENHOR está neste lugar, e eu não o sabia [...] Quão temível é este lugar! É a Casa de Deus, a porta dos Céus".[9]

Elias, o profeta, em crise depressiva, refugiava-se numa caverna e, após uma noite, ouviu a voz de Deus: "Que fazes aqui, Elias?"[10]

Que extraordinário detalhe! Deus não pergunta: *Que jazes aí, escondido?*, mas sim: *Que jazes aqui, em minha presença?* De igual modo, os discípulos, na estrada para Emaús, caminham lado a lado com o Jesus ressurreto sem contudo notar a presença do Cristo Vivo.[11]

Tantas vezes Deus está ao nosso lado, mas *nós* não estamos em sua presença. Não estamos conscientes nem atentos à sua presença. Por esse motivo, o poeta hebreu convoca-nos a *entrar na presença de Deus.*

Essa é uma questão muito antiga na tradição judaico-cristã. A mulher da cidade de Samaria, que estava à beira do "poço de água viva", conversou com Jesus a respeito de onde encontrar Deus. Jesus esclarece dizendo que entrar na presença de Deus não é uma questão de onde, mas de como:

> "Nossos antepassados adoraram neste monte, mas vocês, judeus, dizem que Jerusalém é o lugar onde se deve adorar."
>
> Jesus declarou: "Creia em mim, mulher: está próxima a hora em que vocês não adorarão o Pai nem neste monte, nem em Jerusalém. Vocês, samaritanos, adoram o que não conhecem; nós adoramos o que conhecemos, pois a salvação vem dos judeus. No entanto, está chegando a hora, e de fato já chegou, em que os verdadeiros adoradores adorarão o Pai em espírito e em verdade. São estes os adoradores que o Pai procura. Deus é espírito, e é necessário que os seus adoradores o adorem em espírito e em verdade".
>
> JOÃO 4.20-24, NVI

O Deus que não é encontrado em todo e qualquer lugar não é encontrado em um lugar específico, pois Deus encontra-se não em *um lugar,* mas em um estado de ser daquele que o busca, independentemente do lugar geográfico onde se encontre.

Há momentos quando concentramos nossa atenção em Deus e conscientemente interagimos com ele. Gosto de pensar nesses momentos como *momentos divinos:* ocasiões quando a presença de Deus é ativa *e* percebida por nós. Afinal, Deus presente é diferente de Deus agindo. E Deus agindo é diferente de Deus agindo perceptivelmente. Quando o poeta bíblico nos convida a "entrar na presença de Deus com louvores e ações de graça", na verdade está nos convidando a focalizar nossa atenção em Deus e entrar em um momento divino. A melhor maneira de "entrar na presença de Deus" é a oração. Para transcender, nesse sentido, você precisa aprender a orar.

UM JEITO DE ORAR

Transcender é ir além do tempo e do espaço. Quem vai além do tempo escapa do desgaste. Quem vai além do espaço escapa dos limites. Além do tempo está a vitalidade e a fonte que a tudo alimenta. Além do espaço está a matriz de toda a realidade e a plenitude de todas as coisas. Além do tempo é o eterno agora: a integração de passado, presente e futuro. Além do espaço é o eterno lugar: a integração dos ambientes, o encurtamento e, a aniquilação das distâncias. Além do tempo está a harmonia entre o já e o ainda não. Além do espaço está a harmonia entre aqui e lá.

O versículo inicial do Livro de Números diz que Deus falou a Moisés, "no deserto do Sinai, na tenda da congregação" (ARA) – ou "Tenda do Encontro" (NVI) – no primeiro dia do segundo mês do segundo ano de sua saída do Egito. Aparentemente, o texto caminha em direções invertidas nas dimensões espaço e tempo. Em se tratando do espaço, o texto progride do genérico para o específico – do deserto para a tenda da congregação, enquanto na dimensão do tempo faz justamente o oposto, do menos abrangente para o mais abrangente – dia, mês e ano. Mas a interpretação rabínica[12] diz que o texto segue a mesma lógica, indo sempre do menor para o maior, pois não é o deserto maior que a Tenda, mas sim a Tenda maior que o deserto. Assim como os anos contêm meses, e os meses contêm dias, não é o deserto que contém a Tenda, mas sim a Tenda é que contém o deserto: em outras palavras, no lugar de Encontro com o Divino cabe todo o restante, quer seja no tempo quer no espaço. Tudo está lá-aqui, no

Transcender é ir além do tempo e do espaço.

"outro lugar", que é aqui mesmo em "outro tempo", que é exatamente agora. Isso é o que significa transcender, fazer conexão, entrar na presença de Deus.

Quem deseja experimentar a profundidade da vida de Deus não precisa deixar tudo de lado para olhar apenas para Deus. Ao contrário, não pode deixar nenhum aspecto da realidade circundante fora da interação com Deus. Deve olhar não para Deus, mas para todas as coisas a partir da imersão em Deus. Para nos encontrarmos com Deus – transcender – no burburinho do dia, no barulho do trânsito, com gritos das vozes velozes que nos solicitam de todos os lados, não precisamos abandonar o deserto e correr para a Tenda da Congregação, uma vez que, na verdade, ao entrarmos na Tenda da Congregação, o deserto terá entrado conosco, pois a Tenda da Congregação contém o deserto.

A PORTAS FECHADAS

> No momento em que você acorda todas as manhãs, todos os seus desejos e esperanças para o dia correm para você como animais selvagens. E a primeira tarefa de cada manhã consiste em enxotá-los todos de volta; e ouvir aquela outra voz, observar aquele outro ponto de vista, deixando que aquela outra vida, maior, mais poderosa e mais calma venha fluindo para dentro.[13]

Essas palavras de C. S. Lewis resumem o que estou chamando de transcender: cultivar a permanente consciência da presença de Deus, ser, viver e existir – conscientemente – em Deus. O apóstolo Paulo chamou isso de "orar sem cessar", traduzido por Henri Nouwen como "transformar pensamento em oração". Nesse caso, o que os judeus peregrinos pelo deserto chamavam de Tenda da Congregação ou do Encontro, Jesus chamou de "quarto com portas fechadas".

Sempre encarei a oração como fuga da realidade e alienação. Acho que fui ensinado assim. De vez em quando, ouço pessoas dizendo: "Lamento, mas tudo o que posso fazer por você é apenas orar". Parece que a oração é pouco e que o ambiente da oração é restrito e restritivo. Parece mesmo que a recomendação de Jesus leva-nos a um beco que reduz o horizonte: do mundo para o quarto, do contato com o mundo para a porta fechada, da visão para os olhos fechados, da postura pronta para a ação para os joelhos, num caminho que aparentemente nos coloca num universo cada vez menor de realidade. Mas o que não podemos esquecer é que não é o mundo que contém o quarto de oração, é o quarto de oração que contém o mundo. A realidade, em sua maior densidade, não está no resvalar rarefeito que temos com a vida em meio às nossas múltiplas e superficiais relações. O contato com a real realidade ocorre na experiência de conexão com Deus, a fonte e sustentação de tudo quanto existe, o meio que perpassa todos os processos, o fim último de todas as coisas, "pois dele, por ele e para ele são todas as coisas".[14]

Creio que isso explica por que, quando foi solicitado a ensinar seus discípulos a orar, Jesus não lhes deu apenas uma oração, mas um caminho. Não ensinou apenas *o que* deveriam dizer ao orar, mas também e principalmente *como* deveriam orar:

> E quando vocês orarem, não sejam como os hipócritas. Eles gostam de ficar orando em pé nas sinagogas e nas esquinas, a fim de serem vistos pelos outros. Eu lhes asseguro que eles já receberam sua plena recompensa. Mas quando você orar, vá para seu quarto, feche a porta e ore a seu Pai, que está em secreto. Então seu Pai, que vê em secreto, o recompensará. E quando orarem, não fiquem sempre repetindo a mesma coisa, como fazem os pagãos. Eles pensam que por muito falarem serão ouvidos. Não sejam iguais a eles, porque o seu Pai sabe do que vocês precisam, antes mesmo de o pedirem.
>
> MATEUS 6.5-8, NVI

Orar implica um relacionamento pessoal. Quando Jesus ensinou seus discípulos a orar, estabeleceu um fundamento sólido, sem o qual a oração não passa de verbosidade frívola e de desabafo. Jesus mostrou que orar é estar em comunhão com Deus, o Pai, o Pai que está além de nós. Jesus diz que, em oração, "seremos vistos pelo Pai".

Orar é estar sob as vistas de Deus, e cada vez que você estiver consciente que está sob as vistas de Deus, estará orando. O lugar secreto é o lugar onde Deus não apenas pode nos ver, mas também pode estar conosco. Quando você se recolhe para orar, não está falando com você mesmo, fazendo um desabafo emocional ou elaborando pensamentos e sentimentos no divã de um deus suposto. As orações colocam-nos diante de um interlocutor real e interessado em nós. Quando você está em oração, está se dirigindo a outra pessoa além de você mesmo: está em comunhão com o Pai. *Abba* é o nome cristão para Deus. Quem ora chama Deus de Pai, e somente quem chama Deus de Pai consegue orar.

Jesus de Nazaré foi a primeira pessoa que se dirigiu a Deus chamando-o de Pai, *Abba*. Na verdade, Jesus podia dirigir-se a Deus dessa maneira porque era o unigênito filho de Deus. Jesus era o único gerado de Deus, diferentemente de todos os seres humanos, criados por Deus. Por essa razão, o encontro com Deus é mediado por Jesus. Somente ele, Jesus, podia dizer: "Eu e o Pai somos um".[15] *Abba* é a palavra aramaica usada para descrever o balbuciar de uma criança que está aprendendo a falar, e melhor seria traduzida por "paizinho" ou "papai". O que Jesus pretendia era estabelecer não apenas uma dimensão pessoal em nosso relacionamento com Deus, como também enquadrar esse relacionamento numa moldura de extrema afetividade e dependência, como deve ser todo relacionamento entre pai e filho.

Quem ora sem crer em Deus não ora, elabora. Quem ora sem crer que Deus existe em termos pessoais e está à disposição para um relacionamento próximo, amoroso e consciente, na verdade, fala "de si para si mesmo".[16] Ou fala de si para o "Todo" ou para "Tudo", que equivale a nada. Orar é penetrar no coração de Deus a convite do próprio Deus, o *Abba* que a todos convoca para que se assumam e se percebam como filhos amados. Esse é o grande segredo da oração.

Orar implica, também, um momento específico de consciência. Jesus disse que a oração não é um ato mecânico, não se destina a gerar um "estado alterado de consciência". Jesus advertiu que, ao orar, não devemos usar de vãs repetições, isto é, não devemos transformar a oração num mantra autônomo em relação ao todo do nosso ser e viver.

Toda vez que nos recolhemos para fazer uma releitura do mundo e do nosso universo interior, colocamo-nos diante da oportunidade de refazer estruturas psíquicas e recebermos de Deus novos patamares existenciais. A recomendação de Jesus sobre "não ficar repetindo a mesma coisa" pode ser interpretada de diferentes maneiras. Gosto de pensar que está de acordo com aquela expressão popular: "virar o disco" (própria da época dos *long-plays* de duas faces), algo do tipo "coloque para tocar o outro lado", que quer dizer "abandone esse discurso". A oportunidade da oração é um convite a abandonar velhas formas de pensar, desmontar paradigmas mentais que geram aflições para receber de Deus novas imagens e realidade de paz e de esperança. A oração é uma porta de acesso a novos processos, percepções, atitudes mentais e emocionais possíveis na comunhão com o *Abba,* Pai.

Orar, portanto, implica silêncio. Jesus também ensina que a oração acontece numa dimensão profunda de introspecção: "vá para seu quarto e feche a porta". Quem permanece na dimensão do homem exterior, não consegue orar. Quem fica na superfície verbal e pública, não consegue orar. A oração acontece no quarto silencioso do homem interior e não na automação da repetição verbal, nem mesmo no vazio da mente.

A oração de Jesus, apesar de ser cheia de conteúdo inteligente, arremessa-nos a uma dimensão de comunhão com Deus que transcende a razão e as palavras: "Seu Pai, que vê em secreto". A oração é geralmente identificada com a expressão verbal. A maioria das pessoas entende que "orar é falar com Deus". De fato, orar é "falar *com* Deus" e não apenas "falar *para* Deus". Falar com Deus implica, também, ouvir Deus. E ouvir Deus implica silêncio. O silêncio na presença de Deus, sob a voz de Deus, leva-nos a patamares mais profundos de intimidade em que as palavras tornam-se desnecessárias e inoportunas.

Orar é penetrar em Deus, não para falar coisas para ele, mas para simplesmente experimentá-lo, em silêncio e afetivamente.

Alguém já disse que "as palavras servem apenas para aplacar a efusividade do que é dito no silêncio". Quanto mais intenso o encontro, menos necessárias as palavras. Nessas horas, as palavras nos dão a sensação de que quebrarão um momento mágico. Isso me faz lembrar de um diálogo de alguém com Madre Teresa de Calcutá: "O que a senhora diz para Deus em suas orações?". "Nada, eu só escuto." "E o que Deus diz para a senhora em suas orações?" "Nada, ele só escuta."

Essa é a verdadeira e mais profunda dimensão de oração: uma experiência de presença e de comunhão espiritual que transcende a análise e a verbosidade. Por essa razão, Jesus diz que a oração é muito mais o que o Pai vê em secreto, do que o que o Pai ouve.

Nossa cultura cartesiana e dogmática quer explicação para tudo, até porque explicar e compreender é meio caminho para controlar. Mas Deus não pode ser explicado nem entendido em plenitude. Pode apenas ser percebido afetivamente, e, por essa razão, a oração é muito mais *um* espaço de amizade com Deus do que um momento de "despachar" com a autoridade universal.

Orar é penetrar em Deus, não para falar coisas para ele, mas para simplesmente experimentá-lo, em silêncio e afetivamente. Eugene Peterson ensina que a linguagem humana tem pelo menos três dimensões: descritiva, diretiva e afetiva.[17] Primeiro, aprendemos a dar nomes às coisas. Depois, aprendemos a dar ordens à realidade. Somente com a maturidade aprendemos a expressar afeto e amor, a buscar o contato para celebrar a amizade e o amor. O contato afetivo transcende as palavras. Tal encontro é mais próximo da experiência de contemplar uma obra de arte, o que implica elevação e êxtase, do que a experiência de tentar explicar a você as diferentes dimensões da linguagem. Orar é penetrar o indizível.

Todas as tradições espirituais possuem instrumentos facilitadores da meditação, esse estado alterado de consciência ou estágio profundo de introspecção. Os iogues possuem seus *mantras;* os espiritualistas, suas *mandalas;* os judeus, suas *cabalas;* os cristãos, suas orações. Isso explica as razões por que Jesus ensinou uma oração específica – O Pai Nosso –, que não deveria ser transformada em palavras mágicas constantemente repetidas, mas sim oferecer o fundamento para o assentamento da consciência. A mais popular oração meditativa dos cristãos é "Senhor Jesus, Filho do Deus vivo, tem piedade de mim", reduzida na forma *Kyrie eleison*, que os místicos ensinam a repetir silenciosamente ao longo do dia até se tornar tão espontânea e instintiva quanto a respiração.

A meditação é um estado de consciência. Em minha experiência pessoal, é como colocar um segundo nível de consciência para funcionar. Algo muito parecido com o que acontece quando, no meio da conversa, esquecemos o nome de uma pessoa e seguimos no papo dizendo "daqui a pouco eu lembro". Parece que enquanto a conversa prossegue na mente 1, a mente 2 começa a vasculhar seus arquivos, até que o nome do sujeito é achado e, então, a mente 2 envia a informação para a mente 1, e você interrompe a conversa e diz "ah, lembrei". Isso acontece quando você está trabalhando no seu computador e, de vez em quando, uma janela abre "sozinha" colocando algo novo à sua frente.

Na oração silenciosa, meditativa, contemplativa, como queira chamar, esse fenômeno acontece vezes sem conta. Enquanto a nossa consciência nível 1 está focada em uma coisa apenas – a respiração ou uma oração curta: *Kyrie eleison* –, o Espírito Santo suscita em nossa consciência nível 2 um sentimento, um pensamento, uma disposição nova de vontade.

A oração, portanto, implica fé e consequências. Jesus ensina que a oração abre caminhos para a intervenção de Deus: "Seu Pai, que vê em secreto, o recompensará". Não tenha dúvida: a oração leva você para além das possibilidades de seus pensamentos, sentimentos e vontade e coloca você diante das infinitas possibilidades do mundo espiritual.

A oração alinha nosso coração e mente com a vontade perfeita de Deus e coloca os trilhos pelos quais ganhamos acesso aos recursos maravilhosos dos céus. Também por essa razão, orar não é tanto falar com Deus, mas sim "estar com Deus", de modo a receber o que ele deseja nos dar. Jesus disse que, em seu nome, poderíamos pedir ao Pai o que precisássemos, e ele nos atenderia.[18] Evidentemente, há um sentido profundo no significado de "orar em nome de Jesus", mas isso não invalida o fato de que orar é acessar recursos que transcendem as potencialidades e capacidades humanas.

Ore como se Deus estivesse lá

A Bíblia fala de um homem, Cornélio, que jamais ouvira falar de Jesus, mas que era "piedoso e temente a Deus [...] e que fazia muitas esmolas ao povo e, de contínuo, orava a Deus".[19] Até que Deus vai ao encontro daquele homem.

Cornélio tem uma visão espiritual quando um anjo lhe diz que sua oração havia sido ouvida e que as esmolas que dera foram lembradas na presença de Deus.

Quando as aflições forem demasiadamente intensas, as palavras fugirem, os sentimentos parecerem confusos, os pensamentos se multiplicarem sem parar, o corpo estiver exaurido, entre no seu quarto, feche sua porta e fique diante do *Abba,* que vê em secreto. Jamais despreze as oportunidades de um momento de joelhos em silêncio. Jamais descreia das recompensas que podem se derramar sobre você enquanto está num momento de conexão com o Divino.

Algo mais

Viver com o propósito de transcender implica viver a partir do relacionamento pessoal e profundo com Deus. Implica acreditar que os recursos e potencialidades disponíveis, quer sejam para o homem interior - os sentimentos, os pensamentos e a vontade -, quer para o homem exterior - as necessidades circunstanciais -, são sempre muito mais abrangentes do que aparentam ser.

A união íntima com Deus - experiência de transcendência - extrapola nossos conceitos de realidade, e é difícil expressar isso em palavras. Embora Jesus tenha dito ser um com o Pai e nos convidado para essa relação, dificilmente conseguimos acreditar que o abismo que nos separa de Deus não existe. Sob a influência da filosofia naturalista, somos tentados a crer que Deus fez as coisas e, depois, passou a observar o andamento do drama universal, interferindo de vez em quando para fazer o que chamamos de milagre.

Todos os místicos e mestres da espiritualidade dizem que, em momentos de profundo amor e elevação, podemos experimentar uma espécie de contato com uma realidade maior, à qual muita gente não sabe dar nome ou usa coisas do tipo "Cristo interior" e "consciência cósmica". Creio que esse algo maior é Alguém. E creio que, não poucas vezes, esse Alguém "dá o ar da graça", convidando-nos a um relacionamento de amor.

Jane Goodall, em seu livro *Uma janela para a vida: 30 anos com os chimpanzés da Tanzânia,* conta que, certa vez,

> os chimpanzés subiram em uma árvore baixa para comer brotos de folhas. Fui para um lugar de onde podia, quieta, observá-los fazendo a última refeição do dia. A cena tinha uma beleza de tirar o fôlego. Ao fulgor suave do sol, as folhas estavam brilhantes, de um verde-claro e luminoso; o tronco e os ramos ensopados pareciam de ébano; a pelagem preta dos chimpanzés era matizada por lampejos de castanho-acobreado. E por trás desse tableau refulgente estendia-se o pano de fundo dramático do céu Índigo escuro, onde o relâmpago ainda tremeluzia e faiscava e o trovão distante ribombava.
>
> Existem muitas janelas através das quais podemos observar o mundo, em busca de algum significado. Existem as que foram abertas pela ciência, com as

vidraças polidas por uma sucessão de mentes brilhantes, penetrantes. Através delas podemos ver cada vez mais longe, cada vez mais claro, em áreas que estavam acima do conhecimento humano. Olhando por uma destas janelas, no decorrer dos anos, aprendi muito sobre o comportamento dos chimpanzés e seu lugar na natureza das coisas. E isto, por sua vez, nos ajudou a compreender um pouco melhor alguns aspectos do comportamento humano, nosso próprio lugar na natureza.

Mas existem outras janelas; janelas que foram descerradas pelas lógicas dos filósofos; janelas através das quais os místicos buscam sua visão da verdade; janelas nas quais os líderes das grandes religiões se debruçaram em sua busca de um propósito não apenas na beleza maravilhosa do mundo, mas também em sua escuridão e em sua feiura. A maioria de nós, quando medita sobre o mistério de nossa existência, perscruta o mundo através de apenas uma dessas janelas. E até mesmo essa única costuma ficar embaçada pelo hálito de nossa humanidade finita. Com as costas da mão desembaçamos um pedacinho e por ali olhamos. Não surpreende que fiquemos confusos com a fração ínfima do todo que conseguimos ver. Afinal, é como tentar compreender o panorama do deserto ou do oceano por meio de um canudo de papel.

E eu, plácida à luz do sol, tão integrada com a floresta banhada de chuva e com as criaturas que nela viviam, por um breve momento pude espiar por uma outra janela e com uma outra visão. É uma experiência que acontece, espontânea, com algumas das pessoas que passam muito tempo sozinhas na natureza. O ar estava impregnado de uma sinfonia emplumada, a prece dos pássaros. Ouvi frequências novas em sua música e também no canto dos insetos, notas tão altas e doces que fiquei atônita. Fui tomada por uma consciência intensa da forma e da cor de cada folha isolada, dos padrões variados dos veios, tornando cada uma delas uma peça única. Os perfumes eram nítidos, facilmente identificáveis – frutas maduras demais, fermentando; terra encharcada; as cascas das árvores, frias e úmidas; o cheiro abafado de pelo de chimpanzé e, é claro, meu próprio cheiro também. E as emanações aromáticas de folhas tenras esmagadas eram quase opressivas. Senti a presença de um pequeno antílope e depois o vi, pastando tranquilo de frente contra o vento, os chifres espiralados obscurecidos pela chuva. E me senti preenchida até o âmago por aquela paz que ultrapassa todo entendimento.[20]

Em momentos assim, de transcendência, a única coisa que existe é a sensação de plenitude que resulta da consciência de estar imerso em Deus. A respeito disso, a experiência de Jacó é paradigmática.[21] Seu susto ao acordar após sonhar com a escada que unia Terra e céu, com anjos subindo e descendo, é constatar que "Deus estava aqui e eu não o penetrava". "Penetrar" é a tradução escolhida por André Chouraqui[22] para o verbo hebraico *iadá,* que pode significar saber e conhecer, mas também penetrar, como quando a Bíblia diz que "Adão conheceu Eva", isto é, penetrou Eva, isto é, ganhou acesso a dimensões profundas. Assim, compreendo que transcender, além de implicar um relacionamento permanente com Deus, implica momentos específicos em que podemos e devemos acessar, estar em, penetrar, mergulhar e/ou ser invadido pelo Divino que está além do tempo e espaço.

9
CONVERSAÇÃO

Pondo os pés no chão

Orar é estar com Deus. Toda vez que você está consciente da presença de Deus, você está orando. As pessoas mais comuns, através dos tempos, dizem que a recomendação do apóstolo Paulo, "orar sem cessar", é exequível.[1] Dizia-se de São Francisco que ele "parecia menos um homem orando do que a própria oração encarnada". (Caso duvide, acredite, São Francisco era, sim, um homem comum.)

O Irmão Lourenço, autor do clássico devocional *A prática da presença de Deus,* conta que, ao chegar ao monastério, foi enviado a trabalhar na cozinha; o que lhe causou grande decepção, pois imaginava que se dedicaria o tempo todo à oração. Mas isso lhe rendeu o título de "senhor de todos os caldeirões e panelas" e lhe serviu como porta de acesso a uma das mais extraordinárias experiências de intimidade com Deus. Testemunhou sua experiência dizendo que "a hora dos negócios não difere para mim da hora de oração; e no barulho e alarido da minha cozinha, enquanto diversas pessoas ao mesmo tempo pedem coisas diferentes, possuo a Deus em tão grande tranquilidade como se estivesse de joelhos para o bendito sacramento". Ele de fato acreditava que "não existe um modo de vida no mundo mais agradável e mais cheio de deleite do que a conversação contínua com Deus". Foi ele quem nos recomendou "fazer do coração uma capela". É bem verdade que o irmão Lourenço admite ter levado pelo menos dez anos para aprender a orar sem cessar, mas isso só prova que é mesmo possível.

Creio, como Thomas Kelly sugere, que é possível "ordenar a nossa vida mental em mais de um nível ao mesmo tempo. Em um nível podemos estar pensando, discutindo, vendo, calculando, satisfazendo todas as exigências de afazeres externos. Mas, muito no fundo, por trás das cenas, num nível mais profundo, podemos também estar em oração e adoração". Confesso que ainda não cheguei lá. Mas conheço pessoas cujo semblante demonstra tal serenidade e alegria perenes que chego a desconfiar que descobriram esse segredo. Por enquanto, minhas orações ainda estão na categoria das conversações. Cabem dentro de ocasiões específicas que separo para "entrar na presença de Deus", estabelecer conexão, entrar num momento divino. De vez em quando, sou surpreendido por Deus. Algo como ser tomado por um senso de presença que não me deixa dúvidas de que de alguma maneira "penetrei" em Deus ou, melhor dizendo, ele se deixou penetrar por mim. Mas isso é raro, quase nunca depende de mim, e jamais consigo planejar que aconteça. O que consigo planejar são meus períodos de oração.

ORAÇÕES SIMPLES

Pratico o que aprendi a chamar de "orações simples". São assim chamadas porque não observam qualquer padrão ou elaboração, não estão sujeitas a quaisquer critérios, não sofrem censuras prévias, não são articuladas cartesianamente, chegando a ser quase displicentes e quase sempre passionais. Acontecem espontaneamente, a partir de percepções instantâneas, em qualquer lugar, a respeito de qualquer coisa, a qualquer hora.

Em minha experiência, essas orações simples duram pouquíssimo tempo, quando no meio de minhas atividades diárias "me lembro" de que estou na presença de Deus e me dirijo a ele com reverência e afeto. São "encontros" e vislumbres constantes com o *Abba,* Pai. Nesses pequenos encontros – pequenas conversas –, acredito estar "santificando Deus em meu coração", isto é, dando a ele a primazia e o lugar de honra, trazendo sua presença para o centro das atenções e fazendo a sintonia fina de sua face sempre voltada para mim, mas desfocada, porque minhas lentes estão sujas ou, como disse Jesus, meus olhos não estão iluminados.[2]

Durante muitos anos, selecionei os assuntos tratados em minhas orações. Naquela época, eu vivia uma pseudomaturidade espiritual. O auge de minha crise aconteceu quando recebi um convite para fazer palestras em um congresso de liderança cristã na Flórida, Estados Unidos, e imaginei que poderia aproveitar para levar meus filhos à Disneyworld, em Orlando. Comecei a providenciar os passaportes e a encaminhar providências para os vistos de viagem. Meu prazo era muito curto. Tinha apenas poucos dias para providenciar tudo. Os caminhos eram dois: ou pagar um despachante, que garantia êxito no processo, ou arriscar fazendo tudo sozinho na Polícia Federal e no Consulado Americano. O dinheiro era pouco, e eu não queria gastar aqueles dólares com o despachante. Mas, por outro lado, dada a exiguidade do tempo, eu corria o risco de não conseguir os vistos para levar a família toda na viagem. Evidentemente, imaginei pedir a Deus que quebrasse meu galho, o que talvez você ache ser a coisa mais óbvia para um cristão fazer: orar.

Mas não era tão óbvio para mim. Meu mundo estava cindido: minha vida particular e interesses pessoais de um lado, e o Reino de Deus e os interesses de Deus do outro. Eu pensava mais ou menos assim: "Se fosse uma viagem humanitária para Angola, já teria pedido o visto a Deus, mas não tenho cara de pedir a Deus que me dê vistos para visitar o Mickey Mouse". Talvez, premido pelas circunstâncias e pela necessidade, ou pelo desejo, comecei a tentar um jeito de justificar meu pedido de um visto a Deus. Encontrei duas respostas. A primeira desmascarou meu dualismo. Jesus ensinou que devemos buscar o Reino de Deus e sua justiça e todas as outras coisas nos seriam dadas por Deus,[3] e, nesse caso, não há outra coisa a buscar ou a priorizar que não seja o Reino de Deus. Comecei a questionar por que razões eu incluía uma viagem humanitária nos horizontes do Reino de Deus e por que deixava de fora uma viagem de férias com a família. Não encontrei resposta satisfatória e compreendi, finalmente, que não existe qualquer dimensão de nossa existência que possa ser tratada fora dos limites, influência e compatibilidade com os interesses do Reino de Deus. A pergunta, portanto, não é "o que essa viagem para a Disney tem a ver com o Reino de Deus?", mas sim "como posso incluir essa viagem para a Disney na agenda do Reino de Deus?". Abre parêntese. Eu sei que alguns dos meus leitores acharão isso impossível. Fecha parêntese.

Mas houve outra descoberta no caminho. Aprendi o termo "oração simples" com Richard Foster, em seu livro *Oração, o refúgio da alma*. Ali encontrei alguns esclarecimentos extraordinários. Teresa de Ávila me fez ver que "não existe fase de oração tão sublime que não seja necessário voltar sempre ao início". John Dalrymple me convenceu de que "Jamais superaremos esse tipo de oração, porque jamais superaremos as necessidades que lhe deram origem". C. S. Lewis me ajudou a orar sem máscaras ao dizer que "devemos colocar diante de Deus o que está em nós e não o que deveria estar em nós". C. H. Spurgeon confrontou meu orgulho dizendo que "quer gostemos; quer não, pedir é a regra do Reino". Mas Foster me desmontou com a declaração do óbvio, ao afirmar que "o único lugar em que Deus pode nos abençoar é aquele em que nos encontramos, pois é nesse lugar que estamos".

Essas percepções me ajudaram a compreender a sabedoria de Paulo, apóstolo, ensinando a orar: "Não andeis ansiosos de coisa alguma; em tudo, porém, sejam conhecidas, diante de Deus, as vossas petições, pela oração e pela súplica, com ações de graças. E a paz de Deus, que excede todo o entendimento, guardará o vosso coração e a vossa mente em Cristo Jesus".[4] Simples. Aliás, oração simples.

Não estou completamente curado. Não censuro quem o faz, mas tenho absoluta dificuldade em pedir a Deus que arrume uma vaga no estacionamento do *shopping* ou que mantenha a bilheteria do teatro aberta até eu chegar. Continuo acreditando que muitas das orações que fazemos não são simples, são infantis, egocêntricas e incompatíveis com o caráter de Deus. Ainda concordo com Tiago, que disse que não recebemos muitas das coisas que pedimos a Deus, porque pedimos mal, para gastar em nossos próprios interesses, para esbanjar em prazeres egoístas – oramos a partir do reino do eu, e não a partir do Reino de Deus.[5] Mas tudo bem, a gente só aprende a confiar e a ter conversa de gente grande com o pai porque ele nos deu pirulitos e nos deixou encher a pança de sorvete na infância. Criança conversa na língua do doce, e Deus jamais despreza as criancinhas.

O saldo de minha experiência de oração simples é que não seleciono mais assuntos, mas continuo selecionando pedidos. Já não escondo desejos, não mascaro ansiedades, não fico camuflando sentimentos e opiniões, mas prefiro mais falar e ouvir do que me apressar em pedir. Aprendi que a promessa que acompanha a oração simples não é a satisfação da necessidade ou o atendimento do desejo, mas a paz de Deus que excede todo o entendimento e que guarda nosso coração e mente, isto é, devolve-nos o equilíbrio biopsicoespiritual, ajuda-nos a "realizar o sentido do momento" e restaura nosso estado de espírito perturbado.

ORAÇÕES AUTOFOCALIZADAS

Nas "orações simples", presto atenção em Deus e em minhas circunstâncias. Nas "orações autofocalizadas", presto atenção em Deus e em mim mesmo. As orações autofocalizadas são mais demoradas e dizem respeito ao meu mundo interior, quando tento perceber os desalinhamentos de minhas emoções, estados mentais e procedimentos. Essas orações estão assentadas basicamente em duas expressões bíblicas. Ou me pergunto como o salmista: "Por que você está assim tão triste, ó minha alma? Por que está assim tão perturbada dentro de mim?",[6] ou peço a Deus que me revele o que se passa dentro de mim: "Sonda-me, ó Deus, e conhece o meu coração; prova-me, e conhece as minhas inquietações. Vê se em minha conduta algo te ofende, e dirige-me pelo caminho eterno".[7]

As orações autofocalizadas *nascem* de nossa experiência em um universo em desequilíbrio, que nos ataca insistentemente e nos puxa para fora da segurança e da paz de Deus. Por essa razão Paulo, apóstolo, diz que vivemos entre dores e gemidos, compartilhando a agonia da criação – a desarmonia cósmica que repercute em nossas portas e bate nas horas mais inesperadas.

Aprendi sobre a oração autofocalizada lendo este trecho das Escrituras Sagradas:

> Considero que os nossos sofrimentos atuais não podem ser comparados com a glória que em nós será revelada. A natureza criada aguarda, com grande expectativa, que os filhos de Deus sejam revelados. Pois ela foi submetida à inutilidade, não pela sua própria escolha, mas por causa da vontade daquele que a sujeitou, na esperança de que a própria natureza criada será libertada da escravidão da decadência em que se encontra, recebendo a gloriosa liberdade dos filhos de Deus. Sabemos que toda a natureza criada geme até agora, como em dores de parto. E não só isso, mas nós mesmos, que temos os primeiros frutos do Espírito, gememos interiormente, esperando ansiosamente nossa adoção como filhos, a redenção do nosso corpo. Pois nessa esperança fomos salvos. Mas, esperança que se vê não é esperança. Quem espera por aquilo que está vendo? Mas se esperamos o que ainda não vemos, aguardamo-lo pacientemente. Da mesma forma o Espírito nos ajuda em nossa fraqueza, pois não sabemos como orar, mas o próprio Espírito intercede por nós com gemidos inexprimíveis. E aquele que sonda os corações conhece a intenção do Espírito, porque o Espírito intercede pelos santos de acordo com a vontade de Deus. Sabemos que Deus age em todas as coisas para o bem daqueles que o amam, dos que foram chamados de acordo com o seu propósito. Pois aqueles que de antemão conheceu, também os predestinou para serem conformes à imagem de seu Filho, a fim de que ele seja o primogênito entre muitos irmãos. E aos que predestinou, também chamou; aos que chamou, também justificou; aos que justificou, também glorificou.
>
> Romanos 8.18-30, NVI

Ainda que sua gênese seja nosso sofrimento, as orações autofocalizadas não visam alívio, mas sim a formação do caráter de Jesus Cristo em nós ou, se você preferir, a restauração cada vez mais profunda da imagem de Deus em nós. Lembro-me sempre de que não estou vivendo com o propósito de não sofrer, mas sim com o propósito de transcender. O que me importa não é quão confortável será minha vida, mas sim quanto serei capaz de viver de acordo com a imagem de Deus em mim e quão profundamente poderei chegar na relação espírito-Espírito.

A famosa expressão bíblica que afirma que "todas as coisas cooperam para o bem daqueles que amam a Deus" carece de boa interpretação. A maioria das pessoas acredita que essa é uma expressão paralela ao ditado popular "quando

Deus fecha uma porta, ele abre uma janela" ou algo como "se não deu certo dessa vez, é porque algo melhor está por vir" ou "você não está conseguindo ver agora, mas isso que aconteceu com você foi para o seu bem". Independentemente do fato de acreditarmos ou não nisso, e eu tenho uma tendência a acreditar, não é isso o que o texto bíblico está ensinando.

Basta uma leitura do texto completo para chegarmos a outras conclusões. O que o apóstolo Paulo está dizendo é que "todas as coisas cooperam para o bem daqueles que amam a Deus e foram chamados segundo o seu propósito". Nesse caso, a primazia não está no conforto daquele que ama a Deus, mas sim em que o propósito de Deus para aqueles que o amam seja cumprido. E qual é o propósito? Basta ler o texto: "aqueles que de antemão conheceu, também os predestinou para serem conformes à imagem de seu Filho, a fim de que ele seja o primogênito entre muitos irmãos". Em outras palavras, o que está em jogo não é a situação confortável ou desconfortável da minha vida, mas sim o tipo de gente que estou me tornando à medida que vou vivendo esta situação. O nome do jogo é transformação – transformação à *imago Dei – imago Cristo.*

As possibilidades de tradução desse texto bíblico também são interessantes. A frase "sabemos que Deus age em todas as coisas para o bem daqueles que o amam" pode ser traduzida por "sabemos que em todas as coisas Deus coopera com aqueles que o amam". Prefiro a segunda hipótese, pois muito embora acredite num Deus que interfere nas circunstâncias da vida, minha relação com Deus está muito mais baseada em suas intervenções em mim mesmo. Deus é muito mais um solucionador de pessoas do que um solucionador de problemas. Deus sempre preferirá se relacionar com aqueles que o amam em detrimento de manipular suas circunstâncias. E não tenho dúvidas quanto ao fato de que, não raras vezes, Deus nos deixa em situações de desconforto justamente para nos aproximarmos dele e experimentarmos mais profundamente o seu amor.

Somente quando conseguimos o sentido de cada momento, conseguiremos emprestar sentido à vida como um todo.

Tudo isso faz muito sentido. Não estamos correndo atrás de graças que qualifiquem nossas circunstâncias. Estamos em busca de significado. Somente quando conseguirmos viver o sentido de cada momento, conseguiremos emprestar sentido à vida como um todo. Para realizar o sentido de cada momento, devemos viver em alinhamento com nossa natureza mais essencial, a saber, a imagem de Deus revelada em Jesus, o primeiro de nossos irmãos. Para viver alinhados com a imagem de Deus, será necessário rendermos o ego ao Espírito de Deus, vencer o egoísmo que busca sempre evitar a dor e desfrutar prazer, de modo que nada mais coerente do que a afirmação de que "o Espírito intercede por nós", ou, em outras palavras, de que a legítima oração não se dirige do espírito humano ao Espírito de Deus, para que o Espírito de Deus realize os desejos ou atenda as necessidades do espírito humano. A legítima oração não é outra coisa senão a completa submissão do espírito humano ao Espírito de Deus para que o Espírito de Deus realize seus propósitos eternos em – através – por – apesar do espírito humano.

Geralmente, essas orações autofocalizadas me conduzem a dois períodos distintos: a súplica pelo "pão de cada dia" e o pedido pelo "perdão das dívidas". As perturbações de minha alma geralmente estão ligadas com necessidades ou pseudonecessidades não satisfeitas – e por esse motivo peço "o pão". Peço a Deus que me dê a completa satisfação nele mesmo – o pão da vida. Aprendi que devemos trabalhar "não pela comida que perece, mas pela que subsiste para a vida eterna",[8] de modo que não importe a situação, fartura ou escassez, estejamos satisfeitos em Deus.[9]

Também oro para me livrar de posturas e comportamentos que ferem o que já conheço do caráter, propósitos e intenções de Deus. Esses comportamentos e posturas eu chamo de pecado, e a respeito deles peço que Deus derrame seu perdão, de modo que me livre de tais padrões e da culpa que me trazem. Essa é uma das maneiras, e a principal, como oro para que Deus "me livre do mal". Novamente, tenho certeza que somente na relação espírito-Espírito poderei viver acima dos meus instintos e apetites primais, pois é andando em Espírito que conseguimos vencer os desejos da carne.[10]

O Salmo 139 também apresenta um caminho de oração autofocalizada. É no silêncio da oração que minhas vozes inconscientes vêm para a luz da minha consciência e posso harmonizar meu mundo interior desconhecido com meu mundo conhecido. É no quarto fechado da oração que meu mundo interior se releva e se realinha com o propósito de Deus. É na rendição do meu espírito que experimento a plenitude do Espírito de Deus: "Senhor, tu me sondas e me conheces. [...]; de longe penetras os meus pensamentos. [...] conheces todos os meus caminhos. Ainda palavra me não chegou à língua, e tu, Senhor, já a conheces toda".[11]

Na oração autofocalizada, consigo adquirir senso da presença de Deus, pois não são poucas as vezes quando Deus me parece não apenas distante, mas também e principalmente ausente. Mas esse Salmo 139 ainda me ensina que, se subo aos céus, se desço ao mais profundo abismo, se subo em direção ao solo ou se desço às profundezas do mar, até ali a mão de Deus me guiará e me sustentará. É na intimidade da oração que resgato o senso de que Deus me cerca por trás e por diante e de que sobre mim está a sua mão; em meio as trevas, ando como em plena luz.

É também no silêncio da oração, no quarto fechado e na rendição ao Espírito que coloco em linha minha história com meu momento: percebo padrões de comportamento, sentimentos recorrentes, situações repetitivas e destrutivas. É na oração autofocalizada que me recordo que Deus me formou no ventre de minha mãe, que ali me conheceu, quando eu ainda era apenas substância informe, e desde então colocou sua mão sobre minha vida, registrando em seu livro todos os dias de minha vida, de modo que nada do que sou hoje escapa aos processos do tempo, mas principalmente nada escapa às mãos e controle de Deus.

ORAÇÕES DE INTERCESSÃO

Nas "orações simples", presto atenção em Deus e em minhas circunstâncias. Nas "orações autofocalizadas", presto atenção em Deus e em mim mesmo. Nas "orações de intercessão", desvio o foco das minhas circunstâncias, de meus pensamentos e desejos bem como de mim mesmo, para prestar atenção em Deus e nas outras pessoas, isto é, Deus e meu próximo. Peço a Deus que estenda sua mão sobre algumas pessoas com quem meu contato pastoral está mais estreito, ou pessoas que me solicitaram que orasse por elas. Tenho uma lista de pessoas que estão sempre em minhas orações, nomes que nunca saem de lá, e outros que ficam ali por algum tempo. Nessas orações de intercessão, abro a agenda, o mapa-múndi ou o jornal do dia na minha mente e peço que Deus traga Seu Reino e faça a sua vontade na vida de pessoas em lugares e circunstâncias que não me afetam diretamente. Agostinho disse que "a oração verdadeira nada mais é do que o amor". Novamente, o amor, a contingência de liberdade do reino do eu, imprescindível para quem deseja ser intercessor.

Essas orações de intercessão trazem sempre resultados imediatos. Um deles é que essa abstração, não poucas vezes, faz com que, na volta, eu experimente meu pequeno mundo de maneira muito mais satisfatória, uma vez comparado às necessidades tão mais conflitivas que foram objeto de minhas súplicas a Deus. Mas também essas abstrações me libertam de uma tendência egocêntrica, disciplinando meu coração a tornar-se cada vez mais inclusivo e solidário.

As orações de intercessão também produzem outro fruto. Muitas vezes, enquanto oro, percebo que eu mesmo posso ser instrumento de Deus para tocar em outras pessoas ou alterar situações. Nesse caso, uma compulsão para obedecer à voz divina cresce dentro da gente, e não há como nem por que escapar.

Mas, em minha experiência pessoal, as orações de intercessão são as mais difíceis. Vejo o intercessor como uma espécie de redentor. Às vezes, tenho a sensação de que o fardo da pessoa por quem estou intercedendo passa para as minhas costas e vejo-me chorando lágrimas que não são minhas. Após um período em que concentrei meus pensamentos e sentimentos canalizados em favor de alguém, chego a experimentar um cansaço de alma, algo como se minhas energias espirituais tivessem sido sugadas. Essa experiência é muito semelhante aos domingos mais intensos, quando ao fim do sermão da noite me sinto exaurido. Não se trata de um cansaço físico, mas sim emocional ou espiritual.

A intercessão é, com certeza, uma das mais práticas e eficazes maneiras de ajudar os outros a suportar suas cargas pesadas.[12] Paulo, apóstolo, fala da oração de intercessão como uma batalha. Insiste que os cristãos de Roma lutem por ele em suas orações[13] e elogia o compromisso de Epafrodito, um cristão que lutava pelos colossenses por meio de suas orações a Deus.[14] O texto, entretanto, que mais me esclareceu a esse respeito foi Efésios 6, no qual o apóstolo Paulo ensina a combater os espíritos malignos, as forças espirituais do mal, nas regiões celestes. Ele nos adverte que devemos estar revestidos da armadura de Deus: a verdade (clareza na visão da realidade), a couraça da justiça (consciência sem culpa), os calçados da paz (relacionamentos íntegros), o escudo da fé (convicções fortalecidas), o capacete da salvação (correta relação com Deus) e a espada do Espírito (a revelação de Deus).

Ao ler esse texto sagrado, perguntei-me como podemos lutar sem orar. Não seria a oração a maneira como aperfeiçoamos nossas convicções espirituais e nos preparamos para a guerra? Creio que não. A oração não é uma preparação para a guerra, tampouco uma arma para a guerra. A oração é a própria guerra. Isso é significativo. A maneira como lidamos com espíritos maus é falando com Deus e nos rendendo ao Espírito de Deus, trazendo a realidade sob conflito para dentro dos horizontes do Reino de Deus. Assim nos ensinou Jesus quando intercedeu para que Pedro não se perdesse ao ser atacado pelo espírito mal. Jesus não se dirigiu ao espírito mal, antes rogou a Deus em favor de Pedro.[15] Assim lutamos contra o mal: intercedendo a Deus em favor dos que estão em conflito com as trevas ou estão em trevas.

A oração não é uma preparação para a guerra, tampouco uma arma para a guerra. A oração é a própria guerra.

Por que orar

A transcendência é muito mais um relacionamento do que um momento. A caminhada com Deus não é uma espécie de bem-me-quer-mal-me-quer espiritual, do tipo com Deus-sem Deus, de acordo com nossas conveniências. O Novo Testamento é claro ao mostrar que a experiência matricial cristã – a conversão, o novo nascimento – é definitiva e determinante. Passar da morte para a vida, das trevas para a luz, da alienação de Deus para a comunhão com Deus, da rebelião contra Deus para a submissão a Deus indica um status existencial permanente. Para falar o português claro: ou você quer andar com Deus ou quer andar sozinho. Por esse motivo, o propósito de transcender implica uma opção, não apenas algumas orações eventuais.

Devo fazer, entretanto, duas observações. A primeira é que acredito que Deus ouve as orações de todas as pessoas, sem distinção. Toda vez que o nome de Deus é invocado, ele atende – responde – reage: "O SENHOR está perto de todos os que o invocam, de todos os que o invocam com sinceridade".[16] Quando Deus se manifesta, pode inclusive conceder o que foi suplicado, independentemente de quem seja o suplicante. A Bíblia está cheia de testemunhos de dádivas divinas para pessoas que não se importavam em andar com ele. A multidão era beneficiada pela ministração amorosa e compassiva de Jesus, mas nem todos os agraciados tornavam-se seus seguidores. A maioria, aliás, preferia a benesse circunstancial a radicalidade do discipulado. Jesus denunciou a turma que o seguia somente por causa do pão (no caso, material, de trigo mesmo),[17] e observou que, de dez leprosos curados, apenas um voltou para agradecer.[18]

O mais interessante dos exemplos bíblicos a respeito da disponibilidade de Deus é a história de Cornélio. Era um homem temente a Deus e que fazia orações e dava esmolas aos pobres, mas não possuía a revelação completa a respeito desse Deus a quem buscava. Cornélio representa aqueles que acreditam em um "ser espiritual superior" e reverenciam a Deus, mesmo sem conhecê-lo ou sem relacionar-se com ele em termos pessoais. Talvez Cornélio tivesse ouvido falar do Deus dos judeus e, mesmo sendo grego, devotava-lhe especial afeição. Pedro é enviado por Deus para levar a Cornélio a revelação a respeito de Jesus de Nazaré, o que significa que, até então, Cornélio não poderia ser chamado pelos cristãos de "um dos nossos". A coisa mais impressionante é que, mesmo sem ser "um dos nossos", Deus ouvia suas orações e recebia para si as esmolas que ele destinava aos pobres.[19]

Por essa razão insisto que quem deseja transcender, isto é, entrar na relação espírito-Espírito, deve aprender a orar. Deus dá àqueles que o procuram um meio de encontrá-lo. Na verdade, o fato de estarem procurando e clamando por Deus talvez seja a maior das evidências de já terem sido encontrados por ele. Apesar de ter sido ensinado que "Deus somente ouve as orações dos crentes", dedico muito esforço a ensinar as pessoas a buscar a Deus em oração. Das duas, uma: ou receberão o que pedem e seguirão sua vida como se Deus não existisse, ou terão um encontro com Deus e o que pedem se tornará absolutamente secundário. Em ambos os casos, eu não tenho outra recomendação senão "busque a Deus, o Pai, em nome de Jesus".

A pergunta "por que orar?" tem respostas simples. Primeiro, porque Deus responde àqueles que o invocam. Mas também porque o relacionamento com

Deus não é automático, independente de nossa disposição de espírito e de nossas intenções de conexão. Na verdade, assim como em todo e qualquer relacionamento entre pessoas, somente a proximidade gera intimidade. Assim também a conexão com Deus carece de conversação contínua, pois "a oração une a alma a Deus".[20]

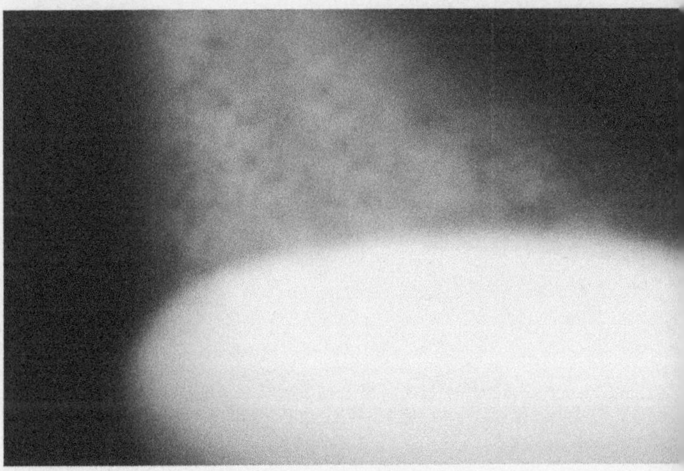

Parte III | Crescer

10
MODELO

ANTROPOLOGIA

Devo confessar uma falha grave. Talvez imperdoável, dependendo do seu grau de exigência. Fiz o que pude, mas não consegui chegar a uma conclusão. Não sei lhe dizer se o ser humano é composto de corpo, alma e espírito, ou apenas de corpo e alma, ou de corpo e espírito. Não consegui me posicionar em termos definitivos entre dicotomia e tricotomia, como dizem os teólogos. Imagino que você pode ser um dos que ficarão frustrados, mas, por favor, perdoe-me.

Já passei por várias fases. Já acreditei em homem = corpo + alma + espírito. O corpo, a energia biológica; a alma, a sede dos pensamentos, sentimentos e vontade; e o espírito, a energia vital divina. Mas não consegui conciliar isso com minha convicção a respeito de Deus, que tem sentimentos, pensamentos e vontade, mas não tem alma, pois é Espírito. Imaginei tratar o espírito humano como "energia divina", mas Deus é uma pessoa e não uma energia. O espírito é dotado de pessoalidade e, nesse caso, o ser humano teria, dentro de si, duas pessoas: uma na alma e outra no espírito. Alguns inclusive conseguem essa proeza antropológica: dizem que o ser humano tem sentimentos da alma e sentimentos do espírito, pensamentos da alma e pensamentos do espírito, vontades da alma e vontades do espírito. Fazem do ser humano um monstro de, no mínimo, duas cabeças.

Já imaginei também que o ser humano longe de Deus teria apenas corpo e alma e que a partir do "novo nascimento"[1] receberia o espírito, isto é, o Espírito. Mas o apóstolo Paulo disse que o Espírito conversa com o nosso espírito,[2] e, nesse caso, não pude deixar de considerar que um é o espírito humano e outro o Espírito de Deus. Pensei, então, que o espírito humano poderia estar morto e que viesse a receber vida – vitalidade a partir do novo nascimento. Mas, ainda que estivesse morto, seria um espírito e, depois que ganhasse vida, passaria a competir com a alma, ou o quê? Cheguei a avaliar a possibilidade de alma e espírito serem termos sinônimos, o que seria uma boa saída. Mas, então, o apóstolo Paulo disse que devemos dedicar a Deus tanto o corpo quanto a alma e também o espírito.[3] Acho isso grego demais. Muito parecido com Platão e Aristóteles, mas está na Bíblia e tenho de encontrar uma gaveta para colocar essa coisa. Acredito que esse arranjo de Paulo é uma coisa mais didática do que descritiva. A Bíblia também diz que devemos amar a Deus de toda a alma, de todo o coração, de todo o entendimento, de toda a força,[4] e nem por isso está dizendo que o ser humano é constituído de alma-conhecimento-coração-entendimento-força.

GREGO DEMAIS

A definição do conjunto de dotações que constituem a natureza humana e que distingue o humano do não humano ocupa muitas páginas de discussão entre os teólogos e filósofos cristãos. A evolução do pensamento filosófico pode ser compreendida a partir dos pré-socráticos, como Demócrito e Heráclito, chamados de naturalistas, que procuravam respostas para a natureza ou o fundamento último das coisas. Sócrates (470-399 a.C.), por sua vez, procurava respostas para a natureza ou para a realidade última do homem. Propôs que "o homem é a sua alma" - psyché: a sede racional, inteligente e eticamente operante; a consciência e a personalidade intelectual e moral. Dizia que uma coisa é o instrumento que se usa e a outra é o sujeito que usa o instrumento. O homem usa seu corpo como instrumento, e, nesse caso, quando alguém pergunta "o que é o homem?", a resposta não pode ser "o corpo", mas sim aquilo que usa o corpo, a saber, a psyché - "a alma".

Platão, cujo verdadeiro nome era Aristocles (427-347 a.C.), discípulo de Sócrates, seguiu na mesma trilha. Platão estabelecia uma diferença entre o mundo das ideias e o mundo dos sentidos, o que implicava a distinção entre a alma do homem e seu corpo. Disse que a natureza do homem é racional, e, por consequência, na razão - mundo das ideias - realiza sua humanidade. Essa natureza racional do homem encontra no corpo não um instrumento, mas um obstáculo - de onde surge o dualismo corpo-alma, matéria-espírito que vai influenciar toda a filosofia posterior. Aristóteles (384-322 a.C.) também joga lenha nessa fogueira e, apesar das conhecidas divergências com seu mestre Platão, dedica boas páginas à alma, que definiu como princípio vital de todo organismo, e dividiu-a em três tipos: *a alma vegetativa*, comum a todos os seres vivos; *a alma sensitiva*, compartilhada pelos animais; e *a alma racional*, exclusiva do ser humano.

Nesse contexto filosófico são escritas as páginas do Novo Testamento, especialmente a teologia do apóstolo Paulo, que determina a antropologia cristã. Na tradição cristã, essa discussão é extensa, e os chamados Santos, Agostinho (354-430 d.C.), platônico, e Tomás de Aquino (1227-1274 d.C.), aristotélico, têm lugar de destaque no palanque. Os dois, apesar de suas distinções, realimentam a concepção de corpo e alma como entidades distintas. Aquino chega a afirmar que a vida inicia quando a alma se une ao corpo, dando a entender que a alma está em algum lugar à espera do corpo em que vai encarnar. Agostinho, em sua obra a *Cidade de Deus,* faz oposição entre sensível e inteligível, alma e corpo, espírito e matéria, bem e mal, ser e não ser. Em outras palavras, a tradição cristã interpretou os escritos apostólicos à luz da filosofia grega, e esse foi o grande equívoco. Em vez de usarem o Antigo Testamento e o pensamento judaico como pano de fundo para sua compreensão do Novo Testamento, usaram os filósofos gregos. Deveriam ter usado óculos da grife Moisés, Isaías, Jeremias, mas usaram marcas mais populares e acessíveis no mercado: Sócrates, Platão e Aristóteles. Como disse Joshua Heschel, "os profetas estão ausentes quando os filósofos se pronunciam".[5]

Judaico-cristão

Os autores do Novo Testamento utilizaram os mesmos termos dos filósofos gregos para indicar o corpo, a alma e o espírito, porém com o sentido e o pano de fundo do judaísmo vetero-testamentário, que apresenta o ser humano como um todo indivisível.

> O Novo Testamento também reconhece a distinção entre corpo e alma, ou melhor, entre homem interior e homem exterior. Porém, essa distinção não significa oposição, como se o homem interior fosse naturalmente bom e o exterior mal. Os dois são essencialmente complementares um ao outro, ambos foram criados bons por Deus. O homem interior sem o exterior não possui existência independente verdadeira. Tem necessidade do corpo. A diferença com respeito à alma grega é evidente: a alma grega sobrevive sem o corpo e somente sem o corpo pode alcançar seu pleno desenvolvimento. Nada disso ocorre na Bíblia. O corpo, segundo a concepção bíblica, tem necessidade, por sua vez, do homem interior.[6]

A Bíblia não enxerga o homem como corpo, alma e espírito, mas sim como *pessoa.* Wheeler Robinson diz que "a ideia hebraica de personalidade é um corpo vivente e não uma alma encarnada. O hebraico não possui uma palavra explícita para corpo: nunca se precisou dela, já que o corpo era o homem". Millard Erickson, em sua teologia sistemática, propõe que:

> no Novo Testamento aparece a terminologia de corpo/alma, mas ela não pode ser associada à ideia de existência encarnada e desencarnada. A Escritura parece retratar os homens como seres unitários. Raramente menciona-se a natureza espiritual deles independentemente ou à parte do corpo. A Escritura indica que há um estado intermediário entre a morte e a ressurreição, mas esse estado intermediário (i.e., imaterial ou desencarnado) é um estado claramente incompleto

> ou anormal, pois na ressurreição a pessoa receberá um corpo novo. Na concepção da unidade condicional, nosso estado normal é um ser unitário materializado. Podemos pensar que cada ser humano é um composto unitário de um elemento material e outro, imaterial. O elemento espiritual e o físico nem sempre são distinguíveis, pois não há conflito entre a natureza material e imaterial. O composto pode ser dissociado (como o cloreto e o sódio no composto sal): a dissociação ocorre na morte. Mas na ressurreição é formado um novo composto, com a parte imaterial voltando a ser inseparavelmente ligada ao corpo. Isso faz lembrar o ditado que ficou popularizado pela teologia da missão integral: "corpo sem espírito é defunto; espírito sem corpo é fantasma".[7]

Em síntese, não faz o menor sentido tratar o ser humano como constituído de corpo, alma e espírito senão para efeitos didáticos. Mas o fato é que tal efeito didático gera mais confusão do que esclarecimento, pois reforça a noção grega de que o ser humano possui partes divisíveis e estanques, nas quais o que acontece com uma não afeta a outra, o que é um grande equívoco em relação ao ensino da Bíblia Sagrada.

O ERRO DE DESCARTES

A compreensão do ser humano como uma unidade indivisível corpo/alma é mais coerente com as últimas conclusões científicas a respeito das relações matéria-não matéria no ser humano.[8] Antonio Damásio discute as bases do cartesianismo na formação da antropologia ocidental e suas influências na neurociência. René Descartes (1596-1650), com sua famosa proposição "Penso, logo existo", quer dizer que "eu soube que era uma substância cuja essência integral é pensar, que não havia necessidade de um lugar para a existência dessa substância e que ela não depende de algo material; então, esse 'eu', quer dizer, a alma, por meio da qual sou o que sou, distingue-se completamente do corpo e é ainda mais fácil de conhecer do que esse último; e, ainda que não houvesse corpo, a alma não deixaria de ser o que é". Damásio denuncia que exatamente aí está seu erro: "a separação abissal entre o corpo e a mente, entre a substância corporal, infinitamente divisível, com volume, com dimensões e com um funcionamento mecânico, de um lado, e a substância mental, indivisível, sem volume, sem dimensões e intangível, de outro; a sugestão de que o raciocínio, o juízo moral, e o sofrimento adveniente da dor física ou agitação emocional poderiam existir independentemente do corpo. Especificamente: a separação das operações mais refinadas da mente, para um lado, e da estrutura e funcionamento do organismo biológico, para o outro".[9]

Toda essa volta para chegar a afirmações simples. A dimensão pessoal da imago Dei é a unidade indivisível das partes constitutivas do ser humano, a saber, as dimensões material e imaterial.

A bíblia tem razão

Nephesh, ruah e *adamah.* Essas são as três palavras hebraicas com as quais o livro do Gênesis narra a criação do ser humano: "formou o Senhor Deus ao homem do pó da terra *(adamah)* e lhe soprou nas narinas o fôlego de vida *(ruah),* e o homem passou a ser alma vivente *(nephesh*"[10] Com essa simplicidade a Bíblia insere o ser humano nas duas esferas da realidade: material e imaterial; física e espiritual; imanente e transcendente. Minha equação final ficou a seguinte: "pó da terra + fôlego de vida = alma vivente". Em outras palavras, o complexo mente-sentimentos-vontade, que em Deus é atributo do Espírito, no ser humano ganha mais uma dimensão, a saber, corpo, e essa soma entre os atributos do espírito mais um corpo físico é o que a Bíblia chama de homem, ser humano, isto é, alma vivente. Alma é, portanto, o conjunto corpo e espírito, sendo que corpo e espírito são inseparáveis.

> *"pó da terra + fôlego de vida = alma vivente".*

Mais uma vez, perdoe-me a simplicidade, mas não me interessa se corpo, alma e espírito são três partes distintas, cada uma com seus atributos. Em termos práticos, o fato é que o ser humano jamais conseguirá a experiência de plenitude negligenciando qualquer uma das suas duas dimensões: pó da terra ou fôlego de vida. Por esse motivo, gosto da máxima: "corpo sem espírito é defunto, e espírito sem corpo é fantasma". Não sou defunto, nem fantasma. Sou alma vivente, em que espírito e corpo são indissociáveis. Nem o corpo é a prisão do espírito, porque o ideal de Deus nunca foi que eu me libertasse de meu corpo. Ele não criou espíritos vocacionados a desencarnar. Tampouco criou corpos vocacionados a se absolutizar. O que Deus criou foi a alma vivente, isto é, a unidade inseparável corpo-espírito. Em outras palavras, se há apenas espírito, não há ser humano, e se há apenas corpo, também não há ser humano. O ser humano só existe quando existe a unidade corpo-espírito. Isso é o que ensina a tradição judaico-cristã.

O que chamamos alma é o produto desse complexo corpo e espírito. Aqueles que dizem que a alma é a sede dos pensamentos, sentimentos e vontade esquecem que esses são atributos do espírito, pois Deus é Espírito, não tem alma, mas tem pensamentos, sentimentos e vontade, já que é uma pessoa – a Pessoa. A alma, no ser humano, determina a identidade singular de cada pessoa, que não existe à parte de sua herança genética e que inclui tanto fatores determinantes da aparência física quanto registros psicoemocionais. Talvez seja essa uma das grandes diferenças entre a tradição de espiritualidade judaico-cristã e as demais espiritualidades. Todas as outras veem o corpo como obstáculo, prisão da alma, e apregoam que a plenitude da vida é possível apenas ao desencarnado. A espiritualidade judaico-cristã crê no corpo físico como imprescindível à existência humana.

O Credo dos Apóstolos, que tem sua origem nas confissões batismais dos cristãos do primeiro século, resume o que é imprescindível à fé cristã:

> Creio em Deus Pai, Todo-poderoso, Criador do céu e da Terra. Creio em Jesus Cristo, seu único Filho, nosso Senhor, o qual foi concebido por obra do Espírito Santo; nasceu da virgem Maria; padeceu sob o poder de Pôncio Pilatos, foi crucificado, morto e sepultado; ressurgiu dos mortos ao terceiro dia; subiu ao céu; está sentado à direita de Deus Pai Todo-poderoso, donde há de vir para julgar os vivos e os mortos. Creio no Espírito Santo; na Santa Igreja Universal; na comunhão dos santos; na remissão dos pecados; na ressurreição do corpo; na vida eterna. Amém.

Note que os eventos fundamentais da tradição de espiritualidade cristã são corpóreos: encarnação, morte e ressurreição de Jesus e a promessa da ressurreição do corpo de todo aquele que crê.

Tensão

Quer ver como funciona? Você deve ser igual a mim. Convive com uma dupla aspiração e uma quase insolúvel tensão. Ao mesmo tempo em que aspira à transcendência, está igualmente suscetível aos apelos da imanência: o céu, mas não consegue abrir mão das boas coisas da Terra. Eu sei que você é assim também. Busca a experiência de êxtase espiritual, mas não rejeita uma manga-rosa, o cheiro de alecrim, o aroma do café tomando a casa pela manhã, um banho de cachoeira, uma caminhada na beira da praia sentindo a água gelada entre conchas e pedrinhas que massageiam os pés ao pôr do sol, o barulho das ondas, a brisa fresca e leve, o cheiro de maresia.

Durante muito tempo, sentia-me culpado quando percebia momentos em que estava muito mais interessado numa bacia de pipoca do que num retiro para oração e meditação. Mas já me livrei desse peso. Robinson Cavalcanti, bispo anglicano, disse que um bom número de pessoas deseja ser anjo e outros tantos desejam ser bicho. Alguns querem apenas a dimensão espiritual, enquanto outros, apenas a dimensão animal. Poucos são os que desejam ser gente. Crescer para ser gente significa aprender a transitar entre o pó da terra e o fôlego da vida, numa valsa que entrelaça os dois.

DUAS VIAGENS

Fui almoçar com dois amigos. Conversamos a respeito de valores e de prioridades. A certa altura, um deles, com muita simplicidade, resumiu de maneira extraordinária a proposta existencial cristã. Disse que queria explicar isso para o filho pequeno e o fez da seguinte maneira: "Meu filho, no mundo você vai encontrar coisas que a gente pega e coisas que gente não pega. As mais importantes são as que a gente não pega".

Ele tem razão. Não podemos, não devemos e não precisamos viver independentemente das coisas que a gente pega, pois somos pó da terra e estamos imersos na contingência do universo material. Mas podemos e devemos escolher dar primazia às coisas que a gente não pega, pois somos fôlego de vida, e, portanto, vocacionados à transcendência.

Creio que foi isso o que Jesus quis dizer ao ensinar que seus discípulos não deveriam andar ansiosos quanto ao que comer, o que beber, ou ao que vestir, mas deveriam buscar em primeiro lugar o Reino de Deus.[11] Henri Nouwen explicou o sentido dessas palavras dizendo:

> É importante que compreendamos que Jesus não quer que abandonemos nosso mundo multifacetado. Ele deseja que vivamos nele, mas firmemente enraizados no centro de todas as coisas. Jesus não fala em mudança de atividades, em mudança de contatos, nem sequer em mudança de ritmos, mas em mudança de coração. O que conta é onde colocamos o nosso coração. Jesus nos pede que o coloquemos no centro, onde todas as coisas se encaixam no lugar certo. Que centro é esse? Jesus o denomina Reino de Deus, o Reino do seu Pai. Somente quando compreendermos as palavras de Jesus como um chamado urgente para darmos prioridade à vida do Espírito de Deus é que conseguiremos ver. melhor o que está em jogo. Um coração voltado para o Reino do Pai é também um coração voltado para a vida espiritual. Voltar os nossos corações para o Reino significa, portanto, fazer da vida do Espírito, dentro e entre nós, o centro de tudo o que pensamos, dizemos ou fazemos.[12]

Crescer significa viver, nos limites do corpo, cada vez mais a maior densidade alcançável das possibilidades e potencialidades emocionais, mentais e volitivas, a partir da transcendência: a conexão e interação com o Espírito divino.

Modelo

Por essa razão, o cristianismo afirma que Jesus de Nazaré é o protótipo do Novo Homem, sendo ele mesmo o Homem Novo, em que céus e Terra, pó da terra e fôlego da vida coexistiram em harmonia plena e perfeita.

11
MATURIDADE

Saúde

Durante um dos seminários Vivendo com propósitos, tentei apresentar palavras que descrevessem o máximo possível a saúde para o corpo, a mente, as emoções e a vontade. O grupo era participativo e não me deixou avançar na argumentação, questionando desde o início minhas propostas. Ao fim, dei meia-volta e retomei o caminho original do qual jamais deveria ter-me desviado.

Era uma noite de segunda-feira, e estávamos num grupo de pouco mais de trinta pessoas. Cheguei confiante, tentando mostrar que a saúde do corpo é a mobilidade; da mente é a lucidez; dos sentimentos é a sensibilidade; e da vontade é a temperança. Óbvio. Um corpo saudável é aquele que, capaz de correr um quilômetro em 5 minutos, corre o quilômetro em 5 minutos. Não se espera que um homem aos 85 anos de idade suba uma escada com a mesma rapidez que um adolescente. O que se espera é que ele se mobilize, na proporção de suas possibilidades, respeitando seus limites e concretizando suas possibilidades. Não existe um padrão de saúde do corpo. Cada fase da vida tem seu padrão. Cada biótipo, cada constituição física, tem sua mobilidade, e essa mobilidade é que deve servir de medida para a verificação da saúde. Expliquei, mas não convenci.

Disse também que a mente saudável é aquela capaz de enxergar a realidade como a realidade é: lucidez, luz na mente, claridade na mente que torna visível a realidade. Quando uma pessoa distorce a realidade, é porque não possui saúde mental. Quando uma pessoa não consegue enxergar a realidade de modo a valorizar cada aspecto de acordo com seu legítimo significado, é porque está embotada na mente. Não consegue entender, não consegue perceber, não consegue discernir. Vê, mas não enxerga. A saúde mental está ligada à cognição, ao conhecimento da verdade e da realidade, ou da verdade a respeito da realidade. Saúde mental é ver as coisas como as coisas são.

A respeito das emoções, falei de sensibilidade. Alguns proporiam serenidade ou paz. Mas considero essas palavras *zen* demais e, na verdade, quase despersonalizantes, mais próprias para descrever lagos parados ou gente morta. Os gregos falavam de apatia (gr. *apatheia)*, a saber, a capacidade de não se deixar alterar pelas circunstâncias. Algo como não se abalar ao quebrar uma caneca ou perder um cão de estimação atropelado, para que não se desequilibre com a morte prematura de um filho. De minha parte, fico com os que entre sentir dor e não sentir nada preferem sentir dor – a "fossa" de um amor não correspondido é absolutamente preferível ao coração que não é capaz de amar. Por essa razão, escolhi sensibilidade para descrever a saúde emocional: chorar na hora da tristeza e sorrir no tempo da alegria. Evidentemente, um riso ou um choro proporcionais aos fatos: há gente que chora como se tivesse perdido um filho quando a caneca que trouxe da Europa se quebra, e que chora a perda de um filho como se fosse a perda de um cão. Chorar o choro certo, na hora certa e na medida certa. Rir o riso certo, na hora certa e na medida certa. Eis minha primeira definição de saúde emocional.

Chorar o choro certo, na hora certa e na medida certa. Rir o riso certo, na hora certa e na medida certa. Eis minha primeira definição de saúde emocional.

Finalmente, pretendi que concordassem comigo quanto ao fato de que a saúde, na dimensão volitiva, está na capacidade de autodomínio, domínio próprio ou temperança. Conseguir dizer não para o que se pretende dizer não, e dizer sim para o que se pretende dizer sim. Senhor de sua vontade é aquele que consegue colocar cabresto em seus desejos, subordinando-os à sua vontade. Os desejos estão associados aos instintos, enquanto a vontade está associada às escolhas morais, às decisões baseadas em valores. Por exemplo, posso, num momento de ira, desejar a morte de um agressor, mas devo dominar esse impulso instintivo, uma vez que minhas convicções e crenças me impedem de matar.

Minha pretensão era convencer a todos de que crescer era seguir rumo à mobilidade, lucidez, sensibilidade e temperança. Mas meu grupo não permitiu. Terminei aquele encontro me desculpando, admitindo que eles haviam vencido. E haviam vencido por uma razão simples: estavam absolutamente convencidos de que corpo e espírito são realidades indissociáveis e de que não existe saúde mental independentemente da saúde física, a qual, por sua vez, afeta a saúde emocional, que também está vinculada à saúde volitiva. Saúde é um conceito holístico: quem está com dor de cabeça não consegue avaliar adequadamente as circunstâncias; quem está deprimido está com déficit físico – orgânico, bioquímico – e, portanto, terá suas emoções abaladas e nem sequer terá vontade de sair da cama. Alguém me explicou que "depressão é ausência de vitalidade" ou incapacidade de ter um impulso na direção da vida. E, nesse caso, a depressão é uma disfunção física, emocional, mental ou volitiva? Quem sabe, de todas elas.

Da mesma maneira, a saúde é uma realidade que alcança integralmente o corpo, a mente, as emoções e a vontade.

O que é, então, crescer? Para responder a essa pergunta, precisamos de três observações. A primeira é que saúde é a plena maturidade do corpo, da mente, das emoções e da vontade. Em termos práticos, já que precisamos de critérios de medida para constatar a saúde, essas dimensões da vida humana nos servem de parâmetro. Para onde devemos olhar quando estivermos em busca da constatação da saúde de uma pessoa? Olhar para o todo é a resposta certa, mas o todo precisa ser dividido didaticamente, de modo que opto pelas dimensões corpo, mente, emoções e vontade, por mais intercambiáveis que sejam.

> *O tipo de gente que nos tornamos à medida que envelhecemos: essa é a grande questão embutida no* propósito de crescer.

A segunda observação é a de que o crescimento rumo à plena maturidade deve considerar a natural degeneração física, consequência inevitável do envelhecimento. Qualquer padrão de medida da saúde deve levar em conta que a ordem natural da vida é aquela mesma: o que é vivo nasce, cresce, reproduz-se e morre. Nesse caso, precisamos abrir brechas para enquadrar como saudáveis algumas pessoas que, mesmo em face da degeneração e da disfunção física, têm suas dimensões psíquicas equilibradas ou resguardadas.

A terceira e mais importante observação a respeito do crescimento pessoal é que esse processo diz muito mais respeito ao tipo de gente que vamos nos tornando à medida que envelhecemos, de modo que a maturidade humana harmoniza o ser humano em proporções inversas: o natural é que, quanto mais degenerada a dimensão material, mais amadurecida e plena a dimensão imaterial. Na linguagem bíblica, "embora exteriormente estejamos a desgastar-nos, interiormente estamos sendo renovados dia após dia".[1] Essa é a razão por que, de vez em quando, ouvimos comentários do tipo "ele já tem idade, mas possui uma vitalidade invejável", "ela está bem doentinha, mas continua lúcida como sempre" ou "papai está cansado, mas é o mesmo homem, admirável". (Tratemos os males da senilidade como exceções.) O tipo de gente que nos tornamos à medida que envelhecemos: essa é a grande questão embutida no *propósito de crescer.*

Maturidade

Übermensch. Essa foi a palavra usada por Friedrich Nietzsche para se referir ao super-homem ou, se você preferir –, o mais correto – ao sobre-humano. Na verdade, é melhor chamá-lo mesmo de "sobre-humano", porque ele não tem nada a ver com o personagem dos quadrinhos de Siegel e Shuster. Nietzsche não falava de um homem musculoso, com extraordinárias aptidões, capaz de parar locomotivas e de sustentar aviões nos ares. O sobre-humano de Nietzsche é uma personalidade forte, movida pela ânsia de poder, pelo desejo de controlar tudo e de impor-se sobre todos. O sobre-humano é uma mistura de deuses do panteão grego, de conquistadores, de imperadores romanos e de espécies fortes da seleção natural darwiniana.

Imagino que, se a Serpente falasse alemão, a proposta que apresentaria para Jesus no célebre evento da tentação no deserto seria resumida em uma única palavra: *Übermensch.* Henri Nouwen traduziu essa ideia em três grandes tentações: ser capaz ("ordena que estas pedras se transformem em pães"), ser poderoso ("tudo isso te darei") e ser espetacular ("atira-te para baixo para que os anjos te recolham nos braços"). *Übermensch:* autonomia absoluta, autoconfiança, autossuficiência e seus derivados – prepotência, orgulho, vaidade, egocentrismo, egoísmo. A cultura chamada pós-moderna, individualista, é assim mesmo: Deus por todos, cada um por si, e o Diabo que carregue o último. Almoce seu vizinho antes que ele coma você na janta. Expressões como humildade, abnegação, altruísmo e solidariedade fazem parte de um universo tão antinatural ao ser humano que são chamadas de virtudes. Essa foi a crítica de Nietzsche ao cristianismo: a veneração do fraco e oprimido, o culto ao anti-herói.

Para a maioria de nossos contemporâneos, crescer é bastar a si mesmo, não precisar de ninguém, ser independente. De acordo com a Serpente, não basta ser humano, nem mesmo super-homem. É preciso ser sobre-humano. Na cartilha da Serpente, o ser humano, em sua plena maturidade, no ápice de seu desenvolvimento, não precisa de Deus, pois é deus de si mesmo. Na verdade, é um deus.

Essa conversa atravessa a história: desde Adão e Eva ("sereis como Deus"), passando pela boca dos poetas que diziam "não há Deus/Deus não",[2] inspirando os filósofos que pretendiam "o homem como medida de todas as coisas" (Protágoras), confrontando Jesus de Nazaré no Deserto, fazendo a cabeça dos estoicos que defenderam a *oikeiosis* (ter consciência de si mesmo, amar a si mesmo, estar ligado a si mesmo), oferecendo a base do iluminismo e da "idade da razão" ("penso, logo existo", segundo Descartes), até nossos dias, sustentando a sociedade contemporânea terapeutizada, que não busca outra coisa senão o conforto e o bem-estar individual (evitar a dor e buscar o prazer, segundo Sigmund Freud).

Amor

O tipo de existência ao qual estamos destinados, em que a dimensão material se degenera e a dimensão imaterial amadurece, coloca-nos diante do paradoxo da vida: à medida que o tempo futuro vai ficando cada vez menos, o tempo presente vai ficando cada vez mais. À proporção que as forças para empreender e conquistar vão ficando pelo caminho, mais focados vamos nos tornando em ser e desfrutar. Cada vez menos importa o que temos ou acumulamos, e cada vez mais importa o tipo de gente que nos tornamos. E que tipo de gente devemos nos tornar? Qual é a maior das virtudes humanas?

A resposta da tradição judaico-cristã é simples e inequívoca: o amor, pois Deus é amor. A partir dessa experiência com o amor de Deus ou Deus-Amor está baseada toda a espiritualidade judaico-cristã. A essência "das espiritualidades" judaica e cristã está baseada nos dois grandes e maiores mandamentos; amar a Deus e ao próximo. Pela primeira vez, uso espiritualidades para me referir ao judaísmo e cristianismo, como se fossem experiências distintas. Tenho minhas razões.

Certo homem, conhecedor da Lei de Moisés, perguntou a Jesus qual era o principal de todos os mandamentos. Jesus, sabendo de quem se tratava, respondeu citando a Lei de Moisés, mais precisamente o *Shemá:* "'Escute, povo de Israel! O SENHOR, nosso Deus, é o único SENHOR! Ame o Senhor, seu Deus, com todo o coração, com toda a alma, com toda a mente e *com* todas as forças.' E o segundo mais importante é este: 'Ame os outros como você ama a você mesmo'".[3] Mas em seu discurso de despedida, por ocasião da última ceia, dias antes de sua morte, Jesus deixa claro a seus discípulos que o amor seria a marca que os distinguiria para o resto da história e da humanidade: "Se tiverem amor uns pelos outros, todos saberão que vocês são meus seguidores". Aparentemente, Jesus está repetindo o *Shemá* e ratificando o segundo mandamento que ordena amar o próximo como a si mesmo. Mas há um detalhe. Jesus afirmou que estava lhes dando um novo mandamento. E o novo mandamento era: "Amem uns aos outros. Assim como eu os amei, amem uns aos outros". O que existe de diferente entre a declaração de Moisés ao povo de Israel e a de Jesus a seus discípulos? O padrão do amor. Moisés mandou amar como a si mesmo; Jesus mandou amar como ele amou.

Os apóstolos compreenderam essa transição e, por essa razão, afirmaram que a única possibilidade de viver como Jesus ordenou que vivêssemos era a partir de um relacionamento íntimo com o Cristo ressurreto, de modo que o cristão esteja tão absolutamente identificado com Cristo que afirme: "já não sou eu quem vive, mas Cristo vive em mim"[4] – me vive, o que é possível porque "o segredo que ele [Deus] escondeu de toda a humanidade durante os séculos passados [inclusive de Moisés] [...] agora ele revelou ao seu povo [...]. E o segredo é este: Cristo está em vocês".[5] Por esta razão, Paulo vai afirmar que "o fruto do Espírito é: amor",[6] "pois Deus derramou o seu amor no nosso coração".[7]

Em outras palavras, a experiência de amar é tão essencial ao cristianismo porque somente é possível na relação entre o espírito do homem e o Espírito de Deus: a transcendência. Quando o apóstolo fala do fruto do Espírito, está afirmando que somente o Espírito de Deus pode produzir em nós essa capacidade de amar. Para amar e ser amor, o ser humano precisa estar em comunhão com Deus. Para vir a ser o que está destinado a ser – amor –, há a necessidade de transcendência, a relação espírito-Espírito. Isso fica evidente quando o apóstolo João declara que a evidência de conhecer a Deus é o amor: "Quem ama é filho de Deus e conhece a Deus. Quem não ama não o conhece, pois Deus é amor. [...] Aquele que vive no amor vive unido com Deus, e Deus vive unido com ele". [8]

FRUTO DO ESPÍRITO

A proposta da espiritualidade cristã implica o fato de que Deus uniu seu Espírito ao nosso espírito, e agora somos participantes da natureza divina.[9] As virtudes cristãs são chamadas de "fruto do Espírito" justamente porque são produzidas somente pelo Espírito de Deus. Isso une o propósito de crescer ao propósito de transcender.

Esse é o retrato judaico-cristão da pessoa adulta, que cresceu à plena maturidade: "amor, alegria, paz, paciência, amabilidade, bondade, fidelidade, mansidão e domínio próprio".[10] Existe uma boa discussão a respeito desse fruto do Espírito. Seria apenas um fruto, a saber, o amor, que se decompõe nas demais virtudes? Poderia alguém ter uma das virtudes mais acentuada do que as outras? Quem experimenta o fruto vivencia todas as suas dimensões ou pode experimentar uma virtude de cada vez, acumulando uma à outra à medida de seu amadurecimento? Todas são questões relevantes a respeito das quais os estudiosos se dividem. Mais uma vez, portanto, opto pela obviedade, afirmando aquilo em que existe razoável consenso.

A proposta da espiritualidade cristã implica o fato de que deus uniu seu Espírito ao nosso espírito, e agora somos participantes da natureza divina.

O fruto do Espírito é um conjunto de virtudes que experimentamos na proporção da qualidade, profundidade e intensidade do nosso relacionamento com o Espírito de Deus. Não são necessariamente virtudes que possuímos, mas muito mais virtudes que expressamos, numa espécie de fluir de Deus por meio de nós. Da mesma maneira como podemos deixar minguar uma fogueira, podemos também extinguir a ação do Espírito de Deus: "Não atrapalhem a ação do Espírito Santo".[11] Podemos também entristecer o Espírito Santo de Deus,[12] o que denota uma relação espírito-Espírito pessoal e afetiva, diferente do controle da mente ou da criação de estados alterados de consciência, isto é, a relação espírito-Espírito vai além da harmonia interior.

Alguns estudiosos separam as virtudes cristãs em três dimensões de relacionamentos: da pessoa com Deus (amor, alegria e paz), com o próximo (paciência, amabilidade e bondade) e consigo mesma (fidelidade, mansidão e domínio próprio).

Prefiro ver essas virtudes entrelaçadas em todas as relações. Como já verificamos, não é possível amar a Deus e não amar o próximo, porque "ninguém pode amar a Deus, a quem não vê, se não amar o seu irmão, a quem vê".[13]

A alegria é um contentamento com o que se tem e o que se é, e não existe satisfação sem partilha, pois toda boa dádiva que recebemos de Deus há de ser desfrutada na perspectiva do "pão nosso".

A paz, em toda a tradição judaico-cristã, é vista como fruto da justiça,[14] de modo que o *shalom* de Deus não pode ser apenas individual e interiormente – ninguém vive em paz sozinho ou tem paz apenas para si mesmo.

A amabilidade é geralmente definida como a capacidade de conviver com pessoas difíceis, enquanto a paciência é a capacidade de suportar tempos difíceis, e uma coisa está absolutamente ligada com a outra, pois pessoas difíceis tornam nossos tempos difíceis, e ninguém vence tempos difíceis sem o suporte da convivência, por mais difíceis que sejam as pessoas.

Fidelidade é a qualidade de quem é confiável, e, nesse caso, vale a máxima de Sócrates: "Sê fiel a ti mesmo e não poderás ser falso com ninguém". Isso implica uma relação maior em que, obviamente, a lealdade a si mesmo e ao outro é, antes de tudo, lealdade para com Deus.

A mansidão é a energia canalizada, o vigor direcionado, a ousadia controlada, como num animal selvagem amansado: continua forte, ousado e poderoso, mas suas potencialidades já não são expressas com violência e já não causam destruição, o que evidentemente reflete no ambiente das relações humanas. Diga-se, de passagem: não há ninguém que possa colocar rédeas em mim exceto Deus.

Finalmente, a temperança ou o domínio próprio, que podemos entender como autocontrole, é também uma virtude que afeta todas as nossas relações, pois define a maneira como dominamos nossas vontades e instintos em relação a algo ou a alguém, inclusive a nós mesmos.

Crescer

Crescer significa viver, nos limites do corpo, cada vez mais, a maior densidade alcançável das possibilidades e potencialidades emocionais, mentais e volitivas, a partir da transcendência: a conexão e interação com o Espírito divino. Crescer é experimentar, gradativamente, as qualidades do Deus que habita em nós.

Crescer é experimentar, gradativamente, as qualidades do Deus que habita em nós.

Crescer é render-se paulatinamente ao controle do Espírito Santo de Deus para que a relação entre o nosso espírito e o Espírito de Deus não seja mais de rebeldia e de oposição, ele puxando para um lado e eu puxando para outro, mas sim de harmonia e de reconciliação. Isso explica por que o apóstolo Paulo orientou-nos a "andar em Espírito", isto é, literalmente, a orbitar ao redor do Espírito de Deus para que nossos instintos e natureza mais primitivos sejam controlados e não encontrem lugar de expressão. As expressões desses instintos mais primitivos são chamadas de "obras da carne",[15] porque são resultado daquilo que o ser humano consegue produzir quando está separado do Espírito divino.

São obras da carne em oposição ao fruto do Espírito. A carne, nesse sentido, é o que Charles Barclay definiu como:

> aquilo que o homem fez de si mesmo, em contraste com o homem conforme Deus o fez. A carne é o homem de conformidade com aquilo que permitiu que viesse a ser, em contraste com o homem conforme Deus pretendeu que ele fosse. A carne representa os efeitos do pecado (rebeldia contra Deus) do homem sobre si mesmo e do pecado dos seus pais e de todos os homens que existiram antes dele. A carne é a natureza humana enquanto está separada de Jesus Cristo e seu Espírito.[16]

A EXPERIÊNCIA ESPIRITUAL CRISTÃ

Certa vez, alguém me perguntou o que eu havia descoberto em minha caminhada no discipulado de Jesus. De fato, aquele homem queria saber como eu descreveria o ápice da experiência cristã e como aquilo me afetava pessoalmente. Não era uma pergunta teológica ou filosófica, mas sim existencial. Ele estava em busca da verdade-Verdade e, acreditando que eu a havia encontrado, quis saber minha experiência. Não me lembro bem como respondi na ocasião, mas a questão ficou em meu coração durante muito tempo, até que, uma noite, sonhei que estava fazendo uma palestra num auditório cujas fileiras de assentos se prolongavam ao infinito. O tema da minha palestra era a resposta àquele homem inquiridor da essência da espiritualidade. Lembro exatamente o que disse em sonho. E o que disse lá (ou recebi lá), digo aqui.

O *ápice da experiência espiritual cristã é o fruto do Espírito.* O máximo que um ser humano pode receber de Deus é o próprio Deus, na pessoa do Espírito Santo, e isso resulta numa qualidade de ser somente possível na interação e unidade entre o espírito humano e o Espírito divino. O produto da experiência espiritual cristã é um tipo de gente, gente igual a Jesus de Nazaré, o Cristo de Deus, de onde derivo minha confissão de fé: Cristo é meu destino. Tudo quanto vivo e experimento em minha peregrinação espiritual visa fazer de mim um homem semelhante a Jesus, pois ele é o primeiro dos meus muitos irmãos. Insisto que o nome do jogo é transformação. Crescer é vir a ser. Ser como Cristo. Aquele que é parecido, semelhante a Deus, deve viver em imitação a Deus. O caminho cristão à luz da imago Dei é a *imitatio* Dei.

O ápice da experiência espiritual cristã é o fruto do Espírito.

O espírito e a carne

Assim Jesus orientou seus discípulos no momento de sua maior agonia antes da cruz: "O espírito, na verdade, está pronto, mas a carne é fraca", o que deveria levar os discípulos à vigilância e à oração.[17] O ensino é claríssimo: a única maneira de vencer a carne é na relação espírito-Espírito. A pergunta a que precisamos responder a partir de agora é como preservamos e aprofundamos a relação espírito-Espírito para expressar o fruto do Espírito, isto é, ser gente como Deus pretendeu, ser gente como Jesus de Nazaré, em detrimento de evidenciar as obras da carne. Isso nos leva ao próximo capítulo.

12
MÉTODO

ascese. [Do gr. *áskesis*, "exercício (espiritual)".] S. f. Ét. 1. Exercício prático que leva à efetiva realização da virtude, à plenitude da vida moral: "A literatura e a vida religiosa tinham para ele [Charles Du Bos] o mesmo grau de elevação, de *ascese*, de êxtase no seio do Criador". João Gaspar Simões, Crítica, I, p. 49.)

(NOVO DICIONÁRIO AURÉLIO.)

Áskesis é a palavra que os gregos usavam para descrever a rotina de treinamento do atleta olímpico. Os filósofos gregos incluíram a prática das áskesis no processo de educação e desenvolvimento humano. Foi esse conceito que o apóstolo Paulo usou para comparar o progresso espiritual, afirmando que assim como um atleta que compete nos jogos submete-se a um treinamento rigoroso a fim de obter uma coroa que logo perece, uma coroa de louros, também aquele que deseja atingir a plena maturidade deve desenvolver uma disciplina radical para que alcance o prêmio; que dura para sempre (l Cor 9.24-27).

Mas que prêmio é esse que dura para sempre? Qual é a coroa que recebe aquele que alcança a plena maturidade? A resposta é simples: a própria maturidade. Na verdade, o grande prêmio do atleta que completa uma maratona não é a medalha que recebe ao final, mas sim o fato de ter se tornado um tipo de gente capaz de completar uma maratona. A medalha é *como* um certificado, uma espécie de atestado que diz para todo mundo que aquele sujeito é um tipo de gente incomum. Afirmar que alguém consegue percorrer um percurso de pouco mais de 42 km implica afirmar que ali está, com raras exceções, uma pessoa que possui virtudes como disciplina, determinação, perseverança e outros atributos necessários para chegar ao final de uma prova olímpica. O prêmio daquele que pratica a *áskesis* é tornar-se um tipo de gente, e, no caso da peregrinação espiritual cristã, gente semelhante a Jesus Cristo.

Essa semelhança a Jesus Cristo, entretanto, não está restrita ao caráter ou ao comportamento, muito menos à aparência física, ao poder espiritual ou à dotação intelectual. A mensagem mais elementar do evangelho deixa claro que a salvação que recebemos de Deus é a vida eterna: "Porque Deus amou ao mundo de tal maneira que deu o seu Filho unigênito, para que todo o que nele crê não pereça, mas tenha a vida eterna". "Aquele que tem o Filho tem a vida; aquele que não tem o Filho de Deus não tem a vida."[1]

Henri Nouwen testemunhou:

> Durante a maior parte dos meus anos, falei de vida eterna como pós-vida, como vida depois da morte. Mas, à medida que vou ficando mais velho, menos interesse tenho pelo pós-vida. Preocupar-me com o amanhã, com o próximo ano, com a próxima década, e também com a próxima vida, parece-me uma falsa preocupação. Cismar como tudo será para mim depois de morrer parece-me, em grande parte, uma distração. Se a minha meta é a vida eterna, então essa vida deve ser atingível já agora, onde eu estou, porque a vida eterna é a vida em e com Deus, e Deus está onde eu estou, aqui e agora. O grande mistério da vida espiritual – a vida em Deus – é que não temos de esperar por ela como algo que acontecerá depois. Jesus disse: "Estai em mim como eu estou em vós". É este divino "estar em" que é a vida eterna. É a presença ativa de Deus no centro do meu viver – o movimento do Espírito de Deus dentro de nós – que nos dá a vida eterna.[2]

A presença ativa do Espírito Santo em nós, ou de Cristo em nós, ou a comunhão espiritual com Deus, é a própria experiência da vida eterna prometida no evangelho e que constitui o prêmio *que dura para sempre.* Eis a salvação: a vida divina fluindo em nós, o que nos torna pessoas semelhantes a Jesus Cristo, a expressão máxima da plena maturidade humana.

Para que *áskesis*

Na peregrinação espiritual, somos transformados gradativamente no tipo de gente que Deus quer. A expressão "fruto do Espírito" denota um processo de crescimento natural. Na dimensão espiritual, vamos amadurecendo de maneira muito semelhante ao desenvolvimento de uma semente, que floresce para depois frutificar.

Áskesis são exercícios espirituais que visam nos tornar plenamente conscientes da presença de Deus, de modo a experimentarmos a vida de Deus a partir de nossa interação pessoal com ele. Por meio dos exercícios espirituais, promovemos o alinhamento do corpo com o espírito e vice-versa, para nos colocarmos por inteiro sob a ação do Espírito de Deus. O apóstolo Paulo chamou isso de "ser fortalecido com poder, mediante o seu Espírito no homem interior".[3] O objetivo não é *nos colocar na presença de Deus* nem mesmo *invocar a presença de Deus.* Estamos sempre na presença de Deus e Deus está sempre conosco, o que não significa que estamos constantemente cônscios de sua presença, muito menos interagindo com ele. O objetivo dos exercícios espirituais, portanto, é nos tornar conscientes do Deus que está presente, a fim de nos colocarmos sob sua ação.[4]

Os exercícios espirituais não são, portanto, mágicos nem portadores de poderes em si mesmos. São apenas meios de nos colocarmos na condição em que a interação consciente com Deus é possível. São instrumentos de cultivo do relacionamento com Deus. O poder está em Deus, e nós nos apropriamos do poder de Deus por meio de um relacionamento de intimidade com ele. Os exercícios espirituais nos ajudam a "abandonar a dependência total do meramente humano ou natural e passar a depender também da realidade última, que é Deus e seu Reino".[5]

Por que *áskesis*

A palavra ascese é derivada do verbo grego askein, que significa "praticar", "exercitar", "esforçar-se", "trabalhar" e "lutar". Considerando que Deus está interessado em desenvolver um relacionamento pessoal com cada um de seus filhos, por que os exercícios espirituais implicam tanto esforço, tanta disciplina, tanta perseverança e determinação? A razão pela qual praticamos exercícios espirituais é que a intimidade com Deus não é uma experiência extracorpórea, de modo que precisemos cultivar o controle físico, mental e emocional mediante hábitos nada fáceis de desenvolver.[6]

A Bíblia diz que o pecado habita em nós ou, mais precisamente, em nosso corpo.[7] Isso significa que nosso corpo possui alguns *softwares* instalados que nos impelem a agir de maneira automática, quase sem pensar, como, por exemplo, quando dirigimos, escovamos os dentes ou discamos o telefone para casa. Esses hábitos arraigados em nossa carne também dizem respeito às coisas erradas que o corpo sabe fazer. A dependência química, por exemplo, resulta de um clamor do corpo, misturado ao clamor da alma, ou, melhor dizendo, à maneira como o corpo aprendeu a atender os apelos da alma. "Os hábitos corporais são a forma primordial de existência do mal humano na vida prática",[8] e, por essa razão, o objetivo dos exercícios espirituais é romper o poder do vício de praticar a maldade que o corpo aprendeu enquanto viveu longe e alheio à vida de Deus.

A grande agonia do cristão é conviver com a luta entre o corpo e o espírito,[9] pois enquanto o corpo não for redimido,[10] isto é, enquanto o que é corruptível não se revestir de imortalidade,[11] haverá uma luta constante para que se consiga fazer o bem desejado em detrimento do mal abominado:

> Não entendo o que faço. Pois não faço o que desejo, mas o que odeio. E, se faço o que não desejo, admito que a Lei é boa. Neste caso, não sou mais eu quem o faz, mas o pecado que habita em mim. Sei que nada de bom habita em mim, isto

> é, em minha carne. Porque tenho o desejo de fazer o que é bom, mas não consigo realizá-lo. Pois o que faço não é o bem que desejo, mas o mal que não quero fazer, esse eu continuo fazendo. Ora, se faço o que não quero, já não sou eu quem o faz, mas o pecado que habita em mim. Assim, encontro esta lei que atua em mim: Quando quero fazer o bem, o mal está junto a mim. No íntimo do meu ser tenho prazer na Lei de Deus; mas vejo outra lei atuando nos membros do meu corpo, guerreando contra a lei da minha mente, tornando-me prisioneiro da lei do pecado que atua em meus membros. Miserável homem que eu sou! Quem me libertará do corpo sujeito a esta morte?
>
> ROMANOS 7.15-24, NVI

Muitas pessoas tentam desenvolver seu relacionamento com Deus baseando-se apenas nas atitudes interiores, como, por exemplo, humildade, fé, pureza de coração e outras. Essas pessoas esquecem que o ser humano é um todo indivisível: corpo e espírito não atuam separados. A grande distinção entre o cristianismo e qualquer outra perspectiva religiosa é a encarnação: a possibilidade e o fato de que Deus e o homem (o que implica fôlego da vida e pó da terra) podem interagir em termos absolutos.

Os apóstolos sempre fizeram questão de registrar que Jesus Cristo possuía um corpo físico exatamente igual ao nosso. João escreveu de acordo com a cultura grega de seu tempo e afirmou que "no princípio era o *Logos,* e o *Logos* estava com Deus, e o *Logos* era Deus [...]. E o *Logos* se fez carne e habitou entre nós".[12] Deus se fez carne, pois Jesus, sendo Deus, não ficou agarrado a seu *status,* "mas esvaziou-se a si mesmo, vindo a ser servo, tornando-se semelhante aos homens",[13] pois Deus mesmo preparou um corpo para Jesus.[14]

Na verdade, o corpo é o ponto focal da existência humana. Em termos simples e óbvios, não há possibilidade de experiência humana com Deus sem levar em consideração o corpo. Qualquer relacionamento que o homem possa ter com Deus é mediado pelo corpo. Em palavras simples: não há mente sem cérebro, consciência sem neurônio.

Embora muitas pessoas pensem que a religião trata das coisas do espírito, arrisco dizer que o cristianismo é uma religião centrada no corpo. A encarnação, a crucificação e a ressurreição são eventos do corpo. A maior celebração cristã é o ato contínuo de relembrar a entrega que Jesus Cristo fez de si mesmo em favor de toda a raça humana: "seu corpo partido" e "seu sangue derramado".[15]

A vida espiritual é uma vida no corpo, por uma razão simples: a vida humana é uma vida no corpo. Excluir o corpo de nossa vida é excluir nossa vida dessa dimensão de existência, e é justamente nela que recebemos a vida eterna – o fluir da vida divina em nós –, de modo que a vida que recebemos de Deus está relacionada com nosso corpo. Nem mesmo a vida depois da morte é extracorpórea, pois cremos na ressurreição do corpo,[16] "para que a sua vida [de Jesus] também se manifeste em nosso corpo mortal".[17] A vida espiritual não é uma vida superior, separada do corpo, nem que corre em paralelo à nossa existência corpórea. A encarnação de Deus em Jesus é a afirmação da relação entre o mundo material e espiritual numa mesma dimensão de existência.

> *Embora muitas pessoas pensem que a religião trata das coisas do espírito, arrisco dizer que o cristianismo é uma religião centrada no corpo.*

Em resumo, podemos afirmar que o fim último dos exercícios espirituais é nossa conformação à imagem de Jesus Cristo.[18] O objetivo prático dos exercícios espirituais é nos tornar plenamente conscientes da presença de Deus, o que implica muito mais um relacionamento dinâmico com Deus do que atividades religiosas.[19] A razão por que praticamos exercícios espirituais é que a intimidade com Deus não é uma experiência extracorpórea, de modo que precisamos cultivar o controle físico, mental e emocional mediante hábitos que desenvolvemos com esforço e disciplina, perseverança e determinação.[20]

DIALÉTICA

Esse processo de desenvolvimento dos hábitos facilitadores da interação consciente entre o Espírito de Deus e o nosso espírito acontece de maneira dialética, em que realidades aparentemente opostas se completam. Por exemplo, os exercícios espirituais devem ser desenvolvidos tanto de forma espontânea quanto estruturada. Assim como os relacionamentos humanos acontecem na dinâmica de momentos formais e informais, também o relacionamento com Deus se processa por meio de momentos fortuitos e especialmente planejados para essa finalidade. Mais ou menos da mesma maneira como quando estamos conversando no carro numa longa viagem. Enquanto a conversa trata das curiosidades do dia a dia, a música de fundo não atrapalha, mas tão logo a conversa se aprofunda, alguém toma a iniciativa de desligar o rádio. Existe uma dimensão de conversação possível na rotina diária; também existe outra dimensão para a qual são necessárias providências específicas, a fim de que os ruídos não atrapalhem a comunicação.

Ascetismo e carisma são como dois remos de um barco: a iniciativa do Espírito Santo e a disciplina humana confundem-se e entrelaçam-se. Tanto Deus opera em nós o querer e o efetuar quanto nós desenvolvemos nossa salvação.[21] Quem fica apenas com o remo da ação do Espírito, isto é, dos *imputs* imprevisíveis que Deus coloca em nosso coração, torna-se místico e espera mágicas; quem fica apenas com o remo da disciplina, cai no formalismo e no legalismo, que resulta numa experiência mecânica e vazia.

A privacidade e a participação coletiva são outros dois aspectos dessa relação dialética entre o espírito humano e o Espírito de Deus. A intimidade do lugar secreto, o quarto atrás da porta fechada, é tão importante quanto a celebração pública, a festa, o intercâmbio da mutualidade, a conversa na praça, a roda de amigos e a participação à mesa da comunhão.[22] Aprendemos a andar com Deus andando com pessoas que andam com Deus. Certamente você já ouviu alguma mulher reclamando para o marido que eles nunca saem sozinhos, que precisam sempre estar rodeados de amigos, enquanto o marido retruca que eles necessitam de companhia para arejar a relação, para jogar um pouco de oxigênio na convivência. Também é comum as pessoas reclamarem que precisam ficar sozinhas, que necessitam de espaço, de folga para fazer o que gostam, sem ter de dar atenção a quem está do lado. Todo mundo tem razão. A saúde emocional e psíquica depende dessa dinâmica entre espaço individual e coletivo. Todo relacionamento carece de intimidade e de privacidade bem como de intercâmbio de ideias e de afeto.

Teoria e prática são outros dois polos da síntese dos exercícios espirituais. Tão importante quanto conhecer a Deus experiencialmente,[23] é saber coisas a respeito de Deus. Jesus disse que as pessoas percorrem trilhas erradas porque negligenciam a verdade revelada a respeito de Deus nas Escrituras Sagradas.[24] Precisamos saber para crer, e precisamos crer para entender.[25] A dicotomia entre conhecimento e experiência sabota a peregrinação espiritual.

O êxito da experiência com Deus está, também, na ponte entre o êxtase repentino com frutos imediatos e o processo paulatino com frutos que se consolidam aos poucos. Em se tratando de viver um grande amor com Deus, não precisamos escolher entre "chover o ano inteiro chuva fina ou cair lá de cima um elevador", como disse o poeta. Podemos viver as duas coisas: a rotina persistente e o susto arrebatador. Somos transformados em glória cada vez maior, no dia a dia de nossa caminhada com Deus,[26] tanto quanto em momentos especiais que nos conduzem a novos patamares de intimidade com Deus.[27]

Uma coisa é certa: qualquer um que pretender estabelecer regras rígidas para a prática dos exercícios espirituais vai se frustrar, até porque relacionamentos transcendem a observação das regras e também sobrevivem às falhas às quais todos estamos sujeitos.

PRÁTICAS MILENARES

Afinal de contas, quais são esses tais exercícios espirituais? Evidentemente, não estamos falando de polichinelo e de abdominais. Ou estamos? Veremos... Os mestres da espiritualidade, aqueles que buscaram a realização de seu máximo potencial mediante um relacionamento pessoal com Deus, nos deixaram um legado. Suas práticas espirituais ficaram marcadas como pegadas na areia. Minhas pesquisas me levaram a classificar os exercícios espirituais – áskesis – em quatro grupos: físicos, devocionais, interpessoais e de abstinência.[28]

Os exercícios físicos, como, por exemplo, as caminhadas (no meu caso, as corridas diárias), são imprescindíveis para a saúde plena. A conhecida máxima "mente sã em corpo são" (atribuída aos gregos, mas que, na realidade, foi defendida pelo escritor satírico romano Juvenal, 128 d.C.) está ancorada na sabedoria da espiritualidade do Oriente, que ensina que o corpo e a mente são um só. Quem cuida do corpo cuida de tudo, e quem cuida de tudo não pode deixar de cuidar do corpo.

Os jejuns também estão incluídos nas disciplinas espirituais que classifico como físicas. A abstinência do alimento nos ensina que "Não só de pão viverá o homem, mas de toda palavra que procede da boca de Deus"[29] e a desfrutar de uma comida que o mundo não conhece, a saber, a vontade de Deus.[30] A abstinência do alimento nos treina a renunciar prazeres legítimos para nos tornarmos como pretendeu Thomas à Kempis, ao dizer que "quem melhor sabe sofrer, maior paz terá. Esse é vencedor de si mesmo e senhor do mundo, amigo de Cristo e herdeiro do céu".[31] Mais do que o jejum, devemos cultivar uma dieta equilibrada, como, por exemplo, o profeta Daniel que não quis as iguarias do rei e escolheu água e vegetais para sua alimentação.[32]

Além de cuidar do corpo mediante dieta e exercícios, devemos dar atenção especial ao descanso. "O sono é sagrado e alimenta de horizontes o tempo acordado de viver", disse o poeta Beto Guedes.

> O sono é, sem dúvida, o momento mais importante de restauro de toda a máquina humana. Dormindo, permitimos que o organismo entregue a chave administrativa, o controle gerencial do corpo para o sistema autônomo, que fará o que tem de ser feito, restituindo as energias e repondo o que foi gasto em mais um dia de árduo trabalho bioquímico.
>
> Didaticamente, funciona mais ou menos assim: ao primeiro sinal de início do seu sono, os menininhos que vivem dentro do seu organismo e que são responsáveis pela arrumação e limpeza já começam a cochichar. Um diz: "Ei! Será que ele já dormiu mesmo? Tá tudo tão quieto!". E o outro responde: "Vamos esperar mais uns dois ou três minutinhos para ter certeza".
>
> A partir daí essa moçada bonita se reúne num grande galpão repleto de potinhos de todos os tamanhos e formas e das mais variadas e coloridas substâncias químicas e começa o preparo de cada diferente poçãozinha de que seu organismo necessita para ser restaurado. E isso leva horas... Mas é uma festa! O papo

> corre solto, e eles trabalham com alegria e satisfação. Se tiverem tempo suficiente, nenhuma célula de seu organismo ficará sem a devida reparação das perdas que ocorreram durante o dia. Depois disso, cada responsável pega seu carrinho de mão, ajeita os diversos e diferentes potinhos coloridos pelas substâncias confeccionadas e sai via corrente sanguínea até o seu destino, seja o cérebro, seja o intestino, seja o dedão do pé. Todos igualmente têm a responsabilidade de promover a faxina adequada e de entregar as devidas substâncias em seus respectivos endereços. Ficam muito tristes quando você acorda antes de eles terminarem o trabalho, porque às vezes passaram horas na formulação da química necessária para restaurar seus rins, por exemplo, 'e acabaram não tendo tempo suficiente para a entrega. Para eles, é muito difícil saber que trabalharam tanto à toa'...[33]

As disciplinas espirituais que chamo de devocionais incluem, por exemplo, a leitura e o estudo. A transformação pessoal é fruto da transformação da mente,[34] por meio da constante substituição da mentira pela verdade: "conhecerão a verdade, e a verdade os libertará".[35] "Por contraste com as espiritualidades mais espetaculares, nossa via é pedestre, ou seja, literalmente, colocar um pé diante do outro, ao seguirmos Jesus. Para sabermos quem é Jesus, para onde ele vai, e como andarmos nos seus passos, pegamos um livro, o livro supremo, e o lemos: as Sagradas Escrituras".[36] A base cristã para o conhecimento da verdade, o objeto prioritário do estudo do cristão é a Bíblia. Mas não apenas a Bíblia. Todas as ciências *paralelas* à teologia devem ser valorizadas, e todo o acervo do discernimento humano deve ser acessado, pois tudo o que está na Bíblia é verdade, mas nem tudo o que é verdade está na Bíblia.

Além do esforço analítico, podemos desenvolver a capacidade de introspecção supraconsciente. Capra observou:

> O conhecimento absoluto é uma experiência da realidade inteiramente não intelectual, uma experiência nascida de um estado de consciência não usual que pode ser denominado de "meditação" ou estado místico. A existência desse estado não tem sido testemunhada apenas por numerosos místicos orientais e ocidentais, mas aparece igualmente na pesquisa psicológica.[37]

O processo científico possui três estágios de introspecção. O primeiro é a concentração para a coleta de evidências. O segundo é a contemplação para a análise, que deve resultar na compreensão dos fenômenos observados de modo a possibilitar uma formulação teórica. Acontece, porém, que essas formulações teóricas não resultam, necessariamente, da análise dos dados, mas surgem "espontaneamente", quando o pesquisador está no banho ou passeando à beira-mar. O processo científico não é completo sem essas percepções repentinas que procedem não de um estado de consciência analítico, mas sim da totalidade do ser, que conversa consigo mesmo e com o mundo à sua volta numa dimensão supraconsciente. Podemos fazer um paralelo com a meditação: meditar é penetrar esse espaço que transcende a análise e a contemplação, em que podemos ouvir a voz de Deus falando por meio dos pensamentos que são nossos, mas que não tiveram origem em nós.

A oração é outra disciplina devocional. Orar é estar com Deus. Às vezes, em diálogo profundo e consciente. Não raras vezes, além das palavras. (Ver capítulo 9 - Conversação.)

Mergulhar o pensamento em Deus nos leva à adoração. O encontro com Deus é indissociável da experiência do louvor: "Mudaste o meu pranto em dança, a minha veste de lamento em veste de alegria, para que o meu coração cante louvores a ti e não se cale. SENHOR, meu Deus, eu te darei graças para sempre".[38] Todo aquele que anda com Deus atravessou as portas do louvor e das ações de graças, pois Deus está apenas e tão somente do outro lado do abandono do eu como objeto de veneração.[39]

O afastamento das rotinas cotidianas é uma forma de "construir catedrais no tempo". Mudar de ambiente ajuda a mudar o estado de humor, a renovar sensações, a resgatar emoções, a desintoxicar a alma. Longe do barulho, das atividades estressantes, das solicitações urgentes do *e-mail,* do celular e do insistente telefone, podemos aquietar o coração e, aos poucos, dar lugar para a Voz. O espaço físico afeta radicalmente a dinâmica de nosso mundo interior. Os Padres do Deserto compreenderam que deveriam afastar-se da sociedade de sua época como um náufrago que nada para longe do navio que afunda, evitando ser tragado com ele. Quem deseja o encontro com Deus e consigo mesmo deve aprender a distanciar-se das luzes da cidade. Os retiros fazem parte desse conjunto de exercícios espirituais devocionais.

Adquiri o hábito de escrever orações, relatos breves dos fatos do dia a dia, impressões e percepções do coração. De quando em vez, releio as notas passadas e me alegro ao perceber orações respondidas, problemas que imaginava insolúveis resolvidos, textos inspirativos que me sustentaram e construíram, além de ser recordado do amor de Deus que me acompanha na jornada. A maturidade não pode prescindir da história e da memória. Somos o que somos pelo que vivemos. Um diário pode ser um valioso instrumento de registro da peregrinação espiritual. Muitos mestres espirituais deixaram sua trajetória como legado para as gerações futuras por meio da autobiografia que escreveram em seus diários.

Há, também, os exercícios espirituais que considero interpessoais. Por exemplo, o encontro sistemático com um pequeno grupo de pessoas com interesses comuns, igualmente desejosas de aprofundar sua experiência espiritual. Geralmente nesses grupos desenvolvemos as amizades espirituais e construímos alianças de mutualidade nas quais podemos abrir o coração e receber *feedback* amoroso para nosso crescimento. Além dos grupos e dos amigos, podemos buscar mentores por meio de quem receberemos direção espiritual. É na dinâmica das amizades em sujeição a homens e mulheres mais experientes na vida que somos desafiados à prestação de contas, à confissão e ao serviço, recursos que nos obrigam a deixar a zona de conforto que construímos nas sombras convenientes de nossos hábitos destrutivos e egocêntricos.

Os exercícios espirituais de abstinência também implicam grande esforço e disciplina. A castidade, por exemplo, que nos obriga a controlar uma das forças mais poderosas que determinam nosso caráter e destino, a saber, a sexualidade. Castidade é a capacidade de viver sem sexo, às vezes contingencial, como em ocasiões de enfermidade ou viagens do parceiro, às vezes propositadamente, como a recomendou o apóstolo Paulo, "por mútuo consentimento e durante certo tempo, para se dedicarem à oração".[40] A castidade, isto é, a abstinência sexual, ajuda-nos a evitar que a gratificação sexual seja o centro de nossa parceria conjugal, o que nos estimula a buscar patamares mais profundos de convivência que nos aproximam ainda mais, repercutindo positivamente na parceria sexual. Os casais deveriam qualificar seus relacionamentos antes de se entregarem ao sexo. A roupa do corpo deve ser tirada depois das máscaras, sob pena de levarmos personagens para cama, o que acaba sendo fatal, como bem disse Lulu Santos.

O estilo de vida simples e a frugalidade nos desafiam à abstinência das coisas. Num mundo de desigualdades sociais tão cruéis, devemos dizer não ao desperdício e levantar uma bandeira contra a extravagância. Desfrutar do bom e do belo e viver confortavelmente sem cair no luxo despropositado é uma arte que poucos dominam. A sabedoria espiritual sabe que o consumismo frívolo corrompe a alma e nos faz cada vez mais escravos dos sentidos e da sensualidade, além de nos manter estacionados em termos de amadurecimento pessoal, pois, como disse Hans Burki: "Mais da mesma coisa nos deixa no mesmo lugar". Mais rico é quem precisa de pouco do que aquele que tem muito, pois "a vida de um homem não consiste na quantidade dos seus bens."[41]

A solitude é outro exercício espiritual de abstinência. Desta vez, nos abstemos do contato com as pessoas para ficarmos sozinhos, ou em solitude como preferem os mestres espirituais. Estar em solitude é diferente de estar solitário. O solitário deseja companhia, mas não encontra, enquanto aquele que está em solitude pratica o isolamento voluntário. Lembro-me da história do homem que procurou um terapeuta e recebeu a tarefa de separar uma hora da sua semana para ficar em solitude. Na consulta seguinte voltou entusiasmado contando da maravilhosa experiência de ler e ouvir música sem ninguém por perto, ao que o terapeuta respondeu que ele deveria ter ficado sozinho, e não em contato com Fernando Pessoa ou Vivaldi. "Mas eu não me aguento, doutor", disse o pobre desolado. Não raras vezes, a valorização da companhia de outras pessoas é uma forma de disfarçar a fuga de si mesmo.

Henri Nouwen diz que "o silêncio é uma forma de tornar a solitude uma realidade",[42] e isso é o que há de mais assustador nele. A sensação de que não existe ninguém, exceto Deus, em quem podemos encontrar a base para continuar existindo e a constatação de que nossos recursos interiores são insuficientes para sustentar essa relação chamam-nos constantemente para fora de nós mesmos. Isso me faz lembrar do dia em que constatei que Deus e eu, num quarto, era muito pouca gente. Minha vida começou a mudar ali.

Eu falso e eu verdadeiro

Os mestres da espiritualidade devotam especial atenção aos processos de transformação e de desenvolvimento pessoal. Desde tempos remotos, é sabido que o primeiro fruto dos exercícios espirituais é o autoconhecimento. Buda ensinou que "os carpinteiros dão forma à madeira, os flecheiros dão forma às flechas, e os sábios dão forma a si mesmos". O oráculo de Delphos tornou célebre a recomendação "conhece-te a ti mesmo", que levou o filósofo grego Sócrates a afirmar que "a vida examinada é a única que vale a pena ser vivida". Salomão, o sábio e poderosíssimo rei hebreu, admitiu, após suas muitas batalhas vitoriosas, que maior é aquele que conquista a si mesmo do aquele que domina uma cidade.[43]

São João da Cruz estimulou seus seguidores dizendo que o "conhecimento de si mesmo é o primeiro passo que deve dar a alma que busca o conhecimento de Deus". A razão para essa recomendação da espiritualidade cristã é simples: Deus é o único que nos vê como realmente somos, em nossa intimidade mais profunda e, portanto, conhece-nos de verdade. Uma vez sabedor de nossa real identidade, recusa-se a relacionar-se com o nosso "falso eu", ainda que nosso "falso eu" pareça a nós mesmos o "eu verdadeiro". Por essa razão, a primeira coisa que Deus faz quando o buscamos é nos desmascarar, mostrar para nós quem de fato somos, de modo que podemos vir a ser o que devemos ser.

Jesus contou uma parábola a esse respeito. Disse que dois homens foram ao templo orar. O primeiro, religioso dedicado, agradeceu a Deus o fato de ser quem era, julgando-se digno de aprovação. O segundo, movido por uma profunda consciência de que ainda não era o que deveria ser, clamou pela misericórdia de Deus. O veredicto de Jesus foi que o primeiro falou de si para si mesmo, mas o segundo falou com Deus e recebeu sua recompensa.[44] A Bíblia Hebraica conta uma história semelhante. Ao chegar o tempo em que Jacó decidiu encontrar-se com Deus, ficou sozinho no Vale de Jaboque. No ápice de seu conflito espiritual, ouviu Deus perguntar: "qual é o seu nome?", que na cultura judaica é o mesmo que perguntar: "quem é você?" ou "como você se define?". Por essa razão é que Deus se recusa a declarar seu nome para Moisés e responde apenas dizendo "Eu SOU".[45] O sentido é óbvio: Deus não se define para o homem, o homem é quem se define para Deus, ou melhor, é definido quando se encontra com Deus.

A primeira coisa que Deus faz quando o buscamos é nos desmascarar, mostrar para nós quem de fato somos, de modo que podemos vir a ser o que devemos ser.

SEGREDOS

Mas o que tudo isso tem a ver com os exercícios espirituais? Simples: os exercícios espirituais são o principal recurso para desenvolvermos a habilidade sem a qual jamais experimentaremos a conexão com o divino, que resulta em transformação, desenvolvimento e crescimento pessoal, a saber, a capacidade de prestar atenção.

São as disciplinas espirituais que nos ensinam a prestar atenção em nós mesmos, nos sinais e mensagens que Deus nos envia por meio das pessoas e das circunstâncias. Depois que descobri essas coisas, escolhi três sinais que me indicam um tempo especial de transformação e de crescimento pessoal. O primeiro sinal é a desestabilização de meu coração. Presto muita atenção às minhas variações de humor e tento discernir sempre as razões por que estou triste, com raiva, com medo, eufórico ou com aquela sensação de "alguma coisa que não sei o que é está fora do lugar dentro de mim". Quando esses padrões de humor começam a repetir-se, percebo que é hora de uma visita mais profunda ao "lugar onde o Pai me vê em secreto"[46] para encontrar novos caminhos e vivências que me conduzam a um patamar de maior maturidade.

Outro sinal que procuro observar é o conteúdo das minhas orações. Gosto da prática bíblica de orar três vezes: Paulo, apóstolo, orou três vezes para que Deus o livrasse do que chamava de "espinho na carne", e Jesus orou três vezes no Getsêmani, em sua agonia antes da cruz.[47] Orar três vezes ensina que devemos orar até que o peso que nos leva à oração seja retirado de nosso coração. Não se trata de um número cabalístico nem de uma simpatia de preces. Em minha experiência pessoal, as orações repetitivas denunciam questões mais profundas do que aquelas que eu imaginava ao iniciar minhas súplicas. Por trás das orações repetitivas, e, portanto, não atendidas por Deus, devem existir perguntas do tipo: "por que isso é tão importante para mim?", "por que estou insistindo tanto nisso?", "como será minha vida caso esta oração não seja atendida?" e "quanto estou dependente desta resposta?"

Gosto da sabedoria de Viktor Frankl ao ensinar que, quando a circunstância é boa, devemos desfrutá-la; quando a circunstância não é favorável, devemos transformá-la; e quando a circunstância não pode ser transformada, devemos transformar a nós mesmos. Por trás de minhas orações repetitivas sempre me pergunto se não estou sendo exigido a mudar, a crescer, a amadurecer, a aprender a viver fora da zona de conforto, a ampliar a zona de conforto de modo que o universo de realidades que me roubam a paz seja cada vez menor.

Finalmente, presto atenção nas pessoas e nos *feedbacks* que me dão a meu respeito, particularmente aqueles que me machucam profundamente. Aprendi a ouvir e a levar a sério o que as pessoas dizem a meu respeito. Toda vez que me sinto agredido, questionado, criticado, rejeitado, reprovado, e meus sentimentos ficam feridos, dou boas-vindas a um momento de crescimento e de transformação. Toda vez que um elogio ou apreciação me tira os pés do chão, ou quando sinto o ego inflar, recebo a situação como oportunidade de reparos no coração. Houve um tempo que as palavras duras contra mim me faziam dedicar tempo analisando o agressor, tentando desmerecer sua opinião, diminuí-lo para me convencer de que o certo era eu. Mas descobri que as palavras duras que me abatem revelam mais a meu respeito do que a respeito de quem as pronunciou. Na verdade, descobri que muitas palavras que nos machucam sequer foram pronunciadas com essa intenção, mas por alguma razão fizeram um caminho dentro de nós e nos feriram. Essa "alguma razão" precisa ser identificada para que as palavras que consideramos duras sejam as pedras que nos levarão mais alto na escada da plena realização.

(In)felicidades

A infelicidade é que Sir Winston Churchill ainda tem razão: "o domínio do homem desenvolveu-se em todas as esferas, exceto sobre si mesmo". A felicidade é que já sabemos que privilegiar a viagem para fora em detrimento da viagem para dentro, percorrer a trilha da conquista da cidade negligenciando a conquista de si mesmo é uma loucura. Assim, Jesus ensinou, é inútil ganhar o mundo inteiro e perder a alma.[48] Os exercícios espirituais, áskesis, são o caminho para a maturidade.

Parte IV | Conviver

13
AMOR

Diabos

Quando meus filhos perguntaram: "Pai, quem criou o Diabo?", eu respondi que tinha sido Lúcifer. E assim acredito até hoje. Deus criou Lúcifer, e Lúcifer criou o Diabo. Deus criou um Anjo de Luz, e o Anjo de Luz, no exercício de sua liberdade moral, rebelou-se contra seu Criador e tornou-se Diabo.

Já sei. Você deve estar se perguntando se eu acredito mesmo na existência do Diabo. Acredito sim. E foi C. S. Lewis quem mais me ajudou a equacionar minha inteligência e vontade de não acreditar em Diabo com essa figura medievalizada, isto é, própria da Idade das Trevas. Concordo com Lewis. Acredito na existência do Diabo pelo menos pelas seguintes razões: porque explica um bom número de fatos; está de acordo com o claro senso das Escrituras Sagradas, com a tradição da cristandade e com as crenças da maioria dos homens de quase todas as épocas; e não entra em conflito com nada do que qualquer das ciências demonstra ser verdadeiro.[1]

Mas o mais importante a respeito de crer ou não crer na existência do Diabo é saber o que se entende por Diabo.

> Ora, se pelo Diabo significa-se uma potência oposta a Deus e, como Deus, existente por si mesma desde toda a eternidade, a resposta é certamente "não". Não existe ser incriado, exceto Deus. Deus não tem opostos. Nenhum ser poderia atingir a "perfeita maldade" oposta à perfeita bondade divina, visto que, tiradas todas as espécies de coisas boas (inteligência, vontade, memória e a própria existência), nada restaria nele. O certo seria perguntar se creio nos diabos. Pois creio. Ou antes, creio nos anjos e creio que alguns deles, abusando do dom do livre-arbítrio, tornaram-se inimigos de Deus. A estes podemos chamar diabos. Pela natureza não diferem dos anjos bons, mas sua natureza é depravada. Diabo é o oposto de Anjo apenas como Homem bom é oposto de Homem mau.[2]

Lewis também desmascara o que chama de "fantasia absurda", a saber, a ideia de que "os diabos estão engajados na desinteressada perseguição de algo que se chama o Mal". Na verdade:

> os anjos maus, como os maus homens, são totalmente práticos. Seus motivos são dois. O primeiro é o medo ao castigo. O segundo é uma espécie de fome. Finjo que os diabos, num sentido espiritual, podem comer um ao outro – e a nós. Até na vida humana tem-se visto a paixão de dominar, quase de digerir o próximo; de tornar toda sua vida intelectual e emocional apenas uma extensão da nossa, fazê-lo odiar nossos ódios, ressentir nossas queixas e dar largas ao nosso próprio egoísmo por meio dele, tanto quanto por meio de nós mesmos. Na Terra esse desejo é frequentemente chamado "amor". No inferno finjo que o reconhecem como fome. Lá a fome é mais voraz e uma satisfação mais plena é possível. Lá eu sugiro que o espírito mais forte – não havendo talvez corpo para impedir a ação – pode real e irrevogavelmente sorver o mais fraco e incorporá-lo a si, empanturrando permanentemente o próprio ser da ultrajada individualidade do mais fraco. É por essa razão (imagino) que os diabos desejam as almas humanas e as almas uns dos outros. Eis por que Satã deseja todos os seus seguidores, todos os filhos de Eva e todas as hostes do céu. Sonha com o dia em que terá todos dentro de si e tudo o que disser "Eu" só poderá fazer por meio dele.[3]

É assim que creio em diabos, nessa ciranda do que Lewis chama de "canibalismo espiritual".

ENDIABRADOS

Linda Blair. Caso nunca tenha ouvido falar, trata-se da atriz que interpretou o papel de Regan MacNeil em O Exorcista, o primeiro e único filme de terror indicado para o Oscar na história de Hollywood. Aquelas cenas dantescas reproduzem-se no imaginário popular para identificar pessoas consideradas "endiabradas".

Alguns podem alegar que o fenômeno é mais bem explicado como *automatismo*, que se manifesta por meio da ação mecânica ou involuntária, e é uma característica de algumas formas de esquizofrenia ou, quem sabe, como *desordem obsessiva e compulsiva*, ou ainda como *síndrome de Gilles de La Tourette*, uma desordem na personalidade, na qual as vítimas gritam descontroladamente, soltam grunhidos, debatem-se e usam linguagem suja ou indecente. Mas o fato é que a maioria das pessoas que depara com cenas minimamente semelhantes (e infelizmente não são poucas) vai dizer que o fulano "está com o diabo no corpo".

Estou mais preocupado com os diabos enquanto arquétipos do que com eles enquanto entidades.

O que acontece nos palcos dos programas evangélicos de televisão e nas noites de sexta-feira num sem-número de terreiros de cultos afro é consensualmente compreendido como ato de "receber uma entidade mediante transe mediúnico" (verbete "incorporar", no Aurélio), o que significa que outro espírito está se manifestando por meio de um corpo que não lhe pertence. Isso já me impressionou bastante. Desde minhas experiências na infância, observando os movimentos dos espíritos que minhas tias chamavam de Pombagiras, Exus e Cosme e Damião. Para falar a verdade, já tive pânico dessas experiências e só deixei de evitá-las como "o diabo foge da cruz" quando me associei à própria Cruz.

Hoje, esses fenômenos já não me impressionam tanto, porque adquiri outra perspectiva do que seja "estar com o diabo no corpo" ou "ser endiabrado". Não me interessa tanto essa relação de incorporação de espíritos em corpos alheios, embora me solidarize com os que cuidam de pessoas assim afligidas, porque percebi algo muito mais sutil e danoso nesta disputa espiritual. Tratar os diabos como entidades que incorporam passou a ser secundário em relação às possibilidades de personalidades que vão se tornando diabos independentemente de qualquer experiência de incorporação. Estou mais preocupado com os diabos enquanto arquétipos do que com eles enquanto entidades. Quando a questão é a disputa entre espíritos fortes e fracos para ver quem controla quem, o Espírito do Cristo é insuperável. Nisso descanso e nessa dimensão não temo qualquer espírito. O que temo mesmo é meu espírito.

Temo meu espírito porque acredito que, assim como qualquer outra criatura no Universo, posso me demonizar (cruz credo!), isto é, posso exercitar minha vontade contra o amor de Deus, posso me tornar um canibal espiritual desejando viver apenas na dimensão do prazer egoico, tentando sorver tudo o que encontro à minha frente para engolir e chamar de "eu" e "meu".

Humanizado

Deus é três. Esse é um mistério difícil de entender: como um só Deus ao mesmo tempo é três. Chegamos à Trindade: Deus Pai, Deus Filho e Deus Espírito Santo. Ricardo Barbosa apresenta Deus dizendo que ele é

> essencialmente relacional. Esta é a diferença entre o monoteísmo trinitário cristão e os outros monoteísmos unitários, como o judaísmo e o islamismo. Nestes, encontramos a solidão do Uno, de um Deus que não tem nenhum outro igual com o qual possa se relacionar. O cristianismo é a única religião monoteísta que crê num único e indivisível Deus que se manifesta como uma Trindade de Pessoas. O Deus cristão e bíblico não existe solitariamente, ele é sempre a comunhão das três pessoas divinas.[4]

Leonardo Boff segue a mesma trilha, mas inclui também o ser humano na unidade da Trindade:

> As pessoas eternas coexistem umas dentro das outras. Um dinamismo de vida e de amor as une de tal forma que se constituem a si mesmas numa união integradora, plena e completa [...] Essa unidade se constitui pela abertura essencial de uma pessoa à outra, mais ainda pela interpenetração de uma na outra de tal forma que são sempre uma com a outra. Esta unidade está aberta para fora, pois insere nas pessoas amadas também as perdidas que buscam perdão e o universo em sua totalidade.[5]

O resumo dessa relação indissociável entre as pessoas da Trindade e as pessoas humanas, como eu e você, está explícito nas palavras afetivas com que Jesus ora ao Pai que está nos céus:

> Não rogo somente por estes, mas também por aqueles que vierem a crer em mim, por intermédio da sua palavra; a fim de que todos sejam um; e como és tu, ó Pai, em mim e eu em ti, também sejam eles em nós; para que o mundo creia que tu me enviaste. Eu lhes tenho transmitido a glória que me tens dado, para que sejam um, como nós o somos.
>
> JOÃO 17.20-22, ARA

A plena realização humana não pode prescindir desse triângulo formado pelo eu, o divino e o próximo, numa integração de absoluta abnegação de cada um em favor dos outros. Assim como Deus é uma unidade plural, também o ser humano será mais humano à proporção de sua capacidade desenvolvida de tornar-se uno com o próximo. Em outras palavras, você precisa de gente para ser gente. Na verdade, quanto mais entregue a outras gentes, mais gente você será. A vida não fará sentido, ou, melhor dizendo, você não experimentará a plenitude da existência que se pode chamar humana a menos que se entregue em altruísmo e abnegação, construindo vínculos profundos de amor, de afeto e de amizade.

A existência depende da capacidade de transcender ao próprio eu.

> Por esse motivo compreendo o fato antropológico primordial que o ser humano deva sempre estar endereçado, deva sempre apontar para qualquer coisa ou qualquer um diverso dele próprio, ou seja, para um sentido a realizar ou para outro ser humano a encontrar, para uma causa à qual consagrar-se ou para uma pessoa a quem amar. Somente na medida em que consegue viver esta autotranscendência da existência humana, alguém é autenticamente homem e autenticamente si próprio. Assim o homem se realiza, não se preocupando com o realizar-se, mas esquecendo a si mesmo e dando-se, descuidando de si e concentrando seus pensamentos para além de si.[6]

Essa é uma consequência de você ter sido criado à imagem de Deus. Um Deus que é três não poderia criar uma expressão de si mesmo que não fosse destinada a viver uma unidade plural.

Amor

O sentido da vida encontra lugar numa parceria de amor entre Deus e os homens. Bernardo de Clairvaux, monge cisterciense que viveu entre 1090-1153, ensinou que existe uma evolução no exercício de amar: "Como a natureza é frágil demais e fraca demais, a necessidade manda-a pôr-se primeiro a serviço de si mesma. É o amor carnal; o homem começa por amar a si mesmo pelo simples amor a si". Em seguida, "é preciso se elevar ao segundo grau do amor, que é o amor a Deus por amor a si mesmo, e, depois, ao terceiro grau, que é amar a Deus por amor a Deus, até chegar ao quarto e último grau, só se amar por Deus".

Na verdade, essa evolução vai do amor a si mesmo, passando pelo amor ao próximo e chegando ao amor a Deus. A pergunta a respeito da ordem desses amores daria uma boa discussão.

Como desenvolver o amor próprio sem o amor de Deus? Como receber o amor de Deus senão acolhendo o amor do próximo que nos é oferecido? Como amar o próximo sem o amor próprio? Levadas às últimas consequências, essas perguntas nos deixariam num círculo vicioso – ou virtuoso, já que se trata de amor. O entrelaçamento de amor entre o eu, o divino e o próximo é um sistema indissolúvel que nos livra de nos tornarmos diabos e nos faz mais humanos. O paradoxo é que, para nos tornarmos mais humanos, precisamos abandonar nosso egoísmo em entrega abnegada ao próximo, de onde se depreende que amar é diminuir-se, é limitar-se, morrer para si mesmo. Nenhum relacionamento sobrevive sem a autoimposição de limites, pois enquanto o eu for mais importante do que o relacionamento de amor, o relacionamento será utilizado para a satisfação do eu, portanto não será um relacionamento de amor.

Comte-Sponville[7] acredita que o amor divino (se é que Deus existe, diz ele) é um ato de diminuição, uma fraqueza, uma renúncia. Absorve o pensamento de Simone Weil que diz que:

> a criação é da parte de Deus um ato não de expansão de si, mas de retirada, de renúncia. Deus e todas as criaturas é menos do que Deus sozinho. Deus aceitou essa diminuição. Esvaziou de si uma parte do ser. Esvaziou-se já nesse ato de sua divindade. É por essa razão que João diz que o Cordeiro foi degolado já na constituição do mundo. Deus permitiu que existissem coisas diferentes Dele e valendo infinitamente menos que Ele. Pelo ato criador negou a si mesmo,

> como Cristo nos prescreveu nos negarmos a nós mesmos. Deus negou-se em nosso favor para nos dar a possibilidade de nos negar por Ele. As religiões que conceberam essa renúncia, essa distância voluntária, esse apagamento voluntário de Deus, sua ausência aparente e sua presença secreta aqui embaixo, essas religiões são a verdadeira religião, a tradução em diferentes línguas da grande Revelação. As religiões que representam a divindade como comandando em toda parte onde tenha o poder de fazê-lo são falsas. Mesmo que monoteístas, são idólatras.

Em outras palavras, um Deus que não se esvazia é um Diabo.

Deus não age como tirano e não força seu poder para cima de suas criaturas sob pena de esmagá-las, tirando-lhes todo o espaço de liberdade de que precisam para existir. Deus não invade. Não usurpa. Não manipula.

Deus falou por esses dias nas telas de Hollywood por meio de Jim Carrey e Morgan Freeman. O *Todo-poderoso* é a história de um homem que reclama de Deus o tempo todo, acreditando que seus infortúnios são provocados, quer pela atividade quer pela omissão do Todo-poderoso. No ápice de sua angústia, Bruce decide jogar na cara de Deus todos os impropérios que muitos de nós gostaríamos de falar, mas não temos coragem. A surpresa é que Deus aceita o desafio da forma mais surpreendente: deixa Bruce "ser Deus" por uma semana. Ao delegar todos os seus poderes, Deus estabelece duas regras: não diga a ninguém que você é Deus e não interfira no livre-arbítrio. Depois de muita confusão, chega-se ao coração do filme. Bruce pergunta para Deus: "Como posso fazer com que as pessoas me amem sem interferir em seu livre-arbítrio?", ao que Deus reage dizendo que está procurando essa resposta há séculos.

O resumo da ópera é que amor é abnegação. Amar é dar permissão para ser ignorado. Amar é estar disposto a morrer, pelo menos ser como um morto – um ausente, não existente – para aquele que se ama. Indo mais longe, amar é abrir mão de tudo, inclusive de si mesmo. O Diabo quer expandir-se e engolir tudo para tudo chamar de "eu". Deus quer esvaziar-se. Nós estamos entre estes dois arquétipos: existir em favor do outro, numa parceria de amor ou existir em função do eu, numa guerra tirânica entre egos.

"Espere um pouco", você diria. "Agora você colocou Deus e o Diabo no mesmo patamar."

Nada disso. Deus continua sendo *Todo-poderoso.* Deus continua sendo o padrão ao qual todo o Universo, especialmente você, deve se conformar, sob pena de cair num niilismo sem saída, num caos ainda mais grotesco do que o que já nos encontramos. Lembre-se de que estamos em busca de sentido e significado para a existência humana. Pois então não se esqueça de que fomos criados à imago Dei, feitos para viver em uma unidade plural, em uma fraternidade solidária, abnegada e altruísta. Não fomos feitos para engolir egos de maneira a tornar nosso ego o maior de todos. Fomos feitos para conviver e, para isso, precisamos dar espaço para o outro. Na verdade, devemos admitir que somente encontraremos nossa identidade mais profunda e nossa realização mais plena quanto mais espaço dermos para que outros existam conosco e quanto mais estivermos dispostos a existir com outros.

Sofrer

Os gregos não buscavam o amor. Buscavam a paz. Mais precisamente, a serenidade, um espírito inabalável, resultado de duas características que deveriam ser desenvolvidas no ser humano: autárkeia e apátheia.[8]

Autárkeia era a perfeita independência. A perfeita autossuficiência em relação a qualquer objeto ou qualquer pessoa. Era uma atitude própria daqueles que acreditavam que encontrariam sua plena realização e sua felicidade em si mesmos, isto é, que não podiam depender de nada fora de si mesmos para que se tornassem realizados e felizes.

A *apátheia* era a incapacidade de ser abalado. Daí vem a nossa palavra apatia, que o Aurélio define como "estado de insensibilidade; impassibilidade, indiferença. No cepticismo e no estoicismo, estado em que a alma se torna insensível à dor e a qualquer sofrimento". O estoico Epicteto, contemporâneo do apóstolo Paulo, ensinava que "o homem pode desenvolver afeição, desde que nunca, em tempo algum, dependa de outra pessoa para a sua felicidade e alegria [...]. A filosofia é o treinamento para a indiferença. Os homens nunca devem fixar o coração em nenhum objeto ou pessoa, porque nada e ninguém deve ser necessidade para um homem. O homem deve ensinar-se a não se importar com nada". Dizia que o homem "primeiro deve começar a não se importar com coisas simples, uma xícara, por exemplo, que pode se quebrar, depois, um miserável cachorro, um mero cavalo, um pedaço de terra, mais adiante, e facilmente chegará a não se importar com o seu próprio corpo e com o que acontece consigo mesmo, então finalmente poderá perder os seus filhos e esposa e não se importar".

Epicteto acreditava que "o amor é uma escravidão" e, nesse sentido, a filosofia é o treinamento para a indiferença. O amor é uma escravidão. Exatamente durante os dias de Epicteto, os cristãos começaram a espelhar a mensagem que ensina a amar. William Barclay comenta que enquanto a filosofia pagã dizia: "Ensina-te a não te importar", Cristo diz: "Ensina-te a te importar, apaixonada e intensamente com os outros". A filosofia pagã dizia: "Não deves, em circunstância alguma, ficar pessoal e emocionalmente envolvido na situação humana".

Cristo diz: "Deves entrar na situação humana de tal maneira que vejas, penses e sintas com os olhos, a mente e o coração da outra pessoa, do teu próximo, com quem te identificas".

Enquanto os gregos acreditavam que a maturidade está na indiferença, na capacidade de não ser abalado, de não ser afetado, de não ser demovido de sua estabilidade, o cristianismo vem dizendo que a maturidade da existência humana está justamente na capacidade de importar-se, de deixar-se abalar, de deixar-se demover, de ter o coração revolto dentro de si, as entranhas remexidas a ponto de Jesus dizer: "Nisto conhecerão todos que sois meus discípulos: se tiverdes amor uns aos outros".[9] A maior característica de vocês será esta: olharão para os outros e se importarão com eles; não estarão centrados em si mesmos, olhando para dentro, acostumados e acomodados numa felicidade interior, pelo contrário, jamais conseguirão ser plenamente felizes convivendo com a dor alheia, porque a dor alheia há de impactar o seu coração. Serão escravos do sofrimento dos outros. Isso é amar.

Talvez, numa expressão simples, mais constrangedor é o pranto de Jesus no sepultamento de Lázaro do que seu caminhar sobre as águas, porque o caminhar sobre as águas, o multiplicar de pães, demonstra poder e autoridade, mas o pranto de Jesus, no sepultamento de Lázaro, demonstra que ali está um Deus que se importa, e que se importa comigo e com você. A atenção de Jesus ao cego que grita: "Filho de Davi, tem compaixão de mim" demonstra que ali caminha um Deus que se importa, e que se importa comigo e com você.

O "Deus cristão" não é o "deus grego". Não é o deus estável, inabalável, o Deus que não é mexido por nada, pelo contrário, é um Deus que chora, um Deus que se importa. Os evangelhos afirmam que Jesus foi movido de íntima e profunda compaixão, o que significa que suas entranhas foram remexidas.[10] Quando Jesus passava sobre os mendigos nas calçadas e seu coração batia mais acelerado, ele sentia alguma coisa na boca do estômago ou o que nós costumamos chamar de nó na garganta. Jesus via uma prostituta sendo arrastada pela rua e lacrimejava. Jesus via crianças e abaixava-se para pegá-las no colo e lhes contar histórias. Jesus passava por pessoas empoleiradas para que pudessem vê-lo e cruzava com elas o olhar. Nessas horas, seus olhos se enchiam d'água, e ele dizia: "Hei, você, vamos conversar em particular."

Pudesse eu definir em uma expressão o que é amar, diria que amar é importar-se. O que é amar? Amar é importar-se. Nós achamos que amar é passar por uma pessoa que sofre e sentar ao lado dela, colocar o braço em volta de seu ombro, chorar com ela e suprir sua eventual necessidade. Mas amar também é entrar no templo cheio de comerciantes da fé e dar pontapés em todas as mesas, como fez Jesus. É dizer: "Eu amo, eu tenho entranhas que se remexem, sou vulnerável."

O que é amar? Amar é importar-se.

Amar é se importar a tal ponto de nos tornarmos escravos do zelo pelas realidades que amamos. A maturidade não é a estabilidade que deixa de ser vulnerável. Na verdade, quanto mais vulneráveis nos tornamos, mais maduros e completos ficamos.

Fraternizado

Naquela noite fria de São Paulo, o culto foi transferido da Capela para o auditório do Colégio Batista, maior, com capacidade de acolher mais pessoas que certamente chegariam para a conferência da Faculdade Teológica Batista de São Paulo. Era meu primeiro ano no seminário e levei para aquele auditório todo o entusiasmo de um menino de 17 anos. Estariam no palco os homens que eu gostaria de me tornar ao crescer. Com sua simplicidade, vestindo uma calça xadrez e uma bata branca lisa, o diretor, dr. Werner Kaschel, abriu a celebração lendo um trecho dos Salmos, tradução na Linguagem de Hoje, e, em seguida, apresentou o orador da noite: dr. Olavo Feijó, cuja figura era tão bem-humorada e cativante quanto a do seu anfitrião. Eram amigos de longos anos. A apresentação foi afetiva e com elogios discretos, próprios dos nobres. Tomei nas mãos lápis e papel e me preparei para anotar cada palavra daquela preleção.

Passaram-se mais de vinte anos e descobri que não precisava ter anotado nada. Naquela noite fria de São Paulo, o dr. Olavo Feijó nos ensinou apenas uma frase que, desde então, ficou indelevelmente incrustada em meu coração como a mais exata definição conceitual que conheço para o verbo amar: "Amar é dar o melhor do que tem e o melhor do que é em benefício da pessoa amada".

Quem ama se importa. Quem ama doa. E nunca deu quem deu do seu sem dar de si. Quem ama se importa. Quem ama se doa. Dar e dar-se, as expressões do verbo amar. Quem ama renuncia. Renuncia a si mesmo, pois "do mesmo modo como Deus, na criação, renuncia a ser tudo, devemos renunciar a ser alguma coisa".[11]

14
ALIANÇAS

Premissas

Deus não basta para a felicidade humana. Pessoas precisam de Deus. Pessoas precisam de pessoas. São dois lados da mesma moeda. "Pessoas precisam de pessoas para serem pessoas", como bem disse Augustine Shutte.[1] Não poderia ser diferente. Um Deus plural, que é perfeito na perfeita unidade entre iguais, ao criar um ser à sua imagem e semelhança, deveria criar um ser cuja perfeição fosse possível, somente e necessariamente, numa unidade entre iguais. E Deus não é igual ao homem. Por essa razão, Deus não é suficiente para a plena realização humana.

Acredito piamente que sua vida será tão saudável quanto saudáveis forem as pessoas com quem você se relaciona. Mas não basta estar rodeado das pessoas certas, é necessário conviver da maneira certa. Isso quer dizer que algumas pessoas podem ser instrumentos de vida para você, mas apenas se você souber absorver sua influência positiva, enquanto outras podem ser instrumentos de morte, mas também apenas se você permitir que elas despejem sobre você seu potencial destrutivo. Por esse motivo, acredito também que sua vida será tão saudável quanto saudáveis forem seus relacionamentos com as pessoas com quem você convive.

Toda pessoa é uma ilha. Nenhuma pessoa é uma ilha. Qual é a afirmação verdadeira? Talvez estejamos novamente diante de duas verdades aparentemente excludentes, porém complementares – paradoxo.

Toda pessoa é uma ilha porque a individualidade implica dimensões da alma que ninguém é capaz de compreender, dores que ninguém é capaz de suportar, lágrimas que não podem ser partilhadas, angústias para as quais não há empatia possível. O coração de cada ser humano é um solo sagrado que muito poucas pessoas têm permissão de pisar e que pouquíssimas conseguem fazê-lo. Nesse sentido, cada um de nós está fadado a uma dimensão de solidão, o que, na verdade, é o espaço existencial particular e necessário sem o qual seria impossível a construção de uma identidade singular.

Também é verdadeiro que a construção dessa identidade não é abstrata, mas acontece na dinâmica das interações que se processam desde o ventre materno e em boa dose é determinada pela bagagem genética, o que explica o fato de você ser tão parecido com seu avô. Nesse sentido, ninguém é uma ilha, pois estamos todos, consciente ou inconscientemente, sob influências as mais diversas. Incidem sobre nós os raios de luz e as sombras tanto daquelas pessoas de quem deliberadamente resolvemos nos aproximar e que amamos explicitamente, com quem resolvemos partilhar nossa peregrinação pela existência quanto daquelas que nos esbarram sem nossa permissão, partilham de nossos espaços sem que as tivéssemos convidado e invadem nossa intimidade não poucas vezes sem nos darmos conta.

Por exemplo, em que proporção sua autoimagem é afetada pelas estrelas *do show biz*? Quem disse que você tem de emagrecer? Por que você corta o cabelo desse jeito ou por que está cursando arquitetura? Até que ponto você pensa o que pensa porque decidiu pensar, ou pensa o que pensa porque é brasileiro e não alemão? Tem certeza de que se meteu nessa prestação porque concluiu que era a melhor coisa a fazer, ou seria o caso de ter sido induzido a viver do jeito que a classe média vive?

Sua vida será tão saudável quanto saudáveis forem as pessoas com quem você se relaciona.

Já percebeu como, num casal que experimenta uma parceria bem-sucedida, os cônjuges vão ficando cada vez mais parecidos um com o outro? Não é verdade que, inconscientemente, imitamos as pessoas que admiramos? Alguma vez já tomou uma decisão que não lhe parecia ser a mais razoável somente para agradar uma pessoa querida? Em algum momento, já se viu arrastado a determinada situação de consequências funestas e absolutamente previsíveis porque teve constrangimento de desapontar um amigo ou amiga? Já conviveu com pessoas de personalidade tão forte que acabou percebendo sua própria individualidade sendo ameaçada? Enfim, já fez o que não queria fazer ou deixou de fazer algo que queria fazer por causa de pessoas que não mereciam tal sacrifício?

Um fenômeno interessante que observo na terceira idade é a viúva que floresce depois da morte do marido. Chora uma semana e depois se mete na primeira excursão que aparece. Passou a vida inteira sem dançar, carregou durante anos a frustração de não usar maquiagem e sempre morreu de vontade de se vestir de maneira extravagante, e agora que o "véio" se foi, ninguém segura essa vovó. Também fico impressionado com as variações de personalidade que a todos acomete em função do grupo do momento. Quem nunca teve a experiência de encontrar um sujeito sabidamente mau caráter e ter de admitir que, pessoalmente, é alguém legal? Você não tem um amigo que lá fora é um leão e dentro de casa é um gatinho? E aquela sua amiga que em família é uma, na vida profissional é outra e na presença do marido é outra completamente diferente? Você também não é assim, uma mescla de muitos "eus" competindo pela primazia? Saberia qual das identidades é a verdadeira? Aliás, será que existe um "eu" verdadeiro ou todos os "eus" são verdadeiros, cada um de acordo com seu horizonte de relações? Não seria uma qualidade, essa capacidade de adequação aos diferentes contextos de relacionamentos? Ou seria uma disfunção de personalidade, como em *Zelig*, o "homem-camaleão" de Woody Allen? Enfim, quantos "eus" existem dentro de cada um de nós? Qual deles tem a primazia? Qual deles é deliberado, isto é, existe porque escolhemos que exista?

O fato é que um é o dia em que nascemos, outro o dia em que escolhemos o que queremos ser. Como disse o senhor Geraldo Pedrosa de Araújo Dias, todo mundo tem de viver seu dia de *Disparada*, isto é, não podemos ficar para sempre como boi na boiada, há de chegar o dia de nossa montaria, de nos tornarmos cavaleiros, pois assim deseja o dono da boiada cujo vaqueiro morreu. (Para você que não conhece Geraldo Vandré, recomendo uma visita à TV Excelsior da década de 1960 e seus maravilhosos Festivais de MPB. Para você que sabe do que estou falando, recomendo a mesma coisa. Garanto que vai chorar.)

Perdoe a digressão nostálgica. O que quero dizer é que, na rede das relações em que todo mundo quer que a gente seja alguma coisa e em que nós lutamos para vir a ser o que devemos ser, uma das atitudes mais importantes a tomar é mapear os relacionamentos: quem são as pessoas que exercem influência direta sobre a nossa vida e como podemos nos relacionar com elas. Creio que estamos imersos numa rede de pelo menos cinco tipos ou dimensões de relacionamentos.

Grupos

Fazemos parte de pequenos grupos de pessoas com quem repartimos nosso espaço natural, deliberada ou compulsoriamente. Por exemplo, não escolhemos nossa rede familiar. Você não decide quem será seu pai, sua mãe ou seus primos e cunhados. Mas deverá aprender a conviver com eles o resto da vida. O grupo familiar é um grupo natural, isto é, você não escolhe; quando se dá conta, já está lá, dividindo o quarto com duas outras crianças que não necessariamente escolheria como amiguinhas, e, nesse caso, o melhor a fazer é simplesmente aceitar e celebrar.

Por outro lado, podemos escolher o cônjuge e os amigos. O meio-termo está na rede de relações profissionais, que podemos escolher, mas com que em geral somos convidados a conviver, independentemente de empatia ou simpatia. Evidentemente, caso não goste dos seus colegas de trabalho, pode pedir demissão e procurar emprego em outro lugar. Você não é obrigado a suportar um ambiente profissional. Mas a verdade é que a maioria de nós tem de se sujeitar a conviver com pessoas que não teríamos escolhido inserir em nossa intimidade, até porque, provavelmente, em qualquer emprego que você arrumar elas estarão lá, elas, as pessoas que você não faria questão que estivessem. Nesse caso, é melhor construir uma convivência saudável no lugar onde a gente está do que procurar um lugar cuja convivência seja saudável.

Cada grupo exige um tipo de comportamento. E cada pessoa que faz parte do grupo exige um tipo de relacionamento. Não podemos tratar nossa rede de clientes com a mesma transparência com que tratamos nossa rede de amigos, e não podemos tratar nossa rede de amigos com a mesma intensidade com que tratamos nossa família nuclear. Mesmo na rede de amigos, há aqueles em quem confiamos mais e aqueles com quem nos abrimos aos poucos. Os primos podem apenas gravitar a nosso redor ou podem participar de nossa intimidade. O certo é saber quem é quem e como devemos nos relacionar com cada um. Precisamos aprender a preservar as fronteiras de nossa intimidade, a guardar assuntos reservados, a tratar cada pessoa e a nos comportar em cada ambiente de acordo com a situação.

A palavra-chave dessa relação com os diferentes grupos com quem interagimos é *fronteiras.* Devemos zelar pelas fronteiras da nossa intimidade. As fronteiras podem ser de três tipos: rígidas, porosas e elásticas.

As fronteiras rígidas são aquelas de quem diz "roupa suja se lava em casa" e leva à risca essa convicção; ninguém sabe o que acontece e não tem como participar da intimidade dessas pessoas.

As fronteiras porosas são aquelas de quem tem sua intimidade completamente devassada e sua vida são, como no ditado popular, "a casa da mãe Joana", onde todo mundo entra e sai a hora que quer, do jeito que quer, para fazer e falar o que quer.

As fronteiras elásticas são aquelas dos moderados, que compartilham sua intimidade e permitem acessos dentro de limites definidos, de acordo com as pessoas e ambientes.

Jesus foi bem rigoroso em estabelecer suas fronteiras de relacionamentos. Com a mesma facilidade que transitava no meio das multidões, tinha seu universo mais restrito de seguidores, com 70 homens apenas.[2] Além destes, andava sempre com seus 12 discípulos (apóstolos),[3] e dentre eles preferia a companhia de Pedro, Tiago e João.[4] No círculo mais íntimo estava João, o discípulo a quem mais amava.[5] O que está explícito nesses horizontes de relações é que Jesus não se dava a todos igualmente.

Amigos

Ágape é o amor divino. Eros é o amor dos amantes. Phileo é o amor dos amigos. Ágape é o amor mais resistente. Eros é o amor mais intenso. Phileo é o amor mais singelo. Ágape é o amor eterno. Eros é o amor efêmero. Phileo é o amor perene. Ágape é o amor para o outro. Eros é o amor pelo outro. Phileo é o amor com o outro.

Embora sublimes, todos os três, minha preferência está em *phileo*. Primeiro porque é o elo que alimenta os outros amores. Sempre encarei a relação com Deus como amizade. E não acredito em amantes que não sejam amigos. Amantes que não são amigos são corpos unidos – tesão. Devotos a Deus que não são amigos de Deus são mendicantes – interesse. Prefiro *phileo* porque Ágape é uma questão de fé, e *eros* uma questão de sorte. Experimentar o amor de Deus é algo de foro íntimo, pessoal, direção na qual ninguém pode forçar ninguém. Viver um grande amor, ficar apaixonado e "ser feliz para sempre" é algo que nem todo mundo consegue, e não acredito que os que conseguem sejam melhores pessoas do que os que não conseguem. Mas gosto mesmo de *phileo* porque é o amor de que, em tese, poderíamos prescindir e, provavelmente por essa razão, o mais socializado dos amores: quase todo mundo sabe o que é ter um amigo. Não somos tolos de dar as costas ao amor de Deus, apenas não sabemos direito como vivenciá-lo. Não somos tolos em dar as costas ao romance, apenas não sabemos como cultivá-lo. Mas poderíamos dar as costas às amizades, principalmente se acreditarmos estar sob o amor de Deus e abrigados num romance. "A amizade é tão desnecessária quanto a filosofia, a arte, o próprio Universo (pois Deus não precisava criar). Ela não tem valor de sobrevivência; pelo contrário, é uma daquelas coisas que dá valor à sobrevivência."[6]

Creio na amizade como a mais elevada expressão de amor humano. C. S. Lewis chamou a amizade de "prato principal no banquete da vida". Disse que, se tivesse de dar um conselho a um jovem a respeito de um bom lugar para viver, diria: "Sacrifique quase qualquer coisa para estar perto de seus amigos", pois considerava a amizade "a melhor das coisas deste mundo e a mais importante felicidade da vida". Ralph Waldo Emerson disse que "felicidade é a casa que abriga o amigo".

Amigos são aqueles com quem podemos viver sem máscaras, porque não tememos ser rejeitados. Amigo é aquele que conhece você por dentro e, mesmo assim, continua seu amigo. O relacionamento de vocês extrapolou a fase dos possíveis desapontamentos e condições para a manutenção da amizade. A Bíblia diz que "há amigo mais chegado que um irmão".[7] A amizade é o espaço privilegiado do crescimento pessoal, pois "Assim como o ferro afia o ferro, o homem afia o seu companheiro".[8] E não esqueça, "ferro com ferro" implica atrito, e todo atrito esquenta e faz faísca. Por tudo isso, amigos que não se estranham, que não debatem pontos de vista divergentes, que não se questionam mutuamente, na verdade, não são amigos. "Melhor é a repreensão feita abertamente do que o amor oculto",[9] isto é, a amizade que sobrevive às custas da omissão reflete um amor de pouco valor.

Amigos são aqueles com quem podemos viver sem máscaras, porque não tememos ser rejeitados.

Minhas palavras seriam poucas e insuficientes em intensidade para descrever o valor da amizade. Por essa razão escolhi como últimas, as palavras de Henri Nouwen, um dos mais celebrados mentores espirituais contemporâneos, para encorajar você na direção da amizade.

> Um amigo de verdade não é alguém que pode resolver todos os seus problemas ou tem respostas para todas as perguntas. Também não é alguém que vai embora quando não há nenhuma solução ou resposta, mas fica com você, permanece fiel a você. Muitas vezes, quem nos dá maior conforto não é a pessoa que diz: "Faça isso, diga aquilo, vá lá"; mas quem, mesmo se não há nenhum bom conselho para dar, afirma: "Não importa o que acontecer, eu sou seu amigo; você pode contar comigo". Quanto mais velho você se torna, mais descobre que sua alegria e felicidade dependem de tais amizades. O grande segredo da vida é que o sofrimento frequentemente parece ser tão insuportável que pode se tornar, na compaixão, uma fonte de vida e esperança novas. A amizade é um dos maiores dons que um ser humano pode receber. É um vínculo que ultrapassa objetivos, interesses ou histórias em comum. É um vínculo mais forte do que aquele que a união sexual pode criar, mais profundo do que o que um destino partilhado pode solidificar, e ainda pode ser mais íntimo que os laços do matrimônio ou da comunidade. A amizade é estar com o outro na alegria e na tristeza, mesmo quando não podemos aumentar a alegria e diminuir a tristeza. É uma união de almas que confere nobreza e sinceridade ao amor, fazendo a vida brilhar intensamente. Abençoados são aqueles que dão a vida pelos amigos.[10]

COACHES

Na sua rede de relacionamentos você precisa de coaches. Mais um anglicismo inserido em nosso vocabulário, mas ainda assim a palavra ideal para descrever esta dimensão de relacionamento imprescindível para quem deseja manter o foco em suas aspirações de viver com propósitos. A ideia original por trás do conceito de coach é bem explicada por Max Gehringer:[11] "Há 600 anos, numa pequena cidade da Hungria, chamada Kocs, foi desenvolvida uma carruagem bem maior que as utilizadas na época, pequenas e apertadas, para no máximo quatro pessoas. A novidade húngara, que acomodava confortavelmente oito passageiros, recebeu o nome de Koczi Szerér, ou "vagão de Kocs". Rapidamente copiada em toda a Europa, a koczi fez tanto sucesso que logo virou sinônimo de carruagem, de qualquer tamanho. Franceses e espanhóis adaptaram a pronúncia para "coche", de onde derivou o inglês coach, que deu origem a uma série de outras palavras, desde a americana stagecoach - as "diligências" dos filmes de bangue-bangue - até a classe "turística" dos aviões, a coach class. Nas universidades inglesas do século 15, frequentadas apenas pela fina flor da nobreza britânica, os alunos iam para as aulas de coach, conduzidos por um cocheiro - o coacher -, e daí o nome virou gíria estudantil para zombar os professores e depois, seriamente, para batizar técnicos esportivos. O coach, portanto, ensina e conduz. O problema, sempre tem um, é que muitos jovens talentosos estão convidando para conselheiros pessoas com as quais nunca tiveram vínculo pessoal. A pessoa pode até aceitar, mas o efeito prático seria o mesmo que um técnico de futebol conseguiria caso resolvesse orientar sua equipe por e-mail. O coaching pressupõe o conhecimento mútuo e a convivência constante, que leva ao entendimento claro, por parte do coach, das habilidades e das necessidades de seu pupilo. Portanto, ter um coach é melhor do que não ter um, mas ter um coach distante, desinteressado e desinformado é a pior alternativa. O maior desafio para quem procura um coach não é achar um, é encontrar o coach certo.

> Coach *é alguém que ajuda a alcançar uma meta desejada.*

Gehringer inclui a intimidade pessoal na categoria do relacionamento com o *coach*. De minha parte, considero que isso é opcional, pois na verdade defino o *coach* como "parceiro de *performance*". *Coach* é alguém que o ajuda a alcançar uma meta desejada. Esta meta pode ser reduzir seu orçamento mensal, emagrecer cinco quilos, conhecer a Europa, aprender uma nova competência profissional, dominar outro idioma, ou até mesmo correr uma maratona.

O *coach* é diferente do amigo, porque um *coach* deve ter competências e conhecimentos específicos que serão compartilhados. O *coach* você pode (e deve) inclusive remunerar, mas o amigo, jamais. Seu relacionamento com o *coach* pode ser temporário, até você alcançar sua meta. O *coach* você encontra com hora marcada, desenvolve tarefas e presta contas.

Quando você se encontra com seu professor de inglês, ele não pergunta como vai seu casamento. E se perguntar, você deve responder com evasivas, pois o relacionamento de vocês não inclui esta dimensão. Não estão ali para falar a respeito da intimidade familiar e conjugal, mas para estudar inglês. O mesmo ocorre em meus treinos matinais. O *coach* que me ajuda a completar uma maratona não precisa necessariamente ser a pessoa com quem vou discutir os problemas que tenho na educação dos meus filhos, até porque ele não precisa saber me aconselhar neste assunto. O tema dos nossos encontros deve girar ao redor de suplementação alimentar, diversidade dos treinos, características dos tênis, exercícios de alongamento e em volta disso, trivialidades e curiosidades impessoais, até que nos tornemos amigos, o que pode, inclusive, não acontecer.

MENTORES

Max Gehringer nos ajuda outra vez.[12] "Mentor é um nome próprio. Em seu poema épico Odisseia, provavelmente escrito no século 8 a.C., o poeta grego Homero relata as peripécias do rei Odisseu (Ulisses, em latim) a partir do momento em que ele deixa Tróia, sua cidade, para um périplo de batalhas e aventuras que duraria dez anos. Para cuidar da administração de rotina do palácio real durante sua longa ausência e prover o básico para sua família - a esposa, Penélope, e o filho, Telêmaco -, Odisseu solicita os préstimos de um amigo, Mentor. Este é um personagem menor da Odisseia. Odisseu não atribuiu a ele nenhuma das funções que hoje definiriam um mentor. Apenas solicitou ao amigo que mantivesse 'tudo intacto' até sua volta. Nada de mais, mas Mentor não conseguiu dar conta da tarefa. Sua participação na Odisseia só ganha relevância quando a deusa Palas Atena, 'disfarçada' de Mentor, guia o jovem Telêmaco em sua busca pelo pai, Odisseu, que todos julgavam morto. Mentor ficou esquecido no rodapé da literatura até 1699, quando um educador e escritor francês, François de la Mothe-Febelon, escreveu As aventuras de Telêmaco, uma releitura da Odisseia. Na obra, Fenelon tira Mentor da obscuridade e o eleva à condição de segundo pai, professor, orientador e guia de Telêmaco. A obra fez tanto sucesso como material educacional que, em 1750, a palavra 'mentor' já figurava nos dicionários francês e inglês como sinônimo de 'conselheiro sábio', além de 'protetor' e 'financiador'".

Mais recentemente, o mundo corporativo adotou a palavra *mentoring* para identificar o processo por meio do qual um jovem conta com os conselhos e o apoio constante de uma pessoa já experiente, uma espécie de *personal trainer* para a carreira profissional. Isso deturpou a ideia de alguém que se dedicava à tarefa exclusiva e de longo prazo, zelando pela formação integral de um pupilo. A conclusão de Gehringer é mais abrangente e define *mentoring* como "um processo pelo qual se adquire conhecimento, experiência e orientação para a carreira e para a vida".

Nas tradições de espiritualidade, o mentor é um orientador existencial. James Houston diz que "os mentores provavelmente surgiram com a própria raça humana. Xamãs e feiticeiros, profetas e filósofos, líderes e mestres estão presentes desde o início da história. Moisés e Josué, Confúcio e Mêncio, Sócrates e Platão, Hilel e os fariseus, todos transmitiram suas visões de vida de mestre para aluno, de mentor para discípulo. E assim os pensamentos de grandes homens foram sendo passados de geração em geração". Mas a grande distinção dos mentores espirituais é que "sua eficácia como mestres reside também no fato de que eles se colocam como modelos, pregando uma forma de vida que pode ser imitada tanto em pensamento quanto em ações",[13] conclui Houston.

O mentor é aquele cuja opinião tem peso de ordem e, por essa razão, inclusive porque são sábios, evitam dar opinião.

Em minha experiência pessoal, consigo distinguir meus amigos, meus *coaches* e meus mentores, estes últimos em número bem reduzido. Meus mentores são diferentes dos meus amigos, porque não os trato como iguais, mas com a reverência própria da admiração. São diferentes dos meus *coaches*, porque não estão preocupados com minhas metas, mas com meu coração, meu caráter, minha alma, minha consciência, enfim, minha vida e meu "eu" mais profundo e verdadeiro.

Acredito que um mentor existe para ser acatado. O mentor é aquele cuja opinião tem peso de ordem e, por essa razão, inclusive porque são sábios, evitam dar opinião. O mentor é aquele que tem sobre você uma autoridade que prescinde da intimidade. Você o acata e respeita pelo que ele é e pela vida que tem, independentemente de ser próximo de você. Na verdade, alguns dos meus mentores estão distantes de minha convivência. Mas, apesar disso, é neles que me referencio em termos de valores e de convicções espirituais.

Durante muito tempo, fui acompanhado por um homem extraordinário chamado Douglas Spurlock. Depois de uma longa caminhada a dois, que durou alguns anos, ele voltou a viver nos Estados Unidos. Uma de nossas últimas conversas aconteceu no percurso entre São Paulo e Serra Negra, a caminho de um congresso para pastores e líderes cristãos. Naquele fim de tarde, com o carro no piloto automático, percorrendo uma estrada quase vazia, perguntei se ele teria algo especial a me dizer antes de partir. Ele naturalmente se virou para mim e disse: "Em vez de lhe dar um conselho ou outro, vou pedir que você assuma um compromisso comigo".

Imediatamente respondi que estaria disposto a assumir qualquer compromisso com ele. Então, ele pediu que eu me comprometesse a tratar minha esposa com amor e honra, e declarou sua parte nesse compromisso: "Se um dia eu souber que você falhou, vou procurar você onde estiver, e você vai ter de olhar bem dentro dos meus olhos".

Não sei se ele viu alguma coisa em meu coração ou se projetou em mim algo do seu próprio coração. Mas uma coisa eu sei. Aquela foi uma conversa com um mentor espiritual. Ele não estava preocupado com meu futuro profissional, nem com o desenvolvimento de meus talentos e capacidades.

Sua preocupação era com a dimensão da identidade profunda de um homem: a parceria conjugal. Olhando para trás, pois já se passaram mais de quinze anos desde que percorremos juntos aquela estrada, não tenho dúvida de que o Douglas trouxe para a luz a coisa mais importante do meu coração. Toda vez que passo naquele trecho da estrada, a saudade faz doer meu peito, e quando minha esposa está comigo, aperto mais forte sua mão, sem precisar dizer por quê.

PARCEIROS

Além dos grupos de convivência, dos amigos, coaches e mentores, você precisa de parceiros. Parceiros são aqueles com quem produzimos riquezas, somamos competências, trocamos experiências e cooperamos na direção de um interesse comum.

> *Parceiros são aqueles com quem produzimos riquezas, somamos competências, trocamos experiências e cooperamos na direção de um interesse comum.*

Os relacionamentos com os parceiros devem ser baseados na *igualdade* (a hierarquia deve ser apenas funcional: alguém tem de coordenar o processo), na *diversidade* (quando dois sempre concordam, um deles não é necessário), na *complementaridade* (as competências e as capacidades devem ser distintas) e na *mutualidade* (uma mão lava a outra). Quem deseja construir algo significativo para o bem comum, antes deve construir uma rede de colaboradores, cooperadores. Ninguém possui todas as habilidades, conhecimentos, experiência e capacidades necessárias ao bom êxito de projetos relevantes. Por essa razão, nosso sucesso como empreendedores será sempre limitado ou potencializado por aqueles com quem repartirmos os processos do empreendimento.

O fato é que "uma andorinha só não faz verão", e isso vale também para seus empreendimentos. Durante meus anos de atividade pastoral, sempre trabalhei em equipe. No início, a conversa era que eu precisava encontrar pessoas que me completassem, mas logo cheguei à conclusão de que eu não era incompleto, apenas limitado, como, aliás, todo ser humano, por mais qualificado que seja. Uma equipe é como um carro que tenta andar com apenas três rodas: a quarta não vem para completar as outras três, mas para completar o carro. Assim também conosco. Nossos pares de equipe não nos completam, mas completam o universo de competências necessárias para o êxito de um projeto. Quanto mais focado em suas competências essenciais, maior é a possibilidade de ser bem-sucedido em seus empreendimentos. Mas, para isso, sempre precisará de um *pool* de competências, o que somente será possível com um *pool* de pessoas. Nesse caso, quem deseja levar os louros sozinho vai levar poucos louros, ou louro nenhum.

Quanto mais focado em suas competências essenciais, maior é a possibilidade de ser bem-sucedido em seus empreendimentos.

Lembro-me de uma noite em que fui dormir pensando nas limitações às quais eu estava me submetendo aceitando sócios para minha empresa, Galilea. O que dependia exclusivamente de minhas decisões passaria a ser objeto de discussão, e a busca do consenso deveria tornar-se a regra deliberativa. Isso significaria a disposição em ser voto vencido, a opção por abrir mão de posicionamentos e de preferências, o que implicava o estreitamento de meus limites de liberdade. Naquela noite, tive um sonho. Estava no auditório ouvindo uma palestra. O preletor dizia que há três tipos de líderes: os visionários, os gestores e os burocratas. Os visionários enxergam o futuro, são criativos e vivem deflagrando processos relevantes para causar diferenças em seu tempo e em seu contexto, mas dificilmente são capazes de fazer acontecer sua visão. Os gestores são capazes de fazer acontecer. São bons em planejamento, em mobilização de pessoas, em coordenação de processos e em administração de rotinas. Já os burocratas são centralizadores e se perdem em múltiplas atividades de pouco proveito. São eficientes, pois fazem as coisas da maneira certa, mas não são eficazes, pois não fazem a coisa certa. Conforme a máxima da administração, fazem muito movimento com pouco deslocamento.

Lá pelas tantas, em meu sonho, o preletor disse que aqueles que não estivessem dispostos a compartilhar sua visão e a assumir os custos de trabalhar em equipe se tornariam burocratas improdutivos, com ótimas ideias que jamais sairiam do papel. Acordei em paz. Naquele café da manhã, apertei novamente as mãos de meu amigo Paulo Fabra Siqueira. Hoje, além de nós dois, temos a parceria do Paschoal Fabra Neto e de um sem-número de pares, que nos ajudam a "apresentar a tradição de espiritualidade judaico-cristã como caminho para a plena realização humana", que é a missão da Galilea.

O cavaleiro solitário, versão Marlboro, é um espécime em extinção. Morrerão de tanto fumar. E fumarão sob a desculpa de aliviar o estresse de tentar carregar nas costas um peso que poderia ser compartilhado.

IGREJA

A palavra igreja está associada com templo. A palavra templo está associada com religião. A palavra religião está associada com dogmas, regras morais e rituais. E tudo isso junto leva você a ter medo ou a descartar o valor da igreja. Mas "igreja" significa, literalmente, "ajuntamento", mais precisamente um ajuntamento ao redor de Jesus Cristo. Igreja é o que acontece quando duas ou três pessoas estão reunidas em nome de Jesus, e Jesus, o Cristo ressurreto, está no meio delas.[14] O ajuntamento que recebe o nome de "igreja", porque estabelece a conexão entre o divino e o humano, é o mais poderoso encontro de pessoas que há no planeta.

Na tradição de espiritualidade judaico-cristã, a relação com Deus é pessoal, a peregrinação espiritual é comunitária, e nada, absolutamente nada, é individual. Igreja é o encontro de pessoas que têm em comum a fé em Jesus Cristo. Naturalmente, pressupõe-se que tenham também os mesmos critérios de valores e as mesmas aspirações existenciais. Isso faz da igreja o ambiente prioritário em que é possível encontrar amigos e mentores.

De todos os grupos de convivência, como, por exemplo a família, a rede de relações profissionais, os parceiros de empreendimentos e os associados com interesses afins, o grupo mais importante que é preciso identificar em sua vida é a igreja, isto é, aqueles dois ou três (ou mais) que se reúnem com você ao redor do Cristo ressurreto. Nada é mais poderoso neste planeta do que a unidade entre homens e mulheres que partilham a mesma fé no mesmo Deus-Cristo. Nenhum contexto de relacionamentos é tão rico e frutífero quanto o ambiente das amizades e intimidades espirituais. Tenho experimentado isso desde minha adolescência e posso afirmar que ali encontrei pessoas que amaram e que amam de verdade, dispostas a repartir comigo o melhor de tudo quanto possuem, inclusive, e principalmente, a si mesmas. Foi na comunhão da fé que fiz minhas amizades mais sólidas e que encontrei parceiros para minha peregrinação espiritual. Espero ser para eles o que são para mim.

De todos os grupos de convivência, como, por exemplo a família, a rede de relações profissionais, os parceiros de empreendimentos e os associados com interesses afins, o grupo mais importante que é preciso identificar em sua vida é a igreja, isto é, aqueles dois ou três (ou mais) que se reúnem com você ao redor do Cristo ressurreto.

CONCLUSÕES

É possível relacionar-se com uma pessoa apenas em uma dimensão. Isto é, você pode relacionar-se com alguém que vai ajudá-lo a emagrecer, mas que não será convidado para sua festa de aniversário. Esse é um dos seus coaches. É também possível relacionar-se com mais de uma pessoa em cada dimensão. Por exemplo, você pode reconhecer a autoridade de mais de uma pessoa sobre a sua vida, isto é, você pode ter mais de um mentor. É possível relacionar-se com pessoas em mais de uma dimensão. Nesse caso, de vez em quando, um amigo pode ser acatado como mentor ou coach.

Isso significa que estamos falando de dimensões de relacionamentos, não necessariamente de pessoas. Dificilmente você terá um amigo que será apenas amigo, e nunca mentor, ou um *coach* com quem não possa cultivar amizade.

Não tenho dúvidas. Sua vida será tão saudável quanto saudáveis forem as pessoas com quem você se relaciona. Sua vida será tão saudável quanto saudáveis forem seus relacionamentos com as pessoas com quem você se relaciona.

15
ATITUDES

Os outros

"O inferno são os outros", disse Jean Paul Sartre. De fato, de vez em quando, somos assolados pela ideia de que nossa vida seria bem menos complicada se não estivesse tão povoada, e não restam dúvidas de que é sempre mais fácil colocar a culpa nos outros. Mas também é verdade que nossa peregrinação existencial é feita em caravana. Ninguém viaja sozinho. Não podemos descartar as pessoas. Precisamos encontrar mecanismos que possibilitem a longevidade de nossas convivências.

Ao comentar esse texto, meu amigo Ricardo Gondim disse que "o inferno não é o outro, o inferno é a ausência do outro – especialmente do grande Outro". Subscrevo.

Vinicius de Moraes escreveu que

> a maior solidão é a do ser que não ama. A maior solidão é a do ser que se ausenta, que se defende, que se fecha, ou se recusa a participar da vida humana. A maior solidão é a do homem encerrado em si mesmo, no absoluto de si mesmo, e que não dá a quem pede o que ele pode dar de amor, de amizade, de socorro. O maior solitário é o que tem medo de amar, o que tem medo de ferir e de ferir-se, o ser casto da mulher, do amigo, do povo, do mundo. Esse queima como uma lâmpada triste, cujo reflexo entristece também tudo em torno. Ele é a angústia do mundo que o reflete. Ele é o que se recusa às verdadeiras fontes da emoção, as que são o patrimônio de todos, e, encerrado em seu duro privilégio, semeia pedras do alto da sua fria e desolada torre.[1]

Mas é bem verdade que não são muitos os que sabem conviver. Meus poucos anos de prática pastoral foram suficientes para me ensinar a diferença entre amar os relacionamentos e amar as pessoas com quem nos relacionamos. Aqueles que amam os relacionamentos pulam de um para outro toda vez que surge uma tensão que demandaria esforço para a solução. Raciocinam em termos de custo-benefício. Calculam o preço que precisam pagar para manter aquele relacionamento e geralmente optam por encerrar a convivência e buscar outra pessoa com quem se relacionar. E comum entre casais, entre sócios e até mesmo entre amigos.

Isso acontece porque nem todas as pessoas estão dispostas a rever posturas, atitudes, comportamentos e convicções. São as que dizem: "Eu nasci assim, quando você me conheceu eu era assim, e quando decidiu ficar comigo sabia que eu era assim". A resposta óbvia seria: "É verdade, eu sabia que você era assim, mas não imaginei que você pensasse em si mesmo como obra acabada".

Quem ama relacionamentos não tem disposição para mudar, ceder, deixar-se transformar, pois se satisfaz, ou pensa que se satisfaz, enquanto o relacionamento é satisfatório. Quando o relacionamento começa a gerar desconforto, então, dizem "não" ao relacionamento e trocam de par. Na verdade, essas pessoas não amam apenas os relacionamentos, amam a si mesmas. Tudo o que querem é sua satisfação, em seus termos. Enquanto o outro, qualquer que seja ele, satisfaz, o relacionamento perdura. Quando o relacionamento começa a exigir ajustes, e cada um é convidado a dar passos para trás, o fim fica cada vez mais próximo.

Os que amam as pessoas com quem se relacionam, entretanto, estão dispostos a focalizar o relacionamento em detrimento de focar as imperfeições de seus pares. As perguntas que fazem não são "onde você está errado ou errada?" ou "o que você precisa mudar?", mas sim "por que não estamos conseguindo uma relação satisfatória?" e "o que podemos fazer para continuarmos caminhando juntos?".

Isso demonstra sabedoria e maturidade. O foco no relacionamento, em detrimento do foco nas pessoas, revela a consciência que desmascara a ilusão do parceiro perfeito. Quem vive trocando relacionamentos não apenas está se recusando a mudar, mas provavelmente acredita que existe sempre alguém mais adequado e capaz de lhe satisfazer. Evidentemente, há o universo de afinidades que possibilita a convivência. Mas uma vez identificadas as afinidades, a discussão deve mudar para o tipo de convivência que conseguem desenvolver, em detrimento do tipo de pessoas que são. Até porque uma das razões para um relacionamento é a mutualidade, que possibilita a mudança dos pares, cada um ajudado pelo outro. Não existe par perfeito. Existe, sim, convivência equilibrada. Em outras palavras, não existe isso de dizer "você não é a pessoa certa para mim" ou "você não tem as qualidades que espero de um amigo", principalmente depois de dez anos de convivência. O correto seria dizer: "infelizmente, não conseguimos desenvolver uma parceria satisfatória". Mas, depois dessa conclusão, os pares deveriam sentar e dizer um ao outro que, por não amarem o relacionamento, nem a si mesmos no relacionamento, mas por amar um ao outro, estão dispostos a fazer quaisquer sacrifícios necessários para que não percam um ao outro. A discussão passa a ser a dinâmica da convivência. Não estão em busca de um par melhor, mas sim de um jeito melhor de ser um par. Não querem outro parceiro. Querem outra parceria com o mesmo parceiro.

Acredito que toda parceria satisfatória se desenvolve a partir de três capacidades de cada uma das partes: a capacidade de celebrar, de servir e de perdoar.

Celebrar

Singularidade. Essa é a palavra-chave da identidade humana. Ou, como brincamos lá em casa, "cada um, cada um". Cada pessoa é um universo em si mesma. Universo aberto, é verdade, mas ainda assim um universo. Cada um com sua história, suas peculiaridades, seus sonhos, suas idiossincrasias, isto é, suas disposições de temperamento, maneira de ver, de sentir, de agir e de reagir. Cada um com seu gosto pessoal, suas disposições naturais e suas sensibilidades específicas. Essa é a riqueza da humanidade. Agostinho acreditava que Deus era capaz de "amar um como se fosse todos, e todos como se fossem um". Que mistério, pois, de fato, uma pessoa é tudo, e todas juntas não valem mais do que uma só. Cada pessoa é uma riqueza plena. "Cada ser humano é uma novidade", e "todo ser humano é um original".[2]

Tomando isso como verdadeiro, a convivência que não sabe celebrar essa individualidade está fadada ao fracasso. A exigência da mudança do outro para que o relacionamento seja mantido ou se torne satisfatório é a própria morte do relacionamento. É lógico. Caso eu exija que você mude para que eu continue me relacionando com você, na verdade não quero me relacionar com você, mas com outro você, idealizado em minha cabeça e mais conveniente às minhas necessidades.

Fui procurado por uma mulher aflita diante da necessidade de decidir entre casar ou romper o noivado, ela disse: "Pastor, meu noivo é muito violento e às vezes chega inclusive a me agredir fisicamente. Mas também é carinhoso e sempre chora, se arrepende e me pede perdão quando me trata mal ou me fere com o seu jeito de ser".

A expectativa daquela moça era que eu lhe dissesse se ela deveria casar ou não. Sua real intenção era saber se eu acreditava na possibilidade de mudança do noivo e se poderia garantir que isso aconteceria. Minha resposta foi evasiva. Não disse que acreditava nem que desacreditava (apesar de sempre crer nas possibilidades), muito menos prometi qualquer garantia de que o homem seria transformado. Mas emiti minha opinião dizendo que ela somente deveria casar se estivesse disposta a viver com ele daquele jeito para o resto da vida, pois a moça deveria casar com o homem que ele era e não com o homem que ele poderia vir a ser. Caso o homem que ele era não lhe fosse suficiente, certamente passaria a vida tentando transformá-lo, e assim correria o sério risco de se frustrar, além de rapidamente tornar-se incapaz de celebrar e de desfrutar o homem que teria ao lado.

Karl Lachler, meu professor no Seminário de Teologia, me ensinou que o ideal do casamento é que um mais um some um, mas que, em alguns casamentos, um mais um somam três ou quatro. A Bíblia ensina que "o homem deixará pai e mãe e se unirá à sua mulher, e eles se tornarão uma só carne",[3] em que um mais um somam um. Mas quando alguém se une a uma mulher real e leva consigo, em sua imaginação, outra mulher ideal, um mais um somam três, e se a mulher faz a mesma coisa, um mais um somam quatro. Provavelmente, passarão a vida tentando mudar um ao outro, jamais celebrando o que são, uma vez ocupados em tornar cada um o outro no que gostariam que fossem.

Durante muitos anos, relacionei-me assim com meus filhos. Hoje vejo com tristeza quanto tempo perdi. Minha perspectiva de ser pai implicava a responsabilidade de formar para a vida, de preparar para o futuro, de moldar o caráter, de desenvolver competências, de ensinar a lei, de instruir, enfim, de tudo quanto erroneamente está em nossa cabeça embutido no verbo educar. Não fui capaz de celebrar plenamente sua infância nem de curtir seus erros como experiências naturais ao crescimento. Quer um exemplo simples? Quando seu filho pequeno derrama suco na mesa do jantar, vocês explodem numa gargalhada ou iniciam uma ladainha do tipo "preste mais atenção, você é muito desligado, desse jeito não vai dar coisa boa na vida"? Simples, não é? E desconcertantemente óbvio.

O convite primeiro de Deus é para nos tornarmos seus filhos amados. A declaração mais surpreendente de Deus a respeito de Jesus de Nazaré é: "Este é o meu Filho amado, em quem me comprazo".[4] O que surpreende não é a declaração, mas sim o momento em que foi proferida, a saber, antes mesmo de Jesus iniciar seu ministério terreno. Isso significa que o amor declarado não estava baseado na *performance* nem na utilidade de Jesus para o Pai. O amor de Deus é assim: celebra o que somos, independentemente do que fazemos ou do que deixamos de fazer. Mais ainda, o amor de Deus celebra o que somos, independentemente do que devemos ser. Justamente por ser capaz de celebrar sem cobrar, o amor dá espaço para o vir a ser.

Em um de nossos aniversários de casamento, levamos nossos filhos para jantar e celebrar a data conosco. À mesa, sugeri um exercício do tipo "o que celebro em você" e "o que gostaria de ver mudado em você". Estávamos caminhando para o final, e o café já estava servido com chocolates sortidos. Enquanto cada um de nós falava, meu filho, Vitor, pegou uma trufa e começou a comer vagarosamente, lambuzando todos os dedos. Ao final, depois de lamber os dedos, pegou o guardanapo e limpou as mãos. Ao chegar sua vez de dizer o que gostaria de ver mudado em mim disse que gostaria que eu fosse menos exigente e menos estressado. Pedi detalhes e ele, àquela altura, com a ajuda incisiva da irmã, Fernanda, explicou que eu ficava muito irritado com coisas pequenas e que isso atrapalhava bastante o bom humor e a leveza da nossa convivência familiar. Não me dei por satisfeito e pedi um exemplo, já quase me traindo. Foi o pior que deveria ter feito. Ele olhou bem nos meus olhos e disse: "Por exemplo agora, pai, sei que você detestou o que eu fiz com a trufa, mas eu fiz de propósito. Sei que você se controlou muito para não me repreender e fazer um discurso a respeito de boas maneiras à mesa. Mas convenhamos que comer uma trufa de chocolate e lamber os dedos é uma delícia. Você poderia dizer que isso pode ser eventualmente feito em casa, e não em público. Mas hoje é uma data muito feliz para nossa família e estamos celebrando nossa alegria, e eu não quis me privar desse prazer".

O amor de Deus é assim: celebra o que somos, independentemente do que fazemos ou do que deixamos de fazer.

Naquele dia, descobri que meu filho não era mais uma criança e tive mais uma indicação de que eu ainda não era um homem.

Alguns anos depois, fui almoçar com um atleta muito famoso, capitão de um dos maiores clubes de futebol do Brasil. Quando fui me servir, deixei cair um pouco de molho de tomate na toalha. Ele olhou para mim com um sorriso maroto e apontou a sujeira para o outro amigo que estava à mesa, como quem diz: "veja só, arrumamos um pastor meio atrapalhado para nos aconselhar". Perguntei a ele por que estava rindo, e ele simplesmente respondeu que achava engraçado quando gente grande faz lambança à mesa. Todos rimos gostosamente lembrando que não havia coisa mais deliciosa do que comer manga lambuzando mãos e braços ou chocolate enquanto derrete entre os dedos.

A razão de exigirmos que as pessoas sejam, ou que se tornem, aquilo que queremos geralmente está associada à opinião dos outros a nosso respeito. O que vão dizer do pai que deixa o filho se lambuzar de chocolate e lamber os dedos? O que vão dizer de um marido que permite que a esposa o trate desse ou daquele jeito? O que vão pensar de mim quando souberem que eu não fiz nada em resposta àquela agressão? O que vão pensar daqueles marmanjos rindo porque lambuzaram a mesa? Não poucas vezes, exigimos demais das pessoas que amamos por causa das pessoas que não nos amam.

O Padre Antonio Vieira, em seu Sermão do Mandato, pregado em 1645, ao comentar o amor de Cristo pelos discípulos, enfatizou que Jesus "amou os seus que estavam no mundo":

> Notai o texto, e a última cláusula dele, que parece supérflua e ociosa. – Como amasse aos seus que havia no mundo. – Pois onde os havia de haver? Fora do mundo? Claro está que não. Logo, se bastava dizer como amasse os seus – por que acrescenta o Evangelista –, os seus que havia no mundo? Foi para que entendêssemos o conhecimento com que Cristo amava aos homens, mui diferente do com que os homens amam. Os homens amam muitas coisas que as não há no mundo: amam as coisas como as imaginam; e as coisas como as imaginam, havê-las-á na imaginação, mas no mundo não as há.[5]

A qualidade do amor está em amar o que é, não o que deve ser ou o que gostaríamos que fosse. O segredo por trás desse amor é que ele abre espaço para que aqueles que amamos – ainda que não sejam o que podem ou apesar do que venham a ser – justamente porque os amamos como são e apesar do que não são. Em síntese, quem ama não cobra. Celebra.

SERVIR

Aqueles que estavam no mundo eram os doze discípulos, que naquela última celebração da Páscoa representavam toda a humanidade diante de Jesus de Nazaré, o Cordeiro-Cristo que estava para ser entregue em oferta pela expiação do pecado da raça. Em meio aos doze estava Pedro, que, em seguida, por três vezes negaria conhecer a Jesus, e também Judas, que já havia decidido trair seu Mestre vendendo-o aos romanos em troca de 30 moedas. Os demais estavam atônitos com as últimas palavras de Jesus e com sua insistência de que deveria morrer em Jerusalém naquela Páscoa. Confusos, irritadiços, críticos em relação aos pensamentos e intenções do Mestre, incapazes de compreender o que se passava e às portas da deserção coletiva, pois todos, exceto João, esconderam-se tão logo Jesus foi preso no Getsêmani, e escondidos permaneceram, amedrontados e acovardados, até ouvirem as mulheres anunciando a ressurreição na manhã de domingo.

O que podemos fazer para preservar relacionamentos nessas circunstâncias? A única coisa que podemos fazer é o que Jesus fez: lavar os pés das pessoas, assumir o lugar de servos e fazer o que ninguém gostaria de fazer. Isso ou o fim do relacionamento. A humilhação ou o abandono das pessoas amadas. Servir ou virar as costas.

Pedro não queria que Jesus lavasse seus pés: "Nunca lavarás os meus pés", disse, julgando-se não merecedor de tal serviço, ao que recebeu como resposta de Jesus a frase mais surpreendente que poderíamos ouvir: "Se eu não os lavar, então você não terá parte comigo". Nunca entendi esse trecho de João 13 até que Ariovaldo Ramos me explicou. Jesus estava ensinando que as únicas pessoas com quem podemos nos relacionar são aquelas a quem lavamos os pés. Não acreditei e recusei-me a assimilar de imediato. Até aquele momento, achava que as únicas pessoas com quem poderíamos nos relacionar eram as que estivessem dispostas a lavar os nossos pés. Mas Jesus inverteu o paradigma. Em outras palavras, você só pode se relacionar com as pessoas a quem está disposto a servir. A razão parece fazer sentido, pois se não estamos dispostos à humilhação e ao serviço, não conseguiremos suportar as pessoas em suas imperfeições e em momentos de crises profundas.

A história tem demonstrado que isso é verdadeiro. Os relacionamentos sempre nos levam a momentos em que precisamos pegar no colo as pessoas a quem amamos. O sábio Salomão disse que melhor é serem dois, pois "Se um cair, o amigo pode ajudá-lo a levantar-se".[6] Paulo, apóstolo, diz que devemos levar "os fardos pesados uns dos outros".[7] A recomendação que mais se encaixa nesse contexto de servir pessoas em seus momentos de crise ou dificuldades é a de suportar uns aos outros com amor.[8] A expressão "suportar" indica "ter paciência com alguém até que termine a provocação",[9] o que se aplica claramente à ideia de que somente conseguiremos nos relacionar com as pessoas a quem estivermos dispostos a lavar os pés – servir.

Você só pode se relacionar com as pessoas a quem está disposto a servir. A razão parece fazer sentido, pois se não estamos dispostos à humilhação e ao serviço, não conseguiremos suportar as pessoas em suas imperfeições e em momentos de crises profundas.

Servir é nada fazer por ambição egoísta nem por vaidade, mas sim humildemente, considerando os outros superiores a nós mesmos. Servir é cuidar não somente dos nossos interesses, mas também dos interesses dos outros.[10] Bastam dois versículos bíblicos para que os inimigos dos relacionamentos duradouros sejam desmascarados: ambição egoísta, orgulho, egocentrismo. Ambição egoísta é a atitude daquele que faz tudo motivado por interesses pessoais, segundas intenções, conveniências, o famoso "que não dá ponto sem nó". Orgulho é o exagerado conceito de si próprio, natural daqueles que não se enxergam e que vivem achando defeitos nos outros, ou que se enxergam, mas recusam-se a admitir suas imperfeições e a dar passos em direção às necessárias reparações. Egocêntrica é a atitude de quem precisa estar sempre no centro das atenções para que se sinta à vontade. É o tipo de gente que refere tudo ao próprio eu e que não dá espaço para que ninguém exista ao seu redor, exceto aqueles que estão dispostos a satisfazer seus gostos, a concordar com suas opiniões e a rir de suas piadas.

Uma das mais sublimes expressões de serviço é a disponibilidade para ouvir. Ouvir os discursos, os problemas, as histórias. Ouvir o que se diz com todas as letras e o que se diz por meio de sinais sutis. Ouvir as palavras e a linguagem do corpo. Ouvir com os ouvidos e com os olhos. Por outro lado, creio que uma das mais claras evidências de soberba, de egocentrismo e de egoísmo é a fala ininterrupta, o monólogo perene, que acaba se transformando num solilóquio, pois quem fala apenas a respeito de si e/ou fala sem ouvir acaba mesmo falando sozinho.

Ouvir implica responder. Ouvir implica agir. Provavelmente, o primeiro ato de serviço num relacionamento é ouvir. Quem não ouve age de maneira precipitada, errônea ou invasiva. Demorou muito para que eu aprendesse a ouvir. E, por via das dúvidas, não poucas vezes pergunto explicitamente: "O que você espera que eu faça?", ou ainda: "Qual é sua expectativa após esta nossa conversa?".

Quando comecei a fazer isso, fiquei surpreso com a quantidade de vezes em que recebi como resposta: "Nada, pastor, apenas queria que me ouvisse; precisava desabafar, já estou me sentindo bem melhor".

Outra expressão de serviço que aprecio é a ação emancipadora, popularizada na recomendação de não apenas dar o peixe, mas também ensinar a pescar. Conduzir pessoas à autonomia e à independência é ajudá-las a acreditar em seu potencial e capacidade, a desenvolver sua autoestima, a vencer desafios e medos, a desenterrar talentos, a resgatar sua dignidade. Uma coisa é a ajuda eventual de que todos precisamos. Outra é a ajuda permanente, que implica a relação de dependência. Nesses casos, devemos estimular as pessoas a andar com as próprias pernas, facilitando seu acesso aos recursos não explorados, quer interiores quer externos. O serviço que não emancipa não é serviço, é exploração. Numa relação assim, o que pensa estar servindo precisa mais do outro do que quem está sendo servido. Mas talvez nenhum dos dois tenha essa consciência.

Certa vez, fui procurado por uma senhora cujo filho era alcoólatra. Sua dependência da bebida já havia causado muitos danos à família. Dinheiro não era problema e, então, o rapaz foi encaminhado a uma excelente clínica de apoio e de tratamento para dependentes químicos. Depois de poucos meses, em uma visita, ao ver o rapaz tão saudável, o pai julgou que já era hora de levar o filho para casa. Os médicos disseram que não. Tentaram mostrar que era precipitado, que o processo de recuperação ainda estava incipiente e que o rapaz precisaria se fortalecer um pouco mais para encarar de novo os ambientes e amizades que o mantinham escravizado ao álcool. Mas o pai foi irredutível e, contrariando o bom senso, levou o rapaz embora. O resultado foi o pior possível.

Com essa experiência, constatei o que havia aprendido nos livros: algumas pessoas precisam de relações adoecidas para sobreviver, precisam de bodes expiatórios para suas mazelas, precisam de pessoas-problemas para permanecer sempre na condição de vítima. Quem observa de fora imagina um pai abnegado, uma esposa solícita, uma mãe capaz de sacrificar-se ao máximo pelos filhos. Mas a verdade é que se escondem atrás da desgraça e infortúnio do outro e optam, consciente ou inconscientemente, por manter a relação de dependência para que não precisem encarar seus próprios fantasmas.

Finalmente, creio que a mais elevada expressão de serviço que mantém um relacionamento é a disponibilidade ou a iniciativa de fazer o que se sabe que deve ser feito. Nos relacionamentos pessoais mais imediatos, como o conjugal, o familiar e o das amizades, essa é a dimensão mais difícil do serviço, pois trata das tarefas cotidianas, corriqueiras e triviais. Coisas como ajudar a tirar a mesa depois daquele jantar entre amigos, levantar para atender o telefone, desviar-se do caminho para dar uma carona, buscar o resultado do exame no laboratório ou mesmo passar a noite no hospital com o amigo recém-operado. Esses atos de serviço devem ocorrer sem que sejam solicitados. Também não devemos perguntar se o outro deseja ajuda. A resposta geralmente é "não, não precisa se incomodar", ou "não, não quero incomodar você, sei que você é atarefada". Invariavelmente, as mesmas pessoas que diriam não à oferta de ajuda jamais se esquecem dela quando, espontaneamente, nós as doamos.

Talvez você seja tentado a desconsiderar a importância dessa dimensão do serviço, até porque os exemplos são triviais. Mas imagine que os pequenos atos têm o poder de definir um padrão de relacionamento. Imagine a mulher reclamando que o marido deixa as roupas sujas espalhadas pelo chão. Na verdade, seu desabafo é contra o desrespeito de um ato praticado durante muito tempo e que revela uma postura em relação ao parceiro. Imagine mulheres que passam muito tempo ao telefone, especialmente nos momentos em que poderiam estar à mesa com o marido. Ao longo dos anos se estabelece uma dinâmica de convivência em que cada um faz suas refeições sozinho. Quantas vezes você já ouviu amigos reclamando um com o outro com picuinhas do tipo "se eu não te ligo, você nem dá as caras", ou "você nunca me convidou para ir à sua casa"? O que parece um detalhe pequeno do relacionamento acaba tornando-se a moldura que determina a satisfação ou a insatisfação da convivência. Afinal, os relacionamentos sobrevivem ou morrem porque "detalhes tão pequenos de nós dois são coisas muito grandes para esquecer".

Em síntese, quem deseja caminhar com a mesma pessoa, pela mesma estrada, por longos anos, precisa saber que em alguns trechos deverá levar seu par no colo, lavar seus pés, servir, sob pena de seguir viagem sozinho, ou com uma pessoa desconhecida ao lado, numa relação de ilusão e autoengano, cujo fim é a solidão.

PERDOAR

"Não matarás" é um dos dez mandamentos que prefiro chamar de as dez coisas mais difíceis que tentamos fazer na vida. A maioria das pessoas associa essa restrição bíblica a atos como assassinato, aborto, eutanásia, suicídio, crimes de guerra e pena de morte. Poucos a associam com exclusão social e crimes ecológicos, por exemplo. Matar populações de fome por meio de embargos econômicos e políticos, causar a extinção de uma espécie animal nem passa pela cabeça da maioria dos que acreditam na Lei de Moisés. Mas há outra dimensão desse grande desafio de Deus a cada um de nós que passa longe das interpretações mais usuais. "Não matarás" pode significar "não negarás aos outros o direito de existir em tua vida".

O dilema diante do qual nos encontramos é como podemos manter vivas pessoas que gostaríamos que jamais tivessem nascido ou que estivessem mortas. Howard Hendricks, famoso teólogo e conferencista norte-americano, disse que, após tantos anos de casamento, jamais pensara em divórcio. Em assassinato, várias vezes, mas em divórcio nunca. Evidentemente, estava brincando. (Será?) Mas é fato que, de vez em quando, somos tomados por um desejo de banir de nossa convivência ou de esquecer em definitivo a existência de algumas pessoas.

Ali MacGraw e Ryan O'Neal formam o par apaixonado de *Love Story*, o famoso filme de Arthur Miller que popularizou a expressão fantasiosa: "amar é não ter de pedir perdão". Mas a verdade é que ninguém é capaz desse amor perfeito. Amar é a capacidade de pedir e de outorgar perdão.

Outra possível tradução para "Não matarás", ao lado de "não negarás aos outros o direito de existir em tua vida", pode ser "não negarás o perdão", pois todos nós, cedo ou tarde, somos agredidos em dimensões tão profundas que o agressor contrai para conosco uma dívida impagável. Quando alguém distraído no estacionamento do *shopping* amassa a lateral de seu carro, não é caso de pedir perdão nem de perdoar. O mais lógico é o ressarcimento da despesa para o conserto de seu carro. Mas quando alguém embriagado atropela uma criança num acidente fatal, não há como ressarcir tal prejuízo. Vida não tem preço. E vida de filho custa mais caro ainda.

Amar é a capacidade de pedir e de outorgar perdão.

Perdoar é dar ao outro a oportunidade de continuar existindo em nossa vida. Perdoar é colocar o outro diante da chance de avaliar sua maneira de viver e de refazer seus caminhos existenciais. Perdoar é contribuir para que o outro cresça, amadureça, corrija a si mesmo. O momento do perdão é como um parêntese em que as bases de um relacionamento são rediscutidas e os acordos que tornam possível a convivência são renegociados.

Alguém perguntaria se é necessário perdoar sempre. Aliás, o apóstolo Pedro perguntou isso a Jesus: "Quantas vezes devemos perdoar?", e recebeu como resposta "setenta vezes sete", que indica o número perfeito de perdão. Mas, nesse mesmo contexto, Jesus contou uma parábola que revolucionou tudo o que sempre me ensinaram a respeito do perdão: a parábola do devedor implacável,[11] na qual um homem que devia quase cento e setenta e quatro toneladas de ouro foi perdoado, mas não perdoou um que lhe devia apenas 30 gramas de ouro. O fim da parábola mostra que o perdão da dívida maior foi cancelado sob a alegação de que aquele que recebeu misericórdia deveria ter sido misericordioso.

Essa parábola ensina pelo menos três coisas imprescindíveis à experiência do perdão. Primeiro, que o credor está disposto a abrir mão da prerrogativa de receber o pagamento da dívida. Isso diz muito a respeito do coração do credor, livre da necessidade de reparação, até porque sabe que a reparação é impossível. Por essa razão, faz a melhor opção. Entre ficar escravo do *mix* ressentimento-mágoa-ódio-desejo de vingança (às vezes justiça), escolhe a sublime experiência da outorga do perdão. Alguém já disse que guardar ressentimentos equivale a ingerir veneno esperando que aquele que nos ofendeu morra. Nesse sentido, perdoar é drenar o veneno de nosso coração. Perdoar é romper os grilhões da prisão que nos mantêm escravos de um passado inalterável.

Lembro-me daquele homem sentado à minha frente reclamando que a esposa havia quebrado seu violão. Fiquei chocado. Perguntei quando isso tinha acontecido. Ele me disse que fazia mais de dez anos. Dez anos! Ele havia ficado naquele quarto, sentado, absorto, com o violão na mão por dez anos. Que diferença faz o perdão!

A parábola também ensina que o perdão visa a preservação da dignidade de quem foi ofendido. Jesus começa a história dizendo que o credor chamou todos os devedores para um acerto de contas. Sabe por que muitos relacionamentos chegam ao fim? Por falta de eventos sistemáticos de acerto de contas. Uma mágoa hoje, um ressentimento amanhã, uma raiva depois de amanhã, até que, depois de um tempo, existe uma parede quase intransponível entre as partes.

Você me pisa hoje, e eu deixo. Você me pisa amanhã, e eu deixo. Então, você me pisa todo dia, e aquilo se torna um padrão de nosso relacionamento. Meu coração vai adoecendo, vou ficando diminuído, e minha dignidade escorre pelo ralo. Acertar contas sistematicamente significa pontuar cada agressão. Quando você me pisar, tenho de procurá-lo e falar o seguinte: "Gostaria que você soubesse que me senti agredido por suas palavras, por seu comportamento, por sua atitude.

Quero incluí-lo de novo em minha vida, mas para isso preciso dizer que não vou tolerar esse padrão de relacionamento". Em seguida, você diz: "Por favor, me perdoe, eu não fiz por mal", eu respondo: "Claro que perdoo. Vim aqui para isso. Não vim cobrar uma dívida, vim cuidar de nossa convivência. Mas não poderia ter deixado de vir aqui, porque deixar de vir aqui seria ignorá-lo. Seria o mesmo que matá-lo, tirar de você o direito de existir em minha vida. Deixar de vir aqui seria abrir mão de minha dignidade e assumir que não há problema nenhum você ficar me pisando desse jeito". *(Pelo amor de Deus, não vá repetir essa ladainha toda vez que for acertar contas com as pessoas da sua convivência! Isso é só para que você saiba o que está por trás de um momento de acerto de contas.)*

> *Perdoar é contribuir para que o outro cresça.*

Outra coisa que aprendo com essa parábola de Jesus é que o perdão visa a transformação do agressor. A ladainha do acerto de contas incluiu outra frase mais ou menos assim: "Quero incluir você de novo em minha vida, mas para isso preciso dar a você a chance de mudar de conduta, caso contrário nossa convivência vai ficar insustentável".

Ao cancelar o perdão ao homem que não teve misericórdia de seu devedor, Jesus desfaz um mal-entendido a respeito do perdão. Para a maioria das pessoas, o perdão é uma transação que libera da ofensa aquele que ofendeu. Mas quando o perdão é unilateral, e aquele que ofendeu desconsidera o fato de ter ofendido e agride de novo, e de novo, e de novo, então a situação é diferente. A noção de que perdoar setenta vezes sete é perdoar sempre tem duplo significado. Se perdoar setenta vezes sete significa abrir mão da necessidade de reparação e de se recusar a ficar preso à mágoa e ao desejo de vingança, então está correto. Mas se perdoar sempre significa manter relacionamentos a qualquer preço, abrindo mão da dignidade pessoal e mantendo a conduta imprópria do ofensor, então está errado.

O perdão visa resguardar dignidades, transformar o agressor e restaurar o relacionamento. Por essa razão, o perdão não pode ser outorgado incondicionalmente. Nem mesmo Deus perdoa incondicionalmente. Deus não perdoa todo mundo. A oração do Pai Nosso ensina que Deus nos perdoa na medida do perdão que concedemos aos nossos ofensores. A razão é óbvia: o perdão, em última instância, visa interromper o ciclo de agressão. Um agressor não transformado agredirá novamente. Uma pessoa agredida repetidas vezes será esmagada em sua dignidade. E um agressor contumaz e uma pessoa sem dignidade não fazem um casal, um par de amigos, uma fraternidade.

C. S. Lewis diz que "a noção de que Deus perdoa um homem, mesmo que ele continue sendo o que é, está baseada na confusão entre perdoar e desculpar.

Desculpar o mal é simplesmente ignorá-lo, tratá-lo como se fosse uma coisa boa. Mas o perdão precisa ser aceito exatamente como é oferecido para que seja completo: um homem que não admite culpa não pode aceitar perdão". Isso significa que, quando a experiência do perdão é frustrada, o problema não está em quem oferece o perdão, mas sim em quem não admite a culpa.

O perdão visa resguardar dignidades, transformar o agressor e restaurar o relacionamento.

MÁXIMAS

Aceita sugestões? Então, levante-se agora e vá atrás das pessoas que você ama. Se precisar perdoar, perdoe-as. Se precisar pedir perdão, peça. Se elas estiverem precisando de ajuda, vá servi-las. Se está tudo bem entre vocês, faça uma surpresa que demonstre seu amor e sua alegria em tê-las por perto. Se elas não estiverem mais aqui, escreva-lhes uma carta, coloque numa garrafa e jogue-a no mar...

Parte V | Construir

16
TRABALHO

Do caos para a ordem

A doutrina de Rabi Schimeon era: "Existe apenas o céu e nada mais"; porém, o céu o contradisse: "Existe o céu e tudo o mais"; foi então que o rabi entendeu que o mundo, deste lado do céu, é digno de ser trabalhado.[1]

Essa experiência do Rabi Schimeon deve se repetir tantas vezes quanto existirem seres humanos. É uma experiência paradigmática que gira ao redor de quatro variáveis: o paraíso, a Terra maldita, a saudade do paraíso e o trabalho. Existe um lado de lá do céu, que abraça toda a realidade e que está sobre tudo quanto existe, a matriz que controla e que define tudo o mais. Apenas quem enxerga um paraíso consegue perceber sentido do lado de cá do céu. Sim, porque existe um lado de cá do céu que insiste em mostrar-se como única dimensão de realidade. Mas esse lado de cá do céu é uma Terra amaldiçoada, em oposição ao paraíso, o lado de lá do céu. A grande tentação enfrentada pelo ser humano é negar a existência ou valor da Terra amaldiçoada e fugir de volta para o paraíso. Mas o Universo não é nem céu nem Terra, isolados um do outro: O Universo é céu e Terra, um sobre o outro: o céu acima e a Terra abaixo, o céu como matriz e a Terra como palco, o céu como utopia e a Terra como arena. Um lado de lá e um lado de cá do céu, porque em termos ideais, na utopia, todo o Universo é céu, e haverá um tempo quando não teremos mais a Terra maldita.

A grande tentação enfrentada pelo ser humano é negar a existência ou valor da Terra amaldiçoada e fugir de volta para o paraíso.

Para melhor compreendermos esse conflito entre "o céu e nada mais" e "o céu e tudo o mais", precisamos voltar ao Gênesis, à narrativa judaico-cristã, da origem de todas as coisas.

"A princípio, Deus criou os céus e a terra. A terra era vazia e sem forma." Esse primeiro versículo da Bíblia Hebraica apresenta o ato criador de Deus, em que a matéria está subordinada ao Espírito ou, se preferir, o Espírito dá origem à matéria. A Terra não poderia ser "vazia e sem forma", pois a forma é inerente à matéria. O que se diz, na verdade, é que a Terra era sem forma organizada. A expressão hebraica *Tohú Bohú*, vazia e sem forma – o vazio e o deserto –, melhor traduzida por *desabitada e caótica*. Em outras palavras, criar é colocar ordem no caos. Criar é dar inteligência, significado e propósito àquilo que é irracional, fútil e aleatório. Foi isso o que Deus fez. E foi isso o que Deus ordenou que o ser humano fizesse:

> Então disse Deus: "Façamos o homem à nossa imagem, conforme a nossa semelhança. Domine ele sobre os peixes do mar, sobre as aves do céu, sobre os grandes animais de toda a terra e sobre todos os pequenos animais que se movem rente ao chão". Criou Deus o homem à sua imagem, à imagem de Deus o criou; homem e mulher os criou. Deus os abençoou, e lhes disse: "Sejam férteis e multipliquem-se! Encham e subjuguem a terra! Dominem sobre os peixes do mar, sobre as aves do céu e sobre todos os animais que se movem pela terra."[2]

A lógica dessa narrativa é simples: um ser criado à imagem e semelhança de um Deus que cria céu e terra necessariamente possuiria, também, capacidades e dotações de criatividade. O potencial criativo de Deus é um fator inerente a toda pessoa humana, e justamente em resposta a esse potencial é que toda a raça humana é movida pelo ímpeto de encher a terra e de subjugá-la. Deus constituiu o ser humano seu parceiro na criação. Todo ser humano tem dentro de si a vocação de cooperar com Deus para colocar ordem no caos. Por essa razão, assim como o Rabi Schimeon descobriu, cada um de nós deve descobrir que "o mundo do lado de cá do céu é digno de ser trabalhado".

Todo ser humano tem dentro de si a vocação de cooperar com Deus para colocar ordem no caos.

DA ORDEM PARA O CAOS

Mas há algo fora do lugar nessa história. O ato criador de Deus não foi suficiente para colocar ordem no caos? Uma vez que Deus criou, isto é, deu ordem, significado e propósito ao Universo, por que se diz que o ser humano deve cooperar com Deus para colocar ordem no caos? Em síntese, de onde vem o caos?

Em primeiro lugar precisamos distinguir duas dimensões de caos. Existe o caos do Universo enquanto realidade física, um caos inerente ao funcionamento da matéria. Apesar das discussões das físicas clássica e quântica, parece que os estudiosos preferem afirmar uma síntese a respeito da ordem e caos no Universo. Em vez de afirmar que o Universo tende para o caos ou que o Universo obedece a uma ordem, é preferível afirmar que há uma ordem por trás do caos aparente e há um caos por trás de toda ordem aparente. Para melhor compreensão dessa questão, você pode pesquisar a teoria do caos, Werner

Heisenberg e seu princípio da incerteza e as leis da termodinâmica. Você vai ficar de boca aberta ao perceber a inteligência da mecânica do cosmos.

Mas há outra dimensão do caos, e é essa a que mais nos interessa. Existe um caos (no sentido de desordem, confusão, comportamento imprevisível) no ambiente da existência humana: as relações do homem com Deus, com os demais seres humanos, consigo mesmo e com a própria natureza. Parece bem razoável que, quando Deus convidou o ser humano para cooperar com ele na manutenção da ordem no caos, ele não estava se referindo ao processo de gestão dos saltos quânticos dos elétrons, das órbitas das estrelas, das distâncias entre os planetas ou das velocidades de rotação e translação da Terra. Você é capaz de imaginar Moisés pensando consigo mesmo algo do tipo: "Acho que vou afastar a Terra um pouquinho mais do Sol para ver se consigo dar uma refrigerada neste deserto"? Na verdade, o domínio do ser humano sobre o Universo criado não está relacionado aos processos mecânicos ou de funcionamento da ordem natural. O que Deus delegou ao homem foi a responsabilidade dos cinco relacionamentos essenciais: o homem com Deus, o homem consigo mesmo, o homem com os outros homens, o homem com os ou outros seres espirituais criados, e o homem com o mundo natural.

A mesma narrativa do Gênesis que descreve a maneira como Deus conduziu o processo do caos para a ordem descreve também a maneira como o ser humano conduziu o processo da ordem para o caos. O sábio rei Salomão, no seu perturbador Eclesiastes, chega à seguinte conclusão:

Deus fez tudo direito, mas nós complicamos tudo.[3] Essa é a melhor síntese da história de Adão, Eva e a Serpente.

Há quem diga que comer do fruto proibido foi um ato de emancipação (Ver capítulo 7 - Conversão). Harold Kushner, por exemplo, diz que o acesso à árvore do conhecimento do bem e do mal não determinou "a queda do homem, mas sim o surgimento da humanidade".[4] Isso pretende significar que, antes de conhecer o bem e o mal, o ser humano era como um animal sem consciência, guiado pelos seus instintos, sem possibilidade de escolhas morais, condicionado apenas e tão somente pela sua bagagem genética. Kushner não fala em "pecado original", mas em "nascimento da consciência", em que a narrativa do Gênesis seria "uma descrição mítica de como os primeiros seres humanos deixaram o mundo animal e entraram no complexo mundo da humanidade".[5]

Howard Mumma, ao descrever suas conversas com Albert Camus, afirma que "Adão é um espelho da raça humana" e, com isso, quer sugerir que "olhando no espelho de Adão, vemos que o homem é uma mistura de bem e mal" ou, como dizia Pascal, "o homem é a glória e a escória do Universo".[6] Concordo plenamente que Adão é representativo da raça humana e que, lendo sua história, entendemos como esse conflito entre o bem e o mal veio a se estabelecer dentro de cada ser humano. Mas não posso admitir que Deus tenha criado a raça humana assim, como pretende Mumma, nem que o ato de comer do fruto do conhecimento do bem e do mal tenha tido como resultado a maravilha da consciência, que distingue o humano do animal, como pretende Kushner.

O ato de Adão comer da árvore do conhecimento do bem e do mal, conforme narrado no capítulo 3 do Gênesis, deve ser lido à luz de quatro variáveis: origem, essência, processo e resultado. Fica claro que a Serpente, que se opõe ao Criador, é a origem do ato. Fica claro também que, em essência, o ato é transgressão explícita de uma ordem explícita do Criador: "E o Senhor Deus ordenou ao homem: 'Coma livremente de qualquer árvore do jardim, mas não coma da árvore do conhecimento do bem e do mal, porque no dia em que dela comer, certamente você morrerá'".[7] O processo que resultou no ato inclui o questionamento ao caráter do Criador *(Ele está mentindo)*, distorção das palavras do Criador *(É verdade que vocês não podem comer de nenhuma árvore?)* e negação da palavra do Criador *(Certamente vocês não morrerão)*.

Finalmente, o resultado do ato praticado em Adão e Eva foi mesmo a morte. A morte da raça humana pode ser compreendida em cinco dimensões. Em primeiro lugar, a morte *espiritual*, evidenciada na quebra do vínculo de relação entre Criador e criatura – uma vez desligada da fonte e do ambiente da existência e da vida, a criatura perde seu direito e sua condição de continuar a existir, o que, em parte, explica a morte *física*, pois, além das dores de parto e do determinismo do desejo na mulher, o ser humano foi expulso do paraíso para que não comesse da árvore da vida e vivesse para sempre.[8] Há, também, a morte *existencial*, com a experiência do medo, da vergonha e da fuga. O ser humano passa a experimentar uma ruptura interna que, mais tarde, será resumida nas palavras do apóstolo Paulo: "Pois o que faço não é o bem que desejo, mas o mal que não quero fazer, esse eu continuo fazendo [...] Miserável homem que eu sou! Quem me libertará do corpo sujeito a esta morte?".[9] Depois, vem a morte na dimensão *social*, pois aqueles que eram "uma só carne" experimentam a acusação mútua, a hostilidade e o abandono, que vai explodir no primeiro assassinato em que Caim, incapaz de controlar seu impulso para o mal, mata o irmão, Abel.[10] A última dimensão da morte é a morte *cósmica*, simbolizada na maldição à terra, que passou a produzir "espinhos e cardos". O ser humano, que era parceiro de Deus no cuidado do Universo, passou a ser prisioneiro do mundo que deveria dominar.[11]

O que o Gênesis chama de "conhecimento do bem e do mal" não expressa uma característica inerente ao ser humano, tampouco o nascimento da consciência, uma espécie de "queda para o alto". Primeiro porque, se fosse algo inerente ou uma evolução moral, Deus não poderia, não deveria e não teria amaldiçoado o ato nem expulsado o ser humano do paraíso. Mas também, e principalmente, porque a consciência era não apenas algo natural ao ser humano criado à imagem e semelhança de Deus, como também um pré-requisito para que Deus explicitasse uma ordem com limitação e sanção. Como poderia um ser não dotado de consciência ser colocado debaixo de um imperativo moral e, mais ainda, ser julgado e condenado caso não transgredisse tal imperativo?

Redenção

A tradição cristã interpreta o ato de comer da árvore do conhecimento do bem e do mal não como o surgimento da consciência, mas com um ato de rebeldia, um grito de independência da criatura para com o Criador. Ao comer da árvore do conhecimento do bem e do mal, a criatura não pretende adquirir consciência do bem e do mal, mas sim tomar nas mãos a prerrogativa de determinar o bem e o mal e, nesse sentido, "ser igual a Deus". O que está em questão é o questionamento a respeito de quem será o padrão para o funcionamento do Universo e das relações que nele se processam: Deus ou o homem? A resposta cristã é que a morte é a consequência natural do fato de a criatura pretender viver como se Deus não existisse.

Ao afirmar que "o homem se tornou como um de nós",[12] Deus não estava concordando com a Serpente. A expressão "ser igual a Deus" não trata de atributos e potências, mas sim de *status,* isto é, não descreve o que o homem pretendia ser – poderoso tal qual a divindade, mas sim o que o homem havia se tornado, um padrão de existência, autônomo e rebelde, em oposição à divindade. A expulsão do paraíso não coloca o ser humano fora de um ambiente geográfico, mas sim de uma condição existencial. Expulso do paraíso, o homem não está longe de uma terra, mas sim alijado de um relacionamento, o relacionamento com Deus, o Criador. Porque pretende ocupar o lugar do Criador é que o ser humano fica impedido de ter acesso ao paraíso. Talvez você esteja se perguntando: "que Criador melindroso é esse que não é capaz de conviver com adversários?". Mas a questão não é essa. Quando dizemos que o sujeito está com frio porque está longe da fogueira, isso não quer dizer que a fogueira é melindrosa e recusa-se a dar seu calor.

Os paralelos ficam claros e fecham o quebra-cabeças do dilema da raça humana. O Reino de Deus equivale ao paraíso. A terra amaldiçoada equivale ao lado de fora do paraíso. Para que a terra amaldiçoada seja transformada em paraíso, a rebeldia da raça humana deve ser substituída pela rendição à autoridade e soberania amorosa do Criador: "Venha o teu Reino; seja feita a tua vontade, assim na terra como no céu".[13] A vocação de cada ser humano continua sendo cooperar com Deus para colocar ordem no caos. O resultado da reconciliação entre criatura e Criador é a unidade do Universo, em que céu e terra não estão mais em oposição, e o paraíso abraçou e redimiu toda a terra amaldiçoada, isto é, o Reino de Deus chegou em plenitude. Assim, existirá "o céu e tudo o mais", em vez de "o céu e nada mais". Por esse motivo é que o homem deve lutar contra sua ambição de fuga para o paraíso. Deve acreditar que este lado do céu é digno de ser trabalhado: plantar jardins na terra amaldiçoada. A dicotomia entre céu e terra deve acabar. Negar a terra como se houvesse apenas o céu e nada mais é trair o propósito de Deus, que delegou a terra aos cuidados da raça humana.

O Reino de Deus é o equivalente ao jardim, de onde o homem foi expulso. O jardim é o mundo sob o comando de Deus. Toda vez que um ambiente, uma relação, uma atividade é submetida a Deus, o caos começa a entrar em ordem, isto é, o jardim dá seus sinais. Haverá um dia em que o caos será transformado em jardim. Então, o Reino de Deus, que já foi inaugurado, estará consumado. Enquanto o Reino de Deus não vem em plenitude, nós trabalhamos para que ele seja sinalizado ao nosso redor. Enquanto o mundo todo não é transformado em um grande e único jardim, nós construímos alguns jardins no mundo.

> *Para que a terra amaldiçoada seja transformada em paraíso, a rebeldia da raça humana deve ser substituída pela rendição à autoridade e soberania amorosa do Criador.*

Essa vocação de cooperar com Deus para colocar ordem no caos, vocação de todo ser humano, é que sintetizo no propósito de construir. Construir é exercer poder para dominar a terra. Construir é insurgir-se contra a Serpente e contra todos os agentes da morte para promover a vida. Construir é plantar jardins em meio ao caos.

EVANGELHO

Evangelho que dizer "boas novas, boas notícias". O portador das boas notícias é Jesus de Nazaré. As boas notícias são que "o Reino de Deus chegou".[14] E as notícias ficam melhores ainda quando entendemos que Jardim do Éden, paraíso, céu e Reino de Deus são expressões sinônimas.

Céu e paraíso são expressões que descrevem uma condição existencial resultante de uma qualidade de relacionamento entre o ser humano e o Deus Criador. O céu é o ambiente em que a vontade de Deus é feita em perfeição, isto é, o ambiente em que o Universo funciona absolutamente dentro dos padrões definidos pela natureza-essência-caráter do Deus Criador. E exatamente isso é que é o Reino de Deus. O evangelho de Jesus é a afirmação de que o Reino de

Deus está disponível, desde já, para todos aqueles que abandonarem o reino do eu e abrirem mão de sua pretensão de ser, para si mesmos, o padrão de bem e de mal. Essa é a experiência que o Novo Testamento chama de arrependimento. Esse foi o chamado de Jesus: "Arrependei-vos e crede". E por que devemos nos arrepender e crer? Simples: "porque o Reino de Deus está próximo",[15] isto é, o Reino de Deus está acessível, disponível. Basta crer e viver à luz dessa verdade para que, a seu redor, o caos comece a entrar em ordem, isto é, o jardim comece a dar seus sinais.

Dallas Willard comparou essa experiência de arrependimento e fé ao processo de chegada da eletricidade à zona rural, o que muda completamente as relações das pessoas com os aspectos fundamentais da vida: luz e escuridão, calor e frio, limpeza e sujeira, trabalho e lazer, preparação e conservação de alimentos. Mas as pessoas precisam acreditar na eletricidade, compreender seu funcionamento, tomar providências para desfrutar dos benefícios dessa energia. Quando Jesus invadiu a história anunciando o Reino de Deus, foi como se tivesse dito aos fazendeiros: "Arrependei-vos, porque está próxima a eletricidade. Afastem-se de seus lampiões e lanternas de querosene, das suas caixas de gelo e porões, das suas tábuas de esfregar e dos seus batedores de tapete, das suas máquinas de costuras movidas a mulheres e dos seus radinhos de pilha".[16]

O chamado ao arrependimento significa "mudem completamente seu jeito de viver e de fazer as coisas, creiam que os recursos de Deus estão disponíveis e que o mundo pode ser diferente".

Trabalho

Essa perspectiva de céu e terra, jardins e terra amaldiçoada, ressignifica nosso conceito e nossa atitude em relação ao trabalho. O trabalho deixa de ser um castigo que acompanha a expulsão do paraíso. Na verdade, mesmo no paraíso, o ser humano tinha trabalho. Deus o colocou no paraíso para cuidar do jardim e cultivá-lo. É fato que, expulsos do paraíso e habitando uma terra amaldiçoada que produz espinhos e cardos, as coisas ficam mais difíceis. Mas também é fato que, quando abrimos mão da nossa pretensão de controle e dedicamos as coisas para que sobre elas venha o Reino de Deus, e a vontade de Deus seja feita fora do paraíso como é feita dentro do paraíso, o caos começa a entrar em ordem.

Construir é cooperar com Deus para colocar ordem no caos. Construir é plantar jardins no meio do caos. Esse caos pode ser seu mundo interior, seu ambiente familiar, suas relações de trabalho e a sociedade onde você vive. Não importa. O que importa é que você cumpra sua vocação de cooperar com Deus.

A partir dessa experiência, tudo o que você faz é inserido na dimensão do sagrado. Todo serviço passa a ser um ato de cooperação com Deus para a redenção do Universo. Não importa se esse serviço é falar palavras de encorajamento e de consolo para alguém em aflição, consertar um automóvel, fazer um parto, dar uma aula de matemática, fechar o balanço da empresa ou passar a manhã de sábado com os filhos no parque.

Todo trabalho realizado como devoção a Deus é também uma dádiva ao próximo e um sinal do Reino de Deus. O bispo sul-africano Desmond Tutu disse que "é por meio do trabalho que nos tornamos cooperadores de Deus". Talvez por esse motivo Jesus nos advertiu que o julgamento final seria nos termos da solidariedade e de promoção da justiça: tive sede, e você me deu de beber; fome, e você me deu de comer; estive preso, e você me visitou; nu, e você me vestiu; desabrigado, e você me deu terra para plantar; sem horizontes, e você deu crédito; oprimido, e você foi meu advogado; era analfabeto, e você me alfabetizou; fiquei doente, e você me operou; estava na fila, e você me atendeu com dignidade; com dor de dente, e você me fez dormir; desempregado, e você me deu oportunidade; triste, e você me fez rir; chorando sozinho, e você chorou comigo.

REVOLUÇÃO

"Estamos aqui para mostrar ao mundo que outro mundo é possível gritou um homem no palco do Fórum Social Mundial, realizado em Porto Alegre, Brasil, em 2002, e foi aplaudido por mais de dez mil pessoas."

Que pretensão maravilhosa daquele homem. Que pretensão maravilhosa daquela multidão. Eles são nós. Somos mesmo viciados em utopia. Acreditamos que o caos pode entrar em ordem, que o deserto pode florescer e que este mundo, este lado de cá do céu, é digno de ser trabalhado. Somos vocacionados para plantar jardins. Os jovens cristãos portugueses escolheram plantar cravos. Usaram as aberturas das armas dos soldados como buracos em que depositaram suas flores, sementes de futuro. Saíram pelas ruas de Lisboa "caminhando e cantando" uma canção[17] que ainda hoje alimenta minha utopia e rega meu exercício diário de plantar jardins.

> Ó vinde, vós, os povos de todas as nações, erguei-vos e cantai com alegria.
> Fazei soar nos ares a nova melodia que Jesus Cristo traz libertação. É tempo de romper a vil escravidão que em vós exercem homens ou ideias.
> É tempo de dizer que só Deus pode ser o único Senhor da humanidade.
>
> A verdade vos libertará, sereis em Cristo verdadeiramente livres. Vinde todos, sim, oh, vinde já, e celebrai com alegria a vossa libertação.

E vós os oprimidos, e vós os explorados, e vós os que viveis em agonia, e vós os cegos, coxos, vós cativos, sós, sabei que em breve vem um novo dia.
Um dia de justiça, um dia de verdade, um dia em que haverá na terra paz, e que será vencida a morte pela vida, e a escravidão, enfim, acabará.

17
TESOUROS

QUANTO?

Vinte e cinco mil dólares por ano. Essa foi a conclusão a que chegaram os pesquisadores[1] que estão tentando valorar quanto custa a felicidade. Depois de muitas entrevistas, concluíram que existe, de fato, uma correlação entre felicidade e renda financeira, isto é, quanto mais dinheiro, mais felicidade. O dado surpreendente é que essa correlação diminui à medida que a renda aumenta, e chega a ser nula quando a renda anual do indivíduo chega aos tais 25 mil dólares. Há pessoas mais felizes entre os grupos mais ricos do que entre os mais pobres, mas essa diferença deixa de existir nos grupos com renda anual acima de US$ 25 mil. Isto é, quando dois sujeitos ganham mais de 25 mil por ano cada um, o que ganha 100 mil será tão feliz quanto o que ganha um milhão.

Os especialistas chegaram à conclusão de que o dinheiro só torna mais felizes pessoas tão pobres que não conseguem ver atendidas suas necessidades básicas: Eduardo Giannetti, que estuda há alguns anos o tema sob a luz da filosofia, defende que não há relação simples entre indicadores objetivos e subjetivos de bem-estar. "O que se imaginava é que, na medida em que os indicadores objetivos melhorassem, os subjetivos acompanhariam, mas as pesquisas não mostram essa relação". Isso significa que, quando as pessoas superam a linha da pobreza e têm suas necessidades atendidas, sua experiência da felicidade dependerá cada vez mais de seus recursos interiores do que de seus bens materiais. Em outras palavras, se ser infeliz é passar frio, quando você está agasalhado, não faz muita diferença se tem 20 ou 100 casacos no armário.

A síntese é que o chavão "o dinheiro não traz a felicidade" pode ser substituído por outro chavão: "o dinheiro traz conforto, mas não traz felicidade". Não faltarão indicadores sociais e estudiosos de todos os ramos das humanas para corroborar o veredicto. Isso significa que o dinheiro foi colocado em seu devido lugar, a saber, é necessário para a sobrevivência e existência com mínimo de dignidade e realização de desejos, mas insuficiente para atribuir sentido e significado à vida.

Abre parêntese. Evidentemente, a maioria dos mortais concorda com a expressão popularizada pelo judeu bem-humorado que disse: "Fui pobre e agora sou rico; ser rico é bem melhor".

Mas também é certo que o dinheiro está longe de ser a melhor paga do trabalho e o melhor tesouro que se pode acumular na vida. Cresce o número de pessoas que preferem ganhar menos trabalhando num ambiente mais sociável do que ganhar muito à custa de sua qualidade de vida ou a despeito de suas habilidades e talentos. Muita gente prefere ganhar menos dinheiro fazendo o que gosta num contexto de relacionamentos pessoais satisfatórios do que ganhar mais dinheiro sacrificando a saúde física, emocional e até mesmo espiritual. Fecha parêntese.

Reino de Deus

Uma das coisas que mais me impressionam em Deus é que houve um dia em que Ele parou de criar e entrou em seu descanso, o shabat. A expressão usada no Gênesis, "viu Deus que tudo era muito bom", deve ser traduzida por "viu Deus que era suficiente". Isso é extraordinário. Um Deus com possibilidades ilimitadas, em determinado momento, dá-se por satisfeito e decide parar de criar. Enquanto o mundo está cheio de gente para quem "tudo não é o bastante", conforme o título do imperdível livro de Harold Kushner, Deus é do tipo que diz: "isso não é tudo, mas já basta".

Um grande mistério dessa narrativa do Gênesis é que, quando Deus para de criar, ele não para de trabalhar. Jesus disse que seu Pai trabalha até hoje, e ele, Jesus, trabalha também.[2] Deus parou de criar, mas não parou de trabalhar. Deus parou de criar e entrou no *shabat*, isto é, entrou no descanso. Entrar no *shabat* é começar a desfrutar da criação, e isso é uma espécie de trabalho, um descanso ativo, diferente da passividade, omissão ou comodidade. Na verdade, Deus parou de somar coisas à criação e passou a desfrutar das coisas criadas. Quantas espécies de peixes existem? Francamente, não sei e duvido que alguém saiba. Mas é fato que poderia existir o dobro. Ou o triplo. Deus poderia continuar criando *ad infinitum*. Somando, somando. Acumulando, acumulando. Mas não foi isso o que fez. Em vez de fazer existir sempre mais, optou por colocar limites ao que poderia vir a existir, para que pudesse desfrutar o que já existia.

Eis aí o segredo. Você tem de saber a hora de parar. Você tem de saber o quanto basta. Você tem de se dar por satisfeito e interromper a correria na direção de acumular. Você tem de aprender a desfrutar o que tem, em vez de correr atrás de mais e mais. É mais importante desejar o que tem do que ter o que deseja. Por esse motivo, Comte-Sponville adverte que "não basta ter tudo para ser feliz, para sê-lo de fato. O que nos falta para ser feliz, quando temos tudo para ser e não somos? Falta-nos a sabedoria".[3]

Os cínicos, seguidores dos filósofos socráticos Antístenes de Atenas (444-356 a.C.) e Diógenes de Sínope (413-323 a.".), pregavam a volta à vida em estrita conformidade com a natureza e, por essa razão, opunham-se radicalmente aos valores, aos usos e às regras sociais vigentes. Para os cínicos, os prazeres eram divididos em dois grupos: os comuns a todos os homens, chamados de naturais, e os buscados por meio das convenções sociais e políticas, chamados de não naturais. Diógenes afirmava que a maneira mais correta do homem de viver consiste em ter as necessidades mais simples possíveis: "para o homem, basta-lhe a vida".

Os estoicos, como o grego Zenão de Cício (340-264 a.C.) e os romanos Epicteto (c.55-c.135 d.C.) e Marco Aurélio (121-180 d.C.), defendiam que o ideal do sábio era a austeridade, que poderia ser caracterizada como certa impassibilidade em face da dor ou do infortúnio. Sêneca, por exemplo, escreveu para Lucílio recomendando que se alegrasse "unicamente naquilo que provém apenas do que é seu. O que quero dizer com apenas do que é seu? Quero dizer você mesmo e a sua melhor parte".

Parece que Paulo, apóstolo, tinha algo de cínico e estoico. Suas declarações aos cristãos da cidade de Filipos ainda ecoam como desafio urgente num mundo marcado pelo consumo. Afirmou que aprendeu o segredo de viver satisfeito em toda e qualquer situação e deixou claro que a grande sabedoria do contentamento não está na capacidade de acumular, mas sim na capacidade de adaptar-se às circunstâncias. Sábio é aquele que vive bem tanto na fartura quanto na necessidade, bem alimentado ou com fome, tendo muito ou passando necessidade, pois não vive baseado nas coisas e circunstâncias, mas sim a partir de um relacionamento: "posso todas as coisas naquele que me fortalece", disse Paulo referindo-se à sua intimidade com Deus.[4] Na verdade, essa é a grande diferença entre o cristianismo e as filosofias gregas, como o cinismo e o estoicismo. Estas focalizam os recursos próprios do ser humano, enquanto a fé cristã focaliza a experiência de transcendência em termos de conexão com o sagrado e o divino como fontes de satisfação, plenitude e contentamento. A plena realização humana não resulta da viagem interior, mas da busca do Reino de Deus e sua justiça, em que todas as coisas existem, são possíveis e acessíveis, como nos ensinou Jesus de Nazaré.[5]

A inserção no Reino de Deus redimensiona a relação com o dinheiro e as riquezas e abre as portas para a plena liberdade, que transcende necessidades e circunstâncias. Somente quando vivemos no Reino de Deus estamos livres da ansiedade de ter, possuir e acumular. Em outras palavras, quando entramos no

Reino de Deus, entramos também no *shabat*, o descanso ativo, no qual o que temos pode não ser tudo, mas sempre será o suficiente.

COFRES

Jesus nos aconselha a não acumular tesouros na terra, onde a traça e a ferrugem destroem e os ladrões roubam e furtam. Melhor é acumular tesouros no céu. A maioria das pessoas faz uma distinção entre riquezas da terra e riquezas do céu. Separam a realidade em duas, em que os bens materiais (como casa, carros e joias) são considerados riquezas da terra, e os bens imateriais (como caráter, liberdade e alegria) são chamados tesouros do céu. Mas Jesus não fez a distinção entre tesouros da terra e tesouros do céu. Jesus falou de tesouros na terra e tesouros no céu. Ele não fez distinção entre riquezas, mas sim entre lugares onde essas riquezas estão armazenadas ou guardadas: na terra ou no céu.

A realidade é una. Lembrando sempre que somos pó da terra e fôlego da vida, o pão e a alegria são partes indispensáveis da aventura de viver. A casa e o acolhimento fraterno são faces complementares do abrigo. Abrir mão de possuir para encontrar a alegria é uma experiência pessoal, própria para aqueles cujos corações estão cativos da realidade material. As trilhas estoica, cínica e franciscana não são, necessariamente, os únicos caminhos para a bem-aventurança. O segredo não é deixar de ter, mas saber ter. A sabedoria não consiste em abrir mão dos tesouros da terra, mas sim em colocar os tesouros da terra no céu.

A maneira como lidamos com o dinheiro determina "quem é o dono de quem", como diz o poeta. Jesus mostrou dois caminhos possíveis: ser escravo do dinheiro e ser súdito do Reino de Deus. Não dá para ser-fazer as duas coisas. E uma coisa é certa: o dinheiro é um deus que reivindica lealdade absoluta. É chamado de *Mamom*, um deus, o que surpreende muita gente, pois desfaz a noção de que o dinheiro é neutro. Está enganado aquele que pensa que o dinheiro não é bom nem mau e que mau é o amor ao dinheiro. Na verdade, o dinheiro tem a capacidade de aprisionar o coração, "pois onde estiver o seu tesouro, aí também estará o seu coração".[6] Por essa razão Jesus recomendou que o dinheiro fosse colocado no céu, pois somente lá não apenas ele estará seguro, como também nós estaremos seguros em relação a ele.

John Wesley, fundador do Metodismo, disse que tão logo o dinheiro chegava a seu bolso, ele dava um jeito de livrar-se dele, para que o dinheiro não encontrasse o caminho de seu coração. Acho que "livrar-se do dinheiro" é uma possível tradução para "ajuntar tesouros no céu".

Acredito que existem quatro maneiras de nos livrarmos do dinheiro. A primeira é por meio da restituição. Não se iluda. Se você tem nas mãos dinheiro que jamais deveria ser chamado de seu, dinheiro que foi ganho de maneira ilícita, então tem no bolso uma bomba de tempo, que cedo ou tarde vai explodir, deixando sua vida em cacos. Essa foi a experiência de Zaqueu, o homem que encontrou a felicidade quando imergiu no Reino de Deus e descobriu que deveria devolver tudo quanto havia roubado e usurpado.[7]

A segunda maneira de ajuntar tesouros no céu é por meio da doação. Certa vez, um homem rico foi perguntar a Jesus como poderia herdar a vida eterna.[8] Depois de um breve diálogo tratando de obediência aos mandamentos divinos – questões morais e comportamentais –, Jesus foi direto ao ponto: "Venda tudo o que você possui e dê o dinheiro aos pobres, e você terá um tesouro nos céus. Depois venha e siga-me".

Por trás desse evento, existem duas sabedorias que contrariam o senso comum. A primeira é a noção de que Jesus mandou trocar as riquezas da terra pelas riquezas do céu. Mas já sabemos que Jesus não faz essa distinção. Não se trata de abrir mão de ter aqui para ter depois da morte. Depois que o homem rico foi embora, de volta para seu dinheiro, Jesus explicou a seus discípulos que "ninguém que tenha deixado casa, mulher, irmãos, pai ou filhos por causa do Reino de Deus deixará de receber, na presente era, muitas vezes mais, e, na era futura, a vida eterna". Isso não significa que o ingresso no Reino de Deus implica abandono do lar e de todo e qualquer tipo de posse. Não é que você dá as costas para o que possui e para as pessoas que ama e fica de frente para Deus. O segredo consiste em colocar Deus entre você, suas posses e as pessoas que você ama. Isso significa que, a partir do ingresso no Reino de Deus, suas relações com tudo e com todos são mediadas por sua disponibilidade a Deus. Nada estará em suas mãos como posse, mas sim como dádiva, primeiro a Deus e depois a quem precisar. De fato, "é dando que se recebe", pois uma vez que você dá a quem precisa, por amor ao Reino de Deus, você recebe cem vezes mais, isto é, abre mão do pouco que possui para ter acesso a tudo quanto Deus possui.

A segunda sabedoria desse conselho de Jesus, "vende tudo e dê o dinheiro aos pobres, para receber cem vezes mais agora e no futuro a vida eterna", é que se imagina que a vida eterna é uma experiência apenas futura. Acredito que a vida eterna começa agora. O paraíso começa aqui. O céu é, também, um estado de espírito, um senso de plenitude. O paradoxo é que somente o tesouro que não é retido egoisticamente satisfaz o coração humano. Somente quem abre mão de possuir é agraciado com a sensação de possuir tudo. Qualquer riqueza utilizada de modo egocêntrico será sempre riqueza que se esvai pelos dedos, deixando a sensação de nunca ter existido, imprimindo no coração a sensação de empobrecimento. Riqueza despendida egoisticamente é riqueza consumida, que vai deixando a sensação de perda. Riqueza partilhada é riqueza multiplicada.

A terceira maneira de nos livrar do dinheiro e de ajuntar tesouros no céu é negociando. Negociar é colocar dinheiro em circulação. Colocar dinheiro em circulação significa duas coisas: criar oportunidades para a multiplicação de riquezas e correr o risco de perder dinheiro.

Essa é a sabedoria da famosa "parábola dos talentos" contada por Jesus.[9] O Reino dos Céus é

> como um homem que, ao sair de viagem, chamou seus servos e confiou-lhes os seus bens. A um deu cinco talentos, a outro dois, e a outro um; a cada um de acordo com a sua capacidade. Em seguida partiu em viagem. O que havia recebido cinco talentos saiu imediatamente, aplicou-os, e ganhou mais cinco. Também o que tinha dois talentos ganhou mais dois. Mas o que tinha recebido um talento saiu, cavou um buraco no chão e escondeu o dinheiro do seu senhor. Depois de muito tempo o senhor daqueles servos voltou e acertou contas com eles. O que tinha recebido cinco talentos trouxe os outros cinco e disse: "O senhor me confiou cinco talentos; veja, eu ganhei mais cinco". O senhor respondeu: "Muito bem, servo bom e fiel! Você foi fiel no pouco, eu o porei sobre o muito. Venha e participe da alegria do seu senhor!" Veio também o que tinha recebido dois talentos e disse: "O senhor me confiou dois talentos; veja, eu ganhei mais dois", O senhor respondeu: "Muito bem, servo bom e fiel! Você foi fiel no pouco, eu o porei sobre o muito. Venha e participe da alegria do seu senhor!" Por fim veio o que tinha recebido um talento e disse: "Eu sabia que o senhor é um homem severo, que colhe onde não plantou e junta onde não semeou. Por essa razão, tive medo, saí e escondi o seu talento no chão. Veja, aqui está o que lhe pertence". O senhor respondeu: "Servo mau e negligente! Você sabia que eu colho onde não plantei e junto onde não semeei? Então você devia ter confiado o meu dinheiro aos banqueiros, para que, quando eu voltasse, o recebesse de volta com juros. Tirem o talento dele e entreguem-no ao que tem dez. Pois a quem tem, mais será dado, e terá em grande quantidade. Mas a quem não tem, até o que tem lhe será tirado. E lancem fora o servo inútil, nas trevas, onde haverá choro e ranger de dentes".

Viu como funciona? Você dizia que, se fosse rico, também se tornaria um doador solidário e faria negócios com mais ousadia, e a sabedoria vem ensinar que quem não faz com pouco não vai fazer com muito, ou o melhor, somente quem faz com pouco poderá, um dia, ter muito. O trato correto com os tesouros não depende da quantidade das riquezas, mas sim da atitude do coração. Vale a máxima popular: "quem não arrisca, não petisca". Quem opta pela retenção dos tesouros achando ser esse o caminho de maior segurança acaba sendo réu de juízo, acusado de interromper o fluxo das riquezas, num universo em que tudo deve estar em constante movimento, sob pena de tornar-se obsoleto e de deteriorar-se até apodrecer e morrer.

Finalmente, acredito que administrar riquezas é outra maneira de nos livrar do dinheiro e ajuntar tesouros no céu. A riqueza bem administrada não se perde. Na verdade, se renova e se redimensiona.

Administrar bem significa três coisas. Primeiro, ser capaz de *usar as riquezas* materiais em favor das riquezas imateriais. A sabedoria está na arte de transformar valores efêmeros em valores perenes, bens perecíveis em bens não perecíveis, coisas tangíveis em realidades intangíveis. Por exemplo, transformar dinheiro em educação-conhecimento, terrenos em saúde, carros em contentamento, ouro e joias em socorro solidário. Somente assim, o que temos, muito ou pouco, manterá nosso coração cheio e satisfeito, sem a sensação da falta, pois nos tornamos capazes de dar significado existencial aos tesouros.

Além de saber usar as riquezas, administrar bem significa *multiplicar as riquezas,* isto é, fazer todas as contas crescerem sem precisar sacar de uma para depositar na outra. Com isso, evitamos criar antirriquezas, como, por exemplo, faz aquele que saca da conta caráter para depositar na conta corrente, ou da conta saúde para depositar na conta carreira, ou da conta amizade para depositar na conta *status.* O Rabino Nilton Bonder "adverte que o justo tem obrigação de criar o máximo de abundância que não gera escassez".[10]

Um jeito de criar riqueza sem gerar escassez é pagar pelas coisas apenas o preço da etiqueta. Um terreno que vale 30 mil reais não pode ser comprado por 30 mil reais mais um ambiente familiar tenso e muitas noites maldormidas. Um carro que vale 17 mil reais não pode ser comprado por 17 mil reais menos a educação adequada dos filhos. Uma blusa que vale 27 reais não pode ser comprada por 27 reais menos a tarde de sábado com marido ou namorado. Essa arte está ligada à capacidade de valoração ou à escala de valores de cada um. Pessoas que confundem preço com valor não são boas administradoras. Pessoas que não têm seus valores na ordem certa viverão sempre criando antirriquezas e gerando escassez. Pessoas valem mais do que coisas. Significado vale mais do que sucesso. Relacionamentos valem mais do que dinheiro. Paz de consciência vale mais do que *status.* Sempre.

A melhor síntese da sabedoria que deve determinar nossa relação com as riquezas e tesouros foi feita por Viv Grigg, em seu imperdível livro *Servos entre os pobres:* "Ganhe muito, gaste pouco, não acumule nada, doe generosamente e durma tranquilo". Em outras palavras, quem precisa de muito para viver e/ou quem usa o que tem apenas consigo mesmo, ainda não aprendeu a viver. E não sabe lidar com riquezas.

SIMPLES

Atribui-se a Nizan Guanaes um texto brilhante, que teria sido, na verdade, um discurso de paraninfo para uma das turmas da FAAP – Fundação Armando Álvares Penteado –, em São Paulo. Ele recomenda aos alunos recém-formados:

> Não paute sua vida, nem sua carreira, pelo dinheiro. Ame seu ofício com todo o coração. Persiga fazer o melhor. Seja fascinado pelo realizar, que o dinheiro virá como consequência. Quem pensa só em dinheiro não consegue sequer ser nem um grande bandido, nem um grande canalha. Napoleão não invadiu a Europa por dinheiro. Hitler não matou 6 milhões de judeus por dinheiro. Michelangelo não passou 16 anos pintando a Capela Sistina por dinheiro. E, geralmente, os que só pensam nele não o ganham. Porque são incapazes de sonhar. E tudo que fica pronto na vida foi construído antes, na alma. A propósito disso, lembro-me de uma passagem extraordinária, que descreve o diálogo entre uma freira americana cuidando de leprosos no Pacífico e um milionário texano. O milionário, vendo-a tratar daqueles leprosos, disse: "Freira, eu não faria isso por dinheiro nenhum no mundo". E ela respondeu: "Eu também não, meu filho".
>
> Não estou fazendo com isso nenhuma apologia à pobreza, muito pelo contrário. Digo apenas que pensar e realizar têm trazido mais fortuna do que pensar em fortuna.
>
> Meu segundo conselho: pense no seu país. Porque, principalmente hoje, pensar em todos é a melhor maneira de pensar em si. Afinal, é difícil viver numa nação onde a maioria morre de fome e a minoria morre de medo. O caos político gera uma queda de padrão de vida generalizada. Os pobres vivem como bichos, e uma elite brega, sem cultura e sem refinamento, não chega a viver como homens. Roubam, mas vivem uma vida digna de Odorico Paraguaçu. Meu terceiro conselho vem diretamente da Bíblia: seja quente ou seja frio, não seja morno que eu te vomito. É exatamente isso que está escrito na carta de Laodiceia. É preferível o erro à omissão. O fracasso, ao tédio. O escândalo, ao vazio. Porque já vi grandes livros e filmes sobre a tristeza, a tragédia, o fracasso. Mas ninguém narra o ócio, a acomodação, o não fazer, o remanso. Colabore com seu biógrafo. Faça, erre, tente, falhe, lute. Mas, por favor, não jogue fora, se acomodando, a extraordinária oportunidade de ter vivido. Tendo consciência de que cada homem foi feito para fazer história. Que todo homem é um milagre e traz em si uma revolução. Que é mais do que sexo ou dinheiro. Você foi criado para construir pirâmides e versos, descobrir continentes e mundos, e caminhar sempre com um saco de interrogações na mão e uma caixa de possibilidades na outra. Não use Rider, não dê férias a seus pés. Não se sente e passe a ser analista da vida alheia, espectador do mundo, comentarista do cotidiano, dessas pessoas que vivem a dizer: eu não disse? Eu sabia! Toda família tem um tio batalhador e bem de vida. E, durante o almoço de domingo, tem de aguentar aquele outro tio muito inteligente e fracassado contar tudo o que ele faria, se fizesse alguma

coisa. Chega dos poetas não publicados. Empresários de mesa de bar. Pessoas que fazem coisas fantásticas toda sexta de noite, todo sábado e domingo, mas que na segunda não sabem concretizar o que falam. Porque não sabem ansiar, não sabem perder a pose, porque não sabem recomeçar. Porque não sabem trabalhar. Eu digo: trabalhem, trabalhem, trabalhem. De 8 às 12, de 12 às 8 e mais se for preciso. Trabalho não mata. Ocupa o tempo. Evita o ócio, que é a morada do demônio, e constrói prodígios. O Brasil, este país de malandros e espertos, da vantagem em tudo, tem muito que aprender com aqueles trouxas dos japoneses. Porque aqueles trouxas japoneses que trabalham de sol a sol construíram, em menos de 50 anos, a 2a maior megapotência do planeta. Enquanto nós, os espertos, construímos uma das maiores impotências do trabalho. Trabalhe! Muitos de seus colegas dirão que você está perdendo sua vida, porque você vai trabalhar enquanto eles veraneiam. Porque você vai trabalhar, enquanto eles vão ao mesmo bar da semana anterior, conversar as mesmas conversas, mas o tempo, que é mesmo o senhor da razão, vai bendizer o fruto do seu esforço, e só o trabalho o leva a conhecer pessoas e mundos que os acomodados não conhecerão. E isso se chama sucesso.

18
TALENTO

Trabalho

Cláudio Arrau (1903-1991), famoso pianista chileno, comemorou seus 70 anos com uma exaustiva tournée pela Europa. Durante uma entrevista, um repórter perguntou se um homem com 70 anos não deveria trabalhar menos. A resposta foi brilhante: "Meu filho, quanto mais eu gosto do que faço menos eu chamo de trabalho".

Contei essa história para um amigo que, amante de histórias, emendou outra, acontecida com ele mesmo. Com graves problemas no coração, foi acompanhado pela esposa à consulta com o cardiologista. Como toda esposa cuidadosa, dona Marina encareceu ao médico que recomendasse ao marido trabalhar menos: "Esse homem ainda vai morrer de trabalhar, doutor", o médico perguntou: "O senhor gosta do que faz?", ao que recebeu como resposta um entusiasmado "sim". E o médico encerrou: "Então, fique tranquila, minha senhora, ninguém morre de fazer o que gosta, morre é de fazer o que não gosta".

Confúcio disse a mesma coisa: "Escolha um trabalho que você ame e não terá de trabalhar um único dia em sua vida". Imagino que muitos filósofos e mestres de espiritualidade chegaram à mesma conclusão, pois se trata de uma sabedoria universal, além de uma experiência que todo mundo conhece. Quantas vezes você já não ouviu um comentário do tipo "Fulano é que tem sorte, faz o que gosta e ainda ganha dinheiro"? Lembro-me bem do tempo em que eu vivia com o meu nariz enfiado no alambrado de São Januário observando o treino do Vasco da Gama antes e depois de minhas sessões de natação. O cheiro de café torrado que vinha da torrefação ao lado do estádio era o pano de fundo para as viagens da minha imaginação. Eu, menino, sonhava com o dia em que poderia acordar e ir jogar bola que nem aqueles caras que eu observava com inveja. Imagina, jogar bola o dia inteiro e ganhar dinheiro com isso. Que escola, que nada. Um campinho verdinho daquele. Bola de capotão o dia inteiro. Que maravilha! Era um sonho. Meu time do coração era o Flamengo, mas até o Vasco serviria.

Agora observo meu filho com o nariz enfiado na televisão, morrendo de inveja do Kaká, do Robinho, do Diego, os craques do momento, todos adolescentes, mas já campeões, ricos e famosos. Que jogam bola todo dia. Que maravilha. Imagino o que se passa na cabecinha dele quando a mãe pergunta a respeito da lição de matemática ou eu mando desligar a televisão com aquela conversa de pai "primeiro a obrigação, depois a diversão". Eis aí a charada. Transformar obrigação em diversão. Ainda sonho com isso. E espero ensinar meus filhos e o filho de um montão de gente a ter o mesmo sonho. Perdi a ilusão infantil de ser jogador de futebol. Mas não perdi o sonho. Meu sonho é fazer algo significativo, ganhar dinheiro e ter prazer, tudo ao mesmo tempo.

Viver com o propósito de construir, dando vazão ao gênio criativo inoculado em nós pela imago Dei, implica trabalho, muito trabalho. Mas a boa notícia é que esse é um caminho de autorrealização e de felicidade, desde que experienciado da maneira correta.

Talento

No início da década de 1980, eu estudava no Escritório Brasileiro de Artes, às margens do Estádio do Pacaembu e aos pés dos irmãos Zélio e Ziraldo. Aquele era um mundo encantado. Logo na entrada, havia um pôster gigante assinado pelo Ziraldo: o Batman sentado num vaso sanitário, rolo de papel higiênico nas mãos, fazendo as coisas próprias de todos os mortais. Eu achava maravilhoso. Uma tremenda desconstruída no ideal do super-herói. Éramos uns poucos diletantes e uma meia dúzia de entusiasmados artistas que nutriam o sonho de uma carreira bem-sucedida e rentável.

Minha memória registra poucas coisas, mas jamais me esqueci daquela noite em que todos, compenetrados, transformávamos nossa criatividade em *cartoons*, caricaturas e *charges*. Papel e *crayons* esparramados sobre as mesas e, como não poderia deixar de ser, muitos risos. De repente, por trás de mim, quase à altura da minha nuca, ouvi a voz suave do Zélio endereçando uma pergunta ao sujeito sentado à minha frente: "Já tentou violino, meu filho?".

Silêncio absoluto. Todos os lápis flutuando a três centímetros dos *couché*. Cara de "por que você fez isso comigo?" do camarada sentado à minha frente. Até que o Zélio explicou: "Para você dar certo na vida, precisa de trabalho, talento e estrela. Com talento e trabalho você vai longe. Com talento e estrela também. Mas com trabalho e estrela você será sempre medíocre".

Ponto final. Não me lembro se o sujeito voltou. Eu não teria voltado. Teria saído em busca do meu talento.

A sabedoria convencional diz que, para dar certo na vida, você precisa de inteligência, formação acadêmica e experiência em seu ramo de atividade. Mas os consultores atuais concordam com o Zélio de vinte anos atrás: o fator determinante do sucesso é o talento.

Marcus Buckingham e Curt Coffman analisaram uma pesquisa feita pela Gallup Organization com 80 mil executivos e escreveram suas conclusões num livro interessante desde o título: *Primeiro quebre todas as regras.*[1] Eles definem talento como "um padrão recorrente de pensamento, sentimento ou comportamento que pode ser aplicado de maneira produtiva". Geralmente, quando pensamos em talento, lembramos de capacidades extraordinárias como as de Pelé, Michael Jordan, Mozart, Beethoven e Albert Einstein. Mas o fato é que todos nós possuímos um padrão recorrente para agir e reagir. A memória fotográfica, o sentido de direção, o raciocínio matemático e o senso estético são exemplos de padrões de pensamento, de sentimento e de comportamento.

Para simplificar as coisas, talento é o que você faz "com o pé nas costas", como se diz no popular. Talento é como escrever com a mão certa. Quando você escreve com a mão trocada, o esforço e o desconforto são maiores, e o resultado provavelmente não é do seu agrado. Talento é algo que você faz naturalmente, como por exemplo minha cunhada, que tem a invejável capacidade de fazer todo mundo se sentir especial e amado, ou minha esposa, que é capaz de servir qualquer pessoa como se estivesse servindo seu filho ou sua filha. Fazer conta de cabeça, enxergar uma casa linda num terreno baldio, tocar instrumentos de ouvido, cozinhar, conversar, ouvir, escrever, consolar. Enfim, talento é aquilo que você acha fácil e todo mundo acha difícil.

> *Para simplificar as coisas, talento é o que você faz "com o pé nas costas", como se diz no popular*

Buckingham e Coffman dizem que "você tem um filtro, um modo característico de reagir ao mundo que o cerca. Todos nós temos. Seu filtro lhe diz que estímulos notar e quais ignorar; quais deles amar e quais odiar. Ele cria suas motivações inatas. Você é competitivo, altruísta ou guiado pelo ego? Ele define seu modo de pensar. Você é disciplinado ou adota o *laissez-faire,* raciocina de maneira prática ou estratégica? Ele forja suas atitudes prevalecentes – você é otimista ou cínico, calmo ou ansioso, empático ou frio? Ele cria em você todos os seus padrões distintos de pensamento, sentimento e comportamento. Com efeito, seu filtro é a fonte de seus talentos". Ao contrário daquela máxima "desenvolva seus pontos fracos", o conceito de talento nos coloca diante de "uma importante descoberta: *todo* papel, desempenhado com excelência, exige determinados padrões *recorrentes* de pensamento, sentimento ou comportamento. Isso significa que grandes enfermeiras têm talento. O mesmo ocorre com grandes caminhoneiros e grandes professores, grandes zeladores e grandes comissárias de bordo". Em resumo, a palavra de ordem é "esqueça seus pontos fracos e desenvolva seus pontos fortes".

INTELIGÊNCIAS

Todo mundo é bom em alguma coisa. O conceito de talento acaba de vez com a burrice, pois todo mundo tem um tipo de inteligência. Daniel Goleman[2] cunhou o termo inteligência emocional, e hoje já se fala em inteligência espiritual. Howard Gardner[3] foi o mais popular teórico do assunto e classificou as inteligências em sete categorias.

A inteligência *linguística* é aquela da sua tia que fala pelos cotovelos, do seu sobrinho que é bom pra caramba em redação e do seu amigo que aprende idiomas com uma facilidade que dá até raiva. O *seu* Manoel que faz conta de cabeça e deixa o lápis pendurado na orelha só pra manter o tipo tem a *inteligência lógico-matemática*. Isso me faz lembrar da história da padaria da esquina da minha casa, que foi vendida para um português que botou preço só de perguntar quantos pãezinhos e litros de leite eram vendidos por dia. A *inteligência musical* é a do seu primo que toca violão sem nunca ter estudado e da sua vizinha que acredita que vai tirar a sorte grande num programa de calouros, e só não tira porque não tenta, porque todo mundo gosta quando ela canta.

O Garrincha, por exemplo, que tinha as pernas mais tortas do mundo, deixava tortos todos os seus marcadores, carinhosamente apelidados de *João*, e mostrava que em terra de Pelé não tem *inteligência corporal-cinestésica* que fique de pé. Essa mesma inteligência faz sua filha aprender todas as danças da moda, enquanto você não consegue nem entender o que quer dizer dois-pra-lá-dois-pra-cá. Quando você observa um camarada procurando alguma coisa no estacionamento do *shopping*, isso é um exemplo típico de falta de *inteligência espacial*, e o que sumiu foi o carro dele. Aquele seu cunhado que enxergou uma casa maravilhosa no terreno inclinado, que você sempre desdenhou, perto do sítio do seu pai, também tem essa inteligência.

A *inteligência interpessoal* é a cara do seu avô, que sempre esteve rodeado de amigos e todos falam dele com saudades sem estar mentindo. É a mesma inteligência do seu irmão, que estudou muito menos que você, mas conhece todo mundo e todo mundo gosta dele, tem um papo maravilhoso e sabe vender como ninguém – puxou o avô. "Freud explica" é a frase preferida dos que têm a *inteligência intrapessoal* e vivem no mundo da Lua, uma Lua que mora dentro deles, provavelmente como aquele seu amigo caladão que, de vez em quando, solta uma pérola que deixa todo mundo admirado.

Depois que o conceito de inteligências múltiplas ficou popularizado, começaram a aparecer inteligências de todos os lados: intuitiva, analítica, prática, ecológica, mística e assim vai, numa lista sem fim, como sem fim é a inteligência humana. Tenho simpatia pela inteligência espiritual, que me explicaram dizendo que é própria das pessoas que conseguem discernir as verdades universais e esclarecer a respeito do sentido da vida e significado da existência, além de transitar com leveza pelas práticas religiosas e de se dedicar a questões e causas chamadas sagradas.

Imagino quando as crianças descobrirem esse negócio. Entregarão seus boletins com notas vermelhas e dirão: "É que eu não tenho essa inteligência aí, pai". E elas estarão certas. E eu vou querer ver qual vai ser a inteligência que o pai vai ter de ter para dobrar o prodígio.

Peter Drucker disse que a maioria de nós é excelente em uma ou duas coisas, acima da média em mais uma ou duas, e medíocre no resto, isto é, possui um desempenho que qualquer pessoa com um mínimo de esforço e esclarecimento alcançaria. Em se tratando de inteligências múltiplas, ou talentos, ninguém, ou quase ninguém, é mono. Cada um de nós possui um *mix de inteligências* – um *pool de talentos,* que, uma vez combinados, podem resultar em contribuição significativa para o bem comum. Na linguagem do apóstolo Paulo, o Espírito de Deus manifesta-se por meio de todos, ou, como prefiro, Deus dá a cada um uma prova da presença do Espírito Santo.[4]

Paradigmas

Depois que aprendi essas coisas foi que enxerguei a diferença entre ocupação, emprego, carreira e vocação. Claro, você pode ter suas próprias definições e encontrar outras tantas nos dicionários e manuais. Mas peço que tenha paciência comigo e, pelo menos por enquanto, aceite minhas definições para que a gente se entenda.

Ocupação é o que a gente faz apenas por dinheiro. Ocupação é o que você faz porque precisa levar comida para casa. Ocupação é qualquer atividade que você desenvolve em troca de remuneração, mesmo que tal atividade não tenha nada a ver com seu gosto pessoal ou talento. Ocupação é vender limão na esquina, mesmo que você seja engenheiro formado. Ocupação é costurar no ateliê de sua vizinha, mesmo que você seja economista com pós-graduação na Inglaterra. Ocupação é atuar como frentista de posto de gasolina ou ascensorista nos prédios velhos do centro urbano, mesmo que você já tenha sido um empresário bem-sucedido. Ocupação é fabricar tendas, mesmo sendo apóstolo, como Paulo de Tarso no Novo Testamento[5]. Ocupação é prestar todo e qualquer serviço digno, ainda que incompatível com sua preferência, formação ou talento, quando você não tem alternativa honesta para levar para casa o pão de cada dia ou não possa mais esperar aquela oportunidade que combina melhor com você.

Emprego é o ambiente em que alugamos nossas competências, conhecimentos, experiências e talentos. No emprego, cooperamos para que o empregador alcance seus objetivos em troca de uma remuneração que nos permite correr atrás dos nossos objetivos após o expediente. Isso explica o sujeito que trabalha como caixa de banco, mas que se dedica voluntariamente a um projeto de apoio a crianças especiais, ou aquela senhora que é vendedora de produtos de beleza, mas que gosta mesmo é de fazer docinhos e salgadinhos para as festas dos fins de semana do seu bairro. Ela vive dizendo ao marido que seu sonho é ter uma cozinha maior e que, no dia que isso acontecer, ela para de vender cosméticos e fica o tempo todo cozinhando, o que os vizinhos e os parentes vão adorar. Ela é uma boa vendedora de produtos de beleza, assim como é boa vendedora de docinhos e salgadinhos. Mas o que ela prefere mesmo é cozinhar.

Carreira é o desenvolvimento de uma atividade compatível com nosso talento, num contexto cujos objetivos estão alinhados com os nossos próprios objetivos. Carreira é o que faz a professora que, após o expediente, passa horas na biblioteca ou o médico que, ao chegar em casa, espera todo mundo dormir para mergulhar na internet em busca de informações que possam ajudar no diagnóstico daquele paciente cujo caso foi discutido pela manhã no hospital. Caso você pergunte para aquela senhora dos docinhos e salgadinhos se ela quer parar de vender cosméticos, a resposta será sim. Isso quer dizer que vender cosméticos é para ela um emprego. Mas se você perguntar para aquele médico se ele quer deixar suas atividades no hospital, ele vai dizer que não. Isso significa que ele tem uma carreira. Ocupação é a atividade independente do talento. Emprego é a atividade que envolve o talento, mas que é feita em troca de remuneração. Carreira é o talento exercido independentemente de remuneração.

Mas e a vocação? *Vocação* é o que você é, independentemente do que faz. Imagine uma mulher de pouco mais de quarenta anos que sai logo cedo para trabalhar. Ao sair do elevador, ela cumprimenta sorridente as faxineiras do edifício onde mora, sabe o nome das pessoas que estão no ponto de ônibus todo dia no mesmo horário, conversa com o zelador do prédio onde trabalha, leva a receita do bolo que prometeu para a mulher do caixa do supermercado onde, na volta para casa, compra algumas coisas para o jantar e, quando entra em casa, parece que abriram uma janela de cara para o sol. Isso é vocação: um talento exercido todo o tempo, em todo lugar, a serviço de todo mundo. Por tudo isso é que a vocação é uma extensão do que você é, e não apenas o que você faz.

Um dos meus amigos tem o que chamamos de memória de elefante. Ele recorda facilmente datas, horários, conversas e tudo relacionado. Suas narrativas são ricas em detalhes. Chega ao absurdo de se lembrar do dia e da hora que liguei, das palavras literais que usei, da pergunta que ele me fez e como a respondi, e das decisões que tomamos juntos. Sabe o que ele faz na vida? É médico. Tenho certeza de que ele não olha para seus pacientes com aquela cara de "você é quem mesmo?", ou "que exame mesmo eu pedi para o senhor?", ou "qual foi a última vez que a senhora esteve aqui?". Eis um "padrão de pensamento, sentimento e comportamento", isto é, um talento que afeta radicalmente a atividade profissional.

Você pode ter uma ocupação, um emprego e uma carreira sem exercer sua vocação. Veja, por exemplo, alguém que escolheu a carreira de professor. Mas que tipo de professor? Seu "padrão recorrente de pensamento, sentimento e comportamento" está voltado para as ideias ou para as pessoas? Seu talento é explicar, conceituar, estimular a aprendizagem ou descobrir e desenvolver talentos? Seus alunos adquirem o "gosto pela leitura e se apaixonam pelos livros ou passam a valorizar os relacionamentos e o contexto da aprendizagem? Sua classe é rigorosamente disciplinada ou um ambiente descontraído de camaradagem e mutualidade? Enfim, a carreira é de professor, e o emprego é numa escola municipal na periferia da cidade. E a vocação, qual é? Enquanto não for descoberta, as peças não estarão encaixadas. Até que o *pool* de talentos seja identificado, tanto a carreira quanto o emprego estão *sub judice*. Quem não sabe ao certo quem é, não sabe ao certo o que deve fazer nem como deve fazer.

VIRADA

Na Avenida Paulista, em São Paulo, existiu durante muitos anos uma lanchonete chamada O engenheiro que virou suco. Provavelmente motivado pelas dificuldades para arrumar um emprego, aquele sujeito resolveu dar um pontapé em seu diploma de engenharia e ganhar a vida fazendo algo que não tinha nada a ver com sua especialização acadêmica. Alguns seguem essa trilha em resposta às dificuldades no competitivo mercado de trabalho, mas acredito que muita gente poderia fazer o mesmo caminho: reinventar a carreira e a atividade profissional.

Cliff Hakim é um consultor que se dedica a atuar como orientador pessoal daqueles que desejam uma renovação de sua vida para que consigam expressar o melhor de seus talentos. Em 1994, publicou *We are all self-employed* (Todos trabalhamos por conta própria), e por meio de sua consultoria, *Rethinking Work*®, vem desenvolvendo o conceito de "autoemprego", ou o que chama de *self-employed attitude,* o que quer dizer que, em última instância, querendo ou não, você é seu chefe. "Pessoas bem-sucedidas", afirma, "precisarão trabalhar em dois empregos: um que emita um contracheque e outro em que gerenciem suas próprias carreiras". Para isso, precisam desenvolver a "atitude de autônomo", quer estejam trabalhando para os outros, quer abrindo um negócio para si mesmas.

O tempo do paternalismo acabou. A conversa de que "minha empresa não me dá oportunidade de crescer" ou "neste meu emprego não consigo desenvolver o melhor do meu potencial" deve ser substituída por uma atitude pró-ativa, em que você toma nas mãos a responsabilidade pelo seu futuro profissional. De acordo com H. Jackson Brown, autor de *A Father's Book of Wisdom* [Livro de sabedoria dos pais], "o maior erro que você pode cometer é acreditar que trabalha para outra pessoa".

Num mundo em constante mudança, em que o emprego é cada vez mais escasso e o diploma de um curso superior deixou de ser um vale de garantia para uma boa oportunidade profissional, o melhor que se tem a fazer é transformar talento em negócio ou produto. Quem ainda acredita na máxima "estude pra valer, tire boas notas, consiga um diploma e você terá um bom emprego" está ultrapassado. O padrão do emprego para toda a vida serve apenas aos detentores do poder social e econômico, interessados em manter seus "empregados". O novo paradigma não considera mais a tríade ocupação-emprego-carreira, mas sim a força da vocação baseada em talentos.

As razões são simples. O paradigma ocupação-emprego-carreira trata de atividades técnicas, enquanto a vocação trata de expressão pessoal. O paradigma ocupação-emprego-carreira cabe dentro de um expediente e se encaixa na atividade profissional, enquanto a vocação é vivida 24 horas e abrange a vida inteira. O paradigma ocupação-emprego-carreira diz respeito ao que você faz, enquanto a vocação diz respeito ao que você é.

Essas peculiaridades dos paradigmas ocupação-emprego-carreira-vocação esclarecem a questão do sentido e significado da atividade profissional e suas implicações para a realização pessoal. O propósito de construir é derivado da imago Dei, e isso quer dizer que podemos contribuir para um mundo melhor porque existe um pouco de Deus em cada um de nós. Aristóteles disse que "onde as necessidades do mundo e suas habilidades se cruzam, aí está a sua vocação". Usando o mesmo raciocínio, acredito que onde você é mais parecido com Deus, aí está sua vocação. Em outras palavras, sua vocação é a maneira como Deus se expressa por meio de você. Isso reforça o fato de que a vocação é uma expressão de sua identidade mais profunda como pessoa singular criada à imago Dei.

Sua vocação é a maneira como Deus se expressa por meio de você.

O propósito de construir não está baseado na tríade ocupação-emprego--carreira, mas sim na vocação. O ideal é que você consiga alinhar ocupação--emprego-carreira com sua vocação, isto é, ter como fonte de receita financeira uma atividade profissional onde você expressa o melhor do seu perfil pessoal e seus talentos únicos. Mas isso é para poucos. O que você não pode fazer é negligenciar sua vocação.

Sentido do trabalho

Todos desejamos encontrar um significado mais profundo em nossas atividades profissionais. As recompensas financeiras já não são as únicas, e para muitas pessoas, já nem são as mais importantes pagas de seu trabalho. Tanto é verdade que para a pergunta "se você tivesse bastante dinheiro, para viver confortavelmente o resto da sua vida sem trabalhar, o que faria em relação ao seu trabalho?", a maioria esmagadora; das pessoas responderia "trabalharia mesmo assim".

Uma recente pesquisa[6] mostra que o sentido no trabalho depende de seis características combinadas. Em primeiro lugar, o trabalho deve ser feito de maneira eficiente e gerar resultados, pois ninguém gosta de plantar sem colher. Depois, deve ser intrinsecamente satisfatório, isto é, corresponder à personalidade, valores e talentos das pessoas, ou, em outras palavras, a pessoa tem de gostar do que faz. Um terceiro fator é que o trabalho tem de ser moralmente aceitável e socialmente responsável, o que significa dar uma contribuição à sociedade e cooperar com os mais nobres ideais humanos. Uma quarta característica do trabalho com sentido é que ele deve ser uma fonte de experiências de relações satisfatórias, e nesse sentido o trabalho aproxima pessoas e cria parcerias existenciais. A quinta característica diz respeito às garantias de segurança e autonomia, pois com o trabalho "ganhamos a vida": dinheiro para viver, respeito, admiração e acima de tudo a dignidade. Finalmente, a sexta característica de um trabalho com sentido é que ele nos mantém ocupados, enche nossa agenda, organiza nosso tempo – dias, meses, anos – estrutura e organiza a vida diária e a história pessoal.

Além dessas seis características, creio que o sentido do trabalho está associado a dois outros fatores. Primeiro, com as possibilidades de autodesenvolvimento ou, como bem disse Vinicius de Moraes, "o operário faz a coisa e a coisa faz o operário".

Mas acredito que a característica mais essencial do sentido no trabalho é o senso de missão. A maioria das pessoas realizadas em sua atividade profissional acredita não apenas que faz o que Deus lhes deu para fazer, como também no fato de que os frutos de tal atividade estão associados a valores intangíveis. A dimensão religiosa-espiritual da atividade profissional está bem retratada no *Gladiador*, de Ridley Scott. *Maximus*, o personagem de Russell Crowe, ao convocar seus soldados para a batalha, associa duas figuras imprescindíveis ao trabalho que contém significado: o céu e a eternidade. Ele diz para sua tropa perfilada algo mais ou menos assim: "Caso algum dos senhores se perceba cavalgando em uma serena campina no mais belo pôr do sol, não se assuste, você morreu e está no Elíseos". Em seguida, afirma categoricamente: "O que fazemos aqui ecoa na eternidade – evidentemente reforçando a convicção de que aquele que morre fazendo o que deve ser feito não morre em vão".

NARIZ

Estou de volta àquele alambrado do campo de futebol. Lá estão os mesmos atletas que eu invejava. Agora têm outros nomes. Mas vestem os mesmos uniformes e seguem na mesma trilha dos antigos. Eu não os invejo mais. Não seria capaz de viver nessa ciranda de rotinas a que deve se submeter um atleta ou profissional dos esportes de alto rendimento. Dietas, exercícios, treinamentos, compromissos sociais, contato com a imprensa, assédios, desgastes físicos e emocionais, lesões, incertezas, cobranças constantes de todos os lados. Deus me livre! Eu que não queria bater um pênalti numa final de Copa do Mundo.

Engana-se aquele que acredita que quem faz o que gosta para ganhar a vida só faz o que gosta. Todo mundo que faz o que gosta tem de fazer um monte de coisa que não gosta para poder continuar fazendo o que gosta.

SÍNTESE

Quem deseja ser produtivo, eficaz e realizado precisa descobrir seus talentos e desenvolvê-los para que sejam exercidos sempre que houver oportunidade. Felizes aqueles que conseguem casar sua atividade profissional com seus talentos. Felizes aqueles que conseguem exercer seus talentos independentemente de suas atividades profissionais. Felizes aqueles que exercem seus talentos em casa, no trabalho, entre amigos ou com qualquer pessoa que possa ser beneficiada por eles. Felizes aqueles que exercem seus talentos em troca de dinheiro, independentemente de qualquer remuneração, e até mesmo pondo dinheiro do bolso para poder fazer o que sabem. Esses são os que encontraram sua vocação.

Construir é cooperar com Deus para colocar ordem no caos. Todo ser humano é dotado de talentos, de múltiplas inteligências, para essa cooperação com Deus. Enquanto construímos, expressamos nosso potencial criativo, nossos recursos interiores, nossas habilidades, conhecimentos e experiências, colhemos o fruto do nosso trabalho. Os tesouros acompanham o trabalho. E melhores tesouros têm aqueles que trabalham à luz dos talentos. Trabalho, tesouro e talento. Eis o triângulo que sustenta a vocação. Eis a síntese do propósito de construir.

Parte VI | Vivendo com propósitos

19
CONCLUSÃO

Desilusão

> Em nosso último ano na escola secundária, eu e minha melhor amiga, Lan Ying, passávamos o tempo em discussões mórbidas sobre a falta de significado da vida quando tudo já fora feito. "O mundo se estende diante de nós", disse ela, "não como uma tela de possibilidades, mas como um labirinto de trilhas batidas, como os sulcos escavados por insetos em madeira de lei. Saia da trilha reta e estreita da carreira-materialismo e você terminará em outra – a trilha das pessoas que saíram da trilha principal. Essa trilha, na verdade, já foi usada (algumas foram abertas por nossos próprios pais). Quer viajar por aí? Ser um Kerouac moderno? Pule na trilha Vamos à Europa. Que tal ser um rebelde? Um artista de vanguarda? Compre sua trilha alternativa no sebo de livros, desinteressante e antiquada até a morte". Em toda parte nos imaginávamos transformadas em um clichê ambulante – aquela história da propaganda do jeep e das comédias curtas. Para nós, parecia que todos os arquétipos estavam gastos na época em que nos formamos, incluindo o do intelectual inseguro vestido de preto, que estávamos tentando encarnar naquele momento. Sufocadas pelas ideias e estilos do passado, achávamos que não havia espaço livre em lugar nenhum.[1]

O angustiado testemunho de Naomi Klein parece ecoar as palavras de Francis Fukuyama, que denunciou "o fim da história e o último homem", que vive na Terra onde todos os sonhos já foram sonhados e todas as causas já foram lutadas.

> Pois a história ensina que houve um sem-número de horizontes no passado – civilizações, religiões, códigos de ética, sistemas de valores. Quem viveu sob eles, sem a nossa percepção moderna da história, acreditava que seu horizonte era o único possível. Os que chegaram mais tarde nesse processo, os que vivem na velhice da humanidade, não podem ser tão acríticos. Eles compreendem que seu horizonte não é apenas um horizonte, não terra sólida, mas uma miragem que desaparece à medida que nos aproximamos, dando lugar a outro horizonte mais além. Por esse motivo o homem moderno é o último homem; ele foi exaurido

> pela experiência da história. O último homem, no fim da história, sabe que não vale a pena arriscar a vida por uma causa, pois reconhece que a história está repleta de batalhas inúteis. A história provou que o que levou os homens a atos desesperados e sacrifício não passavam de preconceitos tolos. Os homens com educação moderna contentam-se em ficar em casa, congratulando-se por sua liberdade e falta de fanatismo. Como diz o Zaratustra de Nietzsche, "Pois assim vocês falam: 'Reais somos nós completamente, e sem crenças nem superstições'. Assim vocês estufam o peito – mas, infelizmente ele está vazio".[2]

Homens de peito vazio. Satisfeitos com segurança física e riqueza material e vazios de sonhos, indiferentes às causas, imunes às paixões, incrédulos das utopias. Paradoxalmente, esse foi o legado do "século das luzes" que pretendeu "tornar o homem finalmente livre, senhor e protagonista do próprio amanhã, emancipado de qualquer dependência". O mundo da razão adulta, onde o pensamento assumiu a primazia sobre o espírito, profetizou *liberté, égalité, fraternité*, destronando pais-patrões-tiranos, trouxe a liberdade de toda autoridade exterior à consciência individual, afirmou a convivência respeitosa da igualdade de valor-direitos-poder e celebrou uma grande e feliz comunhão universal. Mas, paradoxalmente, a tríade liberdade, igualdade e fraternidade, ideário da Revolução Francesa, "não cumpriu suas promessas: em vez de oferecer um mundo segundo a medida do homem, em que este pudesse viver e morar procurando o bem comum, trouxe-nos, entre outras coisas, o critério da produtividade como parâmetro de valor, a massificação e a manipulação das pessoas, uma angustiante incomunicabilidade, um futuro ameaçador, a atrofia dos sentimentos e a poluição ecológica". Por essa razão, existe "a necessidade de oferecer ao mundo moderno um 'suplemento de alma' que permita ao homem evitar ser esmagado por suas próprias produções e encontrar a si mesmo de modo autêntico".[3]

O progresso do processo civilizatório não respondeu às grandes questões do coração humano. Por "progresso no processo civilizatório" entenda-se "o avanço do saber científico; o domínio crescente da natureza pela tecnologia; o aumento exponencial da produtividade e da riqueza material; a emancipação das mentes após séculos de opressão religiosa, superstição e servilismo; a transformação das instituições políticas em bases racionais; e o aprimoramento intelectual e moral dos homens por meio da ação conjunta da educação e das leis".[4] Tudo isso resultou em profunda desilusão, pois

> entre as crenças que povoavam a imaginação e a visão de futuro iluminista, uma em particular revelou-se problemática: a noção de que os avanços da ciência, da

> técnica e da razão teriam o dom não só de melhorar as condições objetivas de vida, mas atenderiam aos anseios de felicidade, bem-estar subjetivo e realização existencial dos homens. Sob este aspecto, seria difícil sustentar que o presente esteja à altura do amanhã pretendido de ontem.[5]

Em outras palavras, como disse Sir Winston Churchill, "o ser humano tem melhor domínio de todas as coisas, exceto sobre si mesmo".

Podemos dizer que o iluminismo, a Revolução Francesa e o processo que costumamos chamar de modernidade "jogaram o bebê fora junto com a água da bacia". E o nome do bebê era Deus. Chegamos ao que Martin Heidegger chamou de "noite do mundo", em que

> o que triunfa é a indiferença, a perda do gosto para procurar as razões últimas do viver e do morrer. Perfila-se, desse modo, o extremo rosto do século que chega ao fim: o rosto do niilismo. O niilismo não é o abandono dos valores, a renúncia a viver alguma coisa pela qual valha a pena viver, mas um processo mais sutil: ele priva o ser humano do gosto de empenhar-se por uma razão mais alta, despoja-o daquelas motivações fortes que a ideologia ainda precisa oferecer-lhe. A doença que hoje mais se alastra é a falta de paixão pela verdade: este é o rosto trágico da pós-modernidade. Poder-se-ia dizer que a enfermidade mais profunda da época que chamamos de pós-moderna seria a definitiva renúncia a um pai-mãe para o qual se possa estender os braços da espera e, portanto, o não ter mais a vontade e o desejo de procurar o sentido pelo qual valha a pena viver e morrer. Diante do vácuo do sentido último, a pessoa se agarra ao interesse penúltimo, à conquista da posse imediata. Quando alguém não tem horizontes grandiosos de verdade, facilmente se afoga na solidão egoística da própria particularidade e a sociedade se torna um arquipélago.[6]

Quando iniciei este livro, imaginava que a doença do homem contemporâneo era a falta de sentido. Mas convenci-me de que o mal é maior. A doença não é apenas a falta de sentido, mas a falta de vontade de encontrar um sentido, a falta de esperança de encontrar um sentido, o cinismo a respeito de qualquer sentido.

FIM DO MISTÉRIO

> Um estudo publicado pela revista britânica Journal of Humanistic Psychology diz ter concluído qual é afinal o sentido da vida, questão que há séculos desafia filósofos, pensadores e seres humanos em geral: A resposta encontrada é: "A vida é para ser desfrutada". Seria essa, pelo menos a visão de 17% (o maior grupo) de 200 personalidades marcantes, cujas palavras foram analisadas por uma equipe de psicólogos americanos. Entre os que partilhariam dessa visão

> estão o ex-presidente dos EUA Thomas Jefferson e a cantora Janis Joplin, que morreu aos 27 anos. Em segundo lugar, aparecem aqueles que acreditavam que o sentido da vida é "amar, ajudar e prestar serviços aos demais". Neste grupo estão o físico Albert Einstein e o líder indiano Mahatma Gandhi. Mas há também os pessimistas, para quem a vida simplesmente não tinha sentido. Onze por cento, segundo o estudo, pensavam dessa forma. Entre eles Sigmund Freud e os escritores Franz Kafka e Jean Paul Sartre. Finalmente, um menor número de estudados pensava que a vida é simplesmente "uma piada". Neste time estão o cantor Bob Dylan e o escritor Oscar Wilde.[7]

Devo confessar que, se fosse entrevistado por esse grupo de psicólogos, marcaria X em todas as alternativas. Estou entre aqueles que acreditam que o sentido da vida está em viver. Também acredito que o sentido da vida não é encontrado na resposta definitiva nem que exista uma única experiência que resolva, em termos cabais, o dilema da existência humana.

Foi meu tio quem me ensinou que a gente deve viver como se já tivesse encontrado a resposta, mas sabedores de que jamais a encontraremos senão indo procurá-la sempre. O mistério da vida se resolve passo a passo, quando somos capazes de realizar com dignidade o sentido embutido em cada momento e situação. Por essa razão, o sentido da vida não se equaciona na elucidação dos grandes mistérios (melhor é viver do que sacrificar os dias tentando decifrar a vida), nem no êxtase dos grandes eventos, feitos ou experiências arrebatadoras. O sentido da vida está na sabedoria do conselho do *Qoelet*, o Eclesiastes: "coma com prazer a sua comida e beba o seu vinho de coração alegre, pois Deus já se agradou do que você faz. Esteja sempre vestido com roupas de festa, e unja sempre a sua cabeça com óleo. Desfrute a vida com a mulher a quem você ama".[8] Harold Kushner, ao comentar esse trecho, diz que "tentar encontrar a Grande Resposta para a Grande Pergunta a respeito do problema da vida é como tentar comer a Grande Refeição para nunca mais ter de se preocupar com a fome".[9] Portanto, concordo com aqueles que dizem que o sentido da vida é viver, e que a grande recompensa de quem vive não está necessariamente em outra vida e em outro mundo. "Quando aprendemos a viver, a própria vida é a recompensa".[10]

Amar, ajudar e prestar serviços aos demais? Claro. Egoísmo e narcisismo são primos irmãos da infelicidade, pois qualquer um que pretenda encontrar sentido em si mesmo vai se decepcionar. A ideia de que "tudo quanto você precisa para ser feliz está dentro de você" é uma estupidez humanista, que desconsidera o universo criado (não existe felicidade sem banho de cachoeira e lambuzeira de manga-rosa), a realidade do outro (não existe felicidade sem abraços e beijos, cafunés, troca de olhares, sorrisos marotos e gargalhadas na roda de amigos) e a imprescindibilidade de Deus (não existe felicidade sem mistério, sem o *Tremendum*, o *Numinoso*, o peso da glória do *Totalmente Outro)*.

Na tradição de espiritualidade judaico-cristã, a felicidade não está dentro de nós, mas no encontro-Encontro. A maneira como nos aproximamos de Deus – Encontro – é indo em direção ao próximo e irmão – encontro: "digo-lhes a verdade: O que vocês fizeram a algum dos meus menores irmãos, a mim o fizeram".[11] Sou cristão e, portanto, acredito que jamais serei o que devo ser enquanto não amar a Deus sobre todas as coisas e ao próximo com o amor do Cristo.[12]

Mas há também os pessimistas, para quem a vida simplesmente não tem sentido. Com eles me solidarizo. Nietzsche, Kafka, Freud, Sartre, Camus e tantos outros ocupam lugar de honra em minha biblioteca. Também faço suas perguntas. Também sofro a ausência de respostas para muitas delas.

Dou razão a Robert De Niro quando ironicamente afirma que "se o céu existe, Deus tem muito que explicar". A diferença é que eu acredito que o céu existe. Quanto às explicações, elas já foram apresentadas na cruz do Calvário, e admito que não consegui apropriar-me de todas elas.

Não tenho problemas com as perguntas. O oposto da fé não é a dúvida, é o medo. E não tenho medo nem de viver, nem de morrer. Apenas não quero morrer cedo e, de preferência, como Woody Allen, "quando eu morrer, não quero estar lá". Na verdade, meu desejo de não deixar este mundo tão cedo é meu grande álibi para a fé. Não preciso entender tudo, saber tudo, compreender tudo, dominar tudo para gostar de viver e crer que viver vale a pena. Às vezes, sou tomado de assalto por esta horrenda sensação de que a vida não faz sentido, mas isso passa logo. Aprendi com G. K. Chesterton que a existência do mal e do lado sombrio da vida só nos agride por causa da existência do bem e do lado luminoso da aventura humana. Quem pretende negar Deus por causa do Mal, deve dar uma boa explicação para o Bem.

A afirmação de que a vida é simplesmente "uma piada" também faz eco no meu coração. O que mais me espanta é a imensidão. O físico Marcelo Gleiser me ensinou que

> até meados da década de 1920 os astrônomos não sabiam se a Via Láctea era a única galáxia no Universo, ou se existiam outras como ela. Hoje, sabemos que existem no Universo não algumas, mas centenas de bilhões de outras galáxias, cada uma delas com um número enorme de estrelas, que pode variar de milhões a centenas de bilhões. Mais fascinante ainda, ou talvez até chocante, foi a descoberta feita em 1929 pelo astrônomo americano Edwin Hubble, de que o Universo está em expansão. Em menos de setenta anos passamos de um pequeno

> Universo, aconchegante e familiar, a um gigante em expansão, misterioso e indiferente à condição humana.[13]

É fascinante, também, que do outro lado dos meus olhos, enquanto olho para o céu para contar estrelas, existe outro universo, chamado cérebro, um pequeno globo de 1,36 kg, composto de um quarto de tecido gelatinoso, que também permanece, em grande medida, um mistério. O cérebro é formado por 100 bilhões de neurônios, ou células nervosas, que enviam e recebem mensagens por meio de pulsos elétricos. Cada célula nervosa é capaz de comunicar-se ao mesmo tempo com 1.000 a 6.000 outras células nervosas, fazendo cerca de 100 trilhões de conexões a cada dado instante. Essa comunicação entre as células nervosas é possível por causa dos mediadores químicos chamados neurotransmissores, que ocupam o espaço entre os neurônios, chamado sinapse. Cada pensamento que temos, cada sensação e emoção que sentimos derivam-se dessas conexões de trilhões e trilhões de encontros entre neurônios. Já foram identificados mais de 50 neurotransmissores, dentre eles a adrenalina, a noradrenalina e a famosa "molécula da felicidade", a serotonina. Para complicar ainda mais, cada sinapse (espaço entre neurônios) pode comunicar-se em várias intensidades, assim como a voz pode funcionar em diferentes volumes. Isso faz com que o número total de configurações distintas possíveis entre os 100 bilhões de neurônios do seu cérebro é dez elevado à potência de um trilhão ou $10^{1.000.000.000.000}$. Quem me ensinou isso foi o dr. Herbert Benson.[14]

Esses números de galáxias, de estrelas, de neurônios e de conexões nervosas do cérebro quase me deixam envergonhado de ter escrito um livro a respeito da vida que vale a pena. Parece mesmo uma piada pensar que um sujeito de conhecimento tão limitado, com tão pouco tempo de vida (aliás, nem cito os números prováveis do tempo de existência do Universo), encrostado no chão do Terceiro Mundo, proponha-se a filosofar, a teologizar e ainda por cima publicar suas conclusões. Mais piada ainda parece você ter chegado até aqui nessa discussão a respeito do mistério do sentido da vida, sublinhando, riscando, assentindo e retrucando argumentos. Não somos patéticos porque somos imago Dei. Tão imenso o Universo, tão imensa a raça humana, tão imenso a pessoa humana, cada uma, inclusive você e eu. Não somos uma piada do mistério porque somos um com o próprio Mistério. Somos igualmente um mistério. A reflexão e a autorreflexão são, ao mesmo tempo, a porta de entrada de um labirinto e um caminho de vida e conexão com a eternidade. O anseio de conhecer e a entrega à busca incansável constroem a trilha na qual a revelação pode chegar a qualquer momento. Não penso porque creio em minha capacidade de descobrir e desvendar. Penso porque creio que, enquanto penso, recebo revelação. E recebendo revelação, desfruto o sagrado, comungo com o Mistério, conecto-me com o que mais existe além de mim. Enfim, apesar de mim e dos mistérios que fazem ridículo um ser tão pequeno quanto eu, sigo meu caminho rindo, às vezes de mim mesmo, mas quase sempre com uma alegria que me foi graciosamente outorgada pelo Misterioso.

Não bastasse o senso de ridículo diante da vida, também a vida se parece ridícula em alguns momentos para mim. Na verdade, para ser mais honesto (mais impossível), até mesmo Deus às vezes parece ridículo. Mas não se preocupe comigo. Deve se preocupar é com você, caso acredite que compreende plenamente Deus e o que Deus faz. Das duas uma: ou o seu Deus é pequeno demais, ou você está se superestimando. Quem sabe, as duas coisas. Somente quem já foi tomado pela sensação de que Deus demorou, omitiu-se, desistiu, desapareceu, é capaz de solidarizar-se com os que dão risada da vida. Posso lhe garantir que, se eu fosse Deus, teria feito e deixado de fazer muita coisa neste mundo. A sua sorte (e a minha) é que não sou Deus, pois, se eu o fosse, o mundo seria insuportável. Sei que, lá no fundo, você também pensa assim. Pensa em dar uma mãozinha para Deus, acreditando que se sairia melhor do que ele em muitas situações. Quando isso acontecer de novo, procure um cantinho e sente para dar risada. Ria de você, não de Deus, pois, como disse Mark Twain: "ninguém tem mais saúde do que aquele que é capaz de rir de si mesmo". Por esse motivo é que Deus de vez em quando "morre" de rir.[15] Que pena que os pessimistas que consideraram a vida uma piada riram sozinhos, melancólicos e irônicos. Que pena que não aprenderam a rir com Deus.

Utopia

"Isto não é o fim. Nem mesmo é o começo do fim. Mas talvez seja o fim do começo".[16] Assim começo a me despedir de você.

O último homem não é aquele que não tem mais sonhos a sonhar ou o que vive de sonhos frustrados ao longo da história. O último homem é aquele que vive de um sonho que ainda não morreu, um sonho vivo, cujos ideais não foram frustrados. O último homem é aquele que vive da utopia – o que ainda não encontrou o seu lugar. Existem, sim, espaços livres, nos quais podemos experimentar uma existência singular e original, pois cada ser humano é um original. Há esperança para este mundo. O niilismo não é a palavra final. Podemos seguir em frente. Passo a passo. Juntos, amando e doando. Celebrando mistérios, fazendo perguntas e rindo de nós mesmos e do mundo que construímos e ou que conseguimos enxergar.

Desde que ecoou a Voz me chamando ao arrependimento e à fé, convidando-me para o Reino de Deus que está próximo, possível, acessível,[17] vivo essa utopia de Jesus de Nazaré. Sei que este reino de justiça, de paz e de alegria[18], que é a comunhão do Espírito, é também a mesa da comunhão, em que me encontro com meus irmãos.

Conviver é a única causa à qual posso servir, ser útil - *construir*, o único ambiente onde posso vir a ser - *crescer*, no meu encontro com o Eterno -*transcender*.

NOTAS

Prefácio

1. Editora Mundo Cristão, 2003, p. 21.

Introdução

1. *kairós* é o tempo que não pode ser medido cronologicamente, uma fase, um bloco de tempo, uma ocasião, geralmente traduzida como oportunidade.

Capítulo 1 – Felicidade

1. Cook, Gareth. "Genes podem determinar a felicidade." *The Boston Globe*, 12 de out.de 2000.
2. Idem.
3. 1 Coríntios 2.14-16.
4. Romanos 7.7-24, NVI.
5. Efésios 2.1-3.
6. P. 31-32.

Capítulo 2 – Alternativas

1. Citado por Francisco Rüdiger, em *Literatura de autoajuda e individualismo.* p. 22.
2. Idem, p. 23,4.
3. Bland, Glenn. *Sucesso*, p. 9,10.
4. Gehringer, Max. "O que é autoajuda", *Você S.A.*, out., São Paulo: Ed. Abril, 2000.
5. Carnegie, Dale. *Como fazer amigos e influenciar pessoas.* Rio de Janeiro: Nacional, 1939 (primeira edição em inglês, em 1936).
6. Peale, Norman Vincent. O *poder do pensamento positivo.* São Paulo: Cultrix, 1980 (primeira edição em inglês, em 1952).
7. Boff, Leonardo. *Tempo de Transcendência.*
8. Rüdiger, Francisco, op. cit., p. 90-95.

Capítulo 3 – Significado

1. Covey, Stephen é autor de *best sellers* como *Sete hábitos das pessoas muito eficazes* e *Primeiro o mais importante*, publicados pela Campus.
2. Boff, Leonardo. *Tempo de Transcendência.*
3. Frankl, Viktor. *Em busca de sentido*, p. 101.
4. Citado por Harold Kushner.
5. Kushner, Harold. *Quando tudo não é o bastante.*
6. Scott, R. B. Y. *Proverbs/Ecclesiastes.* Garden City: Anchor Bible, 1965, p. 202.
7. Harrelson, Walter. *Interpreting the Old Testament.* Chicago: Holt, Rinehard and Winston, 1964, p. 443.
8. Eclesiastes 3.11, NVI.
9. Gênesis 3.6, ARA.
10. Idem.
11. Mateus 4.8, NTLH.
12. 1 João 2.16, NVI.
13. Covey, Stephen. *Primeiro o mais importante.*

Capítulo 4 – Caminho para a felicidade

1. 1 Timóteo 6.16, NVI.
2. Boff, Leonardo. *Experimentar Deus*, p. 23.
3. Huxley, Aldous. *A filosofia perene*, p. 16.
4. Erickson, Millard. *Introdução à Teologia Sistemática*, p.101.
5. Panenteísmo é uma expressão criada pelo filósofo alemão Karl C. F. Krause (1781-1832) que se explica etmologicamente pela fusão de duas palavras gregas: *pan*, tudo, e *Theos*, Deus. O panteísmo identifica tudo com Deus e, na verdade, chama de Deus a soma de toda a realidade, Tudo é Deus e Deus é Tudo. O panenteísmo, por sua vez, compreende Deus além da realidade, embora admita que Deus harmonize toda a realidade em si mesmo. Tanto o panteísmo quanto o panenteísmo aproximam-se de Plotino e dos neoplatônicos, que entendiam a realidade como emanação de Deus – O Uno. Giordano Bruno, Teilhard de Chardin e Baruch Spinoza foram grandemente influenciados pelo neoplatonismo.
6. Atos 17.28, NVI.
7. Romanos 11.36, NVI.
8. Boff, Leonardo. *Espiritualidade*, p. 52.
9. Leone, Alexandre. *A imagem divina e o pó da terra*, p. 135, 136.
10. Boff, Leonardo. Op. cit., 2001, p. 31.

[11] Boff, Leonardo. Op. cit., 2001, p.12.
[12] Gênesis 28.16, ARA.
[13] Jeans, J. *The Mysterious Universe,* citado por Dallas Willard em *Ouvindo Deus,* São Paulo: Ultimato/Textus, p. 92.
[14] João 1.14-18, ARA.
[15] João 3.31, 32; 8.23.
[16] João 4.25,26.
[17] João 5.18.
[18] João 5.23.
[19] João 10.30, NVI.
[20] João 14.9.
[21] Huxley, Aldous. *A filosofia perene*, p. 64-65.
[22] Willard, Dallas. *A conspiração divina*, p. 22.
[23] Boff, Leonardo. Op. cit., 2002, p. 155, 156.
[24] Romanos 11.36, NVI.
[25] 1 Coríntios 10.31
[26] 1 Coríntios 15.28; Colossenses 3.11.
[27] Piper, John. *Teologia da alegria*, p. 37.
[28] Gênesis 1.31.
[29] Mateus 16.13-28, ARA.
[30] João 10.30, ARA.
[31] João 17.21, NVI.

Capítulo 5 – Imago Dei

[1] Lewis, C. S. *Cristianismo puro e simples*, p. 41.
[2] João 4.23,24.
[3] Gênesis 1.26, ARA, NVI.
[4] Gênesis 1.26,27.
[5] Willard, Dallas. *A conspiração divina*, p. 94s.
[6] Idem, p. 99.
[7] 1 Coríntios 6.18,19.
[8] Efésios 2.20-22.
[9] Filipenses 2.12,13.
[10] Colossenses 1.27, ARA.
[11] 1 Pedro 2.5, ARA.
[12] João 14.2,3, NVI.
[13] Damásio, Antonio. O *erro de Descartes*, p. 280.
[14] Idem, p. 280.
[15] Lewis, C. S. Op. cit., 1989, p. 17.

16. Idem.
17. FRANKL, Viktor. *A presença ignorada de Deus*, p. 41.
18. Salmos 92.4,5, NVI.
19. Salmos 104.24, NVI.
20. Salmos 145.3-10, NVI.
21. Salmos 37.5, NVI.
22. Isaías 64.4, NVI.
23. João 5.17, ARA.
24. BOFF, Leonardo. *A trindade e a sociedade*, p. 21. Citado por Ricardo Barbosa, em 1986.
25. Idem, p. 61.
26. Gênesis 2.21-25, NVI.
27. Veja Efésios 2.15.
28. Gálatas 3.26-28, NVI.
29. LEWIS, C. S. Op. cit., 1989, p. 125.
30. João 1.1-14, ARA.
31. Romanos 8.29, NVI.
32. Colossenses 1.17-19, NVI.
33. Lucas 19.10, NVI.
34. Mateus 20.28, NVI.

CAPÍTULO 6 – PROPÓSITOS

1. SCHOPENHAUER, citado por COMTE-SPONVILLE, André, em *A felicidade desesperadamente*, p. 35.
2. COMTE-SPONVILLE, André, p. 8.
3. 2 Pedro 1.4
4. LEWIS, C. S. *Cristianismo puro e simples*, p. 27.

CAPÍTULO 7– CONVERSÃO

1. WILLARD, Dallas. *A conspiração divina*, p. 100.
2. Idem, p. 102.
3. João 4.23,24.
4. LEWIS, C. S. *Cristianismo puro e simples*, p. 91.
5. Idem.
6. Gênesis 3.5.
7. KUSHNER, Harold. *How Good do We Have to Be?*, p. 16-33.
8. Gênesis 2.16,17.
9. Romanos 8.1-16.

10. Lewis, C. S. Op. cit., 1989, p. 90.
11. Gálatas 2.20.
12. Colossenses 1.27.
13. 1 Coríntios 6.19.
14. Romanos 5.12-21.
15. 2 Timóteo 1.10, NVI
16. Efésios 2.1-3.
17. Romanos 7.7-8.17; Efésios 2.1-3.
18. Lucas 15.11-32.
19. Marcos 1.14,15, NVI.
20. Mateus 16.24-26, NVI.
21. Coríntios 5.14,15, NVI.
22. Atos 2.22-36.
23. Veja Daniel 2.19-47, a descrição do sonho de Nabucodonosor, que simboliza a sucessão de reinos ao longo da história: babilônio, persa e romano, quando surgiria uma pedra "não enviada por mãos humanas", que esmagaria todos os outros reinos e que se estabeleceria para a eternidade. A tradição cristã não tem dúvidas de que essa é uma alusão ao Reino de Deus, o Reino supra-impérios históricos, inaugurado nos dias de Jesus de Nazaré.
24. Gênesis 3.15.
25. Mumma, Howard. *Albert Camus e o teólogo*, p. 40-43.
26. Mateus 28.19.
27. Atos 2.38, NVI.
28. Romanos 5.1,2; 8.1,2.
29. 1 Coríntios 6.19.
30. João 3.1-8.
31. Ver nota para João 3.1-8, na *Bíblia Shedd.*
32. João 3.6, NVI.
33. Idem.

Capítulo 8 – Conexão

1. Mateus 26.41 (NVI/ARA).
2. Lucas 17.21, ARA.
3. 1 Coríntios 15.50, NVI.
4. Lucas 19.1-19.
5. João 5. 7.37-39, ARA.
6. João 20.30, ARA. 7. João 21.25, ARA.
8. Mateus 4.1; 14.13; 14.23; Marcos 1.35; Lucas 11.1.
9. Gênesis 28.16,17, ARA.

10. 1 Reis 19.9, ARA.
11. Lucas 24.13-35.
12. BONDER, Nilton, p. 92.
13. LEWIS, C. S.
14. Romamos 11.36, NVI.
15. João 10.31 (NVI/ ARA).
16. Lucas 18.11, ARA.
17. PETERSON, Eugene. O *pastor contemplativo*, capítulo 8.
18. João 14.12-14; 15.7; 16.23,24.
19. Atos 10.1,2.
20. GOODALL, Jane. *Uma janela para a vida: 30 anos com os chimpanzés da Tanzânia*, p. 16, 17.
21. Gênesis 28.16.
22. CHOURAQUI, André. *No princípio*, p. 294.

CAPÍTULO 9 – CONVERSAÇÃO

1. Para se aprofundar no tema, recomendo Richard Foster, *Oração, o refúgio da alma*.
2. Mateus 6.22,23.
3. Mateus 6.33.
4. Filipenses 4.6,7, ARA.
5. Tiago 4.3.
6. Salmos 42.5, NVI.
7. Salmos 139.23,24, NVI.
8. João 6.27.
9. Filipenses 4.10-13.
10. Gálatas 5.16.
11. Salmos 139.1-4, ARA.
12. Gálatas 6.2.
13. Romanos 15.30.
14. Colossenses 4.12.
15. Lucas 22.31,32.
16. Salmos 145.18 (NVI; ver também Salmos 86.5).
17. João 6.25-27.
18. Lucas 17.11-19.
19. Atos 10.4-31.
20. Juliana de Norwich, citada em *Oração, o refúgio da alma*, por Richard Foster, p. 139.

Capítulo 10 – Modelo

1. João 3.1-8.
2. Romanos 8.16,17.
3. 2 Coríntios 7.1; 1 Tessalonicenses 5.23.
4. Deuteronômio 6.5; Mateus 22.37.
5. Citado por Alexandre G. Leone, em *A imagem divina e o pó da terra*, p. 125.
6. Cullmann, Oscar. *Das origens do evangelho à formação da teologia cristã*, p. 193.
7. Para aprofundar o tema, veja Erickson, Millard, *Introdução à teologia sistemática*, São Paulo: Vida Nova, 1997, Capítulo 18: A imagem de Deus no homem, notadamente p. 230-233.
8. Recomendo quatro autores: Joseph Ledoux (O *cérebro emocional*, Rio de Janeiro: Objetiva, 1998); Antonio Damásio (*O erro de Descartes* e *O mistério da consciência*, São Paulo: Companhia das Letras, 1998 e 2000 respectivamente); o popular Daniel Goleman (*Inteligência emocional*, Rio de Janeiro: Objetiva, 1996); e Henrique Schützer Del Nero (*O sítio da mente*, São Paulo: Collegium Cognitio, 1997).
9. Domásio, Antonio. O *erro de Descartes*, p. 280.
10. Gênesis 2.7, ARA.
11. Mateus 6.33.
12. Nouwen, Henri J. M. *Renovando todas as coisas*, p. 33, 34.

Capítulo 11 – Maturidade

1. 2 Coríntios 4.16, NVI.
2. Salmos 14.1; 53.1.
3. Marcos 12.28-31, NTLH.
4. Gálatas 2.20, ARA.
5. Colossenses 1 .26,27, NTLH.
6. Gálatas 5.22, ARA.
7. Romanos 5.5, NTLH.
8. 1 João 4.7-16, NTLH.
9. 2 Pedro 1.4.
10. Gálatas 5.22,23, NVI.
11. 1 Tessalonicenses 5.19, NTLH.
12. Efésios 4.27.
13. 1 João 4.20, NTLH.
14. Isaías 32.17.
15. Gálatas 5.16-21.

16. Barclay, Charles William. *As obras da carne e o fruto do Espírito*, p. 24.
17. Mateus 26.41, ARA.

Capítulo 12 – Método

1. João 3.16; 1 João 5.12, ARA. Ver também: João 5.24; 6.63-69; 10.10; 11.25; 14.6; 17.3;20.30,31; 1 João5.11.
2. Nouwen, Henri J. M. *Mosaicos do presente.* São Paulo: Paulinas, 1995, p. 64.
3. Efésios 3.16, ARA.
4. 1 Tessalonicenses 5.18; Efésios 5.18.
5. Willard, Dallas. *A conspiração divina*, p. 386.
6. 1 Coríntios 9.24-27; 1 Timóteo4.7,8.
7. Romanos 7.17-20,23.
8. Willard, Dallas. Op. cit., 2001, p. 376.
9. Gálatas 5.16,17.
10. Romanos 8.22,23.
11. 1 Coríntios 15.53.
12. João 1.1-14, ARA.
13. Filipenses 2.7, NVI.
14. Hebreus 10.5.
15. Mateus 26.26-30.
16. 1 Coríntios 15.35-54.
17. 2 Coríntios 4.11, NVI.
18. 2 Coríntios 3.l8; Gálatas 4.19; Efésios 4.11-13; Colossenses 1.28; 3.10; 2 Timóteo 3.16,17.
19. Efésios 6.l8; 1 Tessalonicenses 5.16-18.
20. 1 Coríntios 9.24-27; 1 Timóteo 4.7,8.
21. Filipenses 2.12,13.
22. 1 Coríntios 14.26; Efésios 5.19.
23. João 17.3.
24. Mateus 22.29; João 5.39.
25. Isaías 43.10.
26. 2 Coríntios 3.18.
27. Mateus 17.1-8.
28. Para aprofundar o tema, recomendo a leitura de Dallas Willard, *A conspiração divina*; *O espírito das disciplinas* e Richard Foster, *Celebração da disciplina*; *Devotional classics.*
29. Mateus 4.4, ARA.
30. João 4.32,34.
31. À Kempis, Thomas. *A imitação de Cristo*, p. 62.

32. Daniel 1.12.
33. Cobra, Nuno. *A semente da vitória*, p. 82-84.
34. Romanos 12.2.
35. João 8.32, NVI.
36. Peterson, Eugene. *Ouvindo a Deus,* editado por Elmer Dyck, p. 7.
37. Capra, Fritjof. *O tão da física*, p. 31.
38. Salmos 30.11,12, NVI.
39. Salmo 100.
40. 1 Coríntios 7.5.
41. Lucas 12.15, NVI.
42. Nouwen, Heni J. M. Silence, the portable cell. *Sojourners*, jul. de 1980, p. 22.
43. Provérbios 16.32.
44. Lucas 18.9-14.
45. Êxodo 3.14.
46. Mateus 6.5-8.
47. 2 Coríntios 12.7-10; Mateus 26.36-46.
48. Mateus 16.26.

Capítulo 13 – Amor

1. Lewis, C. S. *As cartas do coisa-ruim*, p. 6.
2. Idem, p. 6.
3. Idem.
4. Sousa, Ricardo Barbosa. *Janelas para a vida*, p. 61.
5. Boff, Leonardo. *A trindade e a sociedade*, p. 21, 37, 38.
6. Frankl, Viktor. *Um sentido para a vida*, p. 29.
7. Recomendo a leitura de *Pequeno tratado das grandes virtudes*, de André Comte-Sponville (1995), especialmente o capítulo 18, Amor.
8. Barclay, William Charles. *As obras da carne e o fruto do Espírito*, verbete "ágape", 1992.
9. João 13.35, ARA.
10. Mateus 9.36; 14.14; 15.32; 18.27; 20.34; 27.43.
11. Simone Weil, citada em *Pequeno tratado das grandes virtudes*, de André Comte-Sponville, 1995, p. 303.

Capítulo 14 – Alianças

1. Citado em *Mentoria espiritual*, por James Houston, 2003, p. 13.
2. Lucas 10.1-17.
3. Mateus 10.2.

4. Mateus 17.1; 26.37.
5. João 20.2.
6. LEWIS, C. S. *Os quatro amores.* São Paulo: Mundo Cristão, 1983, p. 57.
7. Provérbios 18.24, ARA.
8. Provérbios 27.17, NVI.
9. Provérbios 27.5, NVI.
10. NOUWEN, Henri J. M. *Cartas a Marc sobre Jesus.* São Paulo: Edições Loyola, 1999, p. 32 e *Pão para o caminho.* São Paulo: Edições Loyola, 1999, p. 29. O que é *coaching?*, Revista *Você S.A.*, set. de 2000.
11. *O que é coaching?*. Revista Você S.A., set. 2000.
12. Idem, mar. de 2000 .
13. HOUSTON, James. *Mentoria espiritual.* Rio de Janeiro: Sepal, 2003, p. 17.
14. Mateus 18.20.

CAPÍTULO 15 – ATITUDES

1. MORAES, Vinicius de. *Para Viver um Grande Amor.* São Paulo: Companhia das Letras, 2001, p. 181.
2. LEONE, Alexandre. *A imagem divina e o pó da terra*, p. 158-159.
3. Gênesis 2.24, NVI.
4. Mateus 3.17, ARA.
5. Sermão baseado em João 13.1.
6. Eclesiastes 4.10, NVI.
7. Gálatas 6.2, NVI.
8. Efésios 4.3.
9. RIENECKER, F. e ROGERS, C. *Chave linguística do Novo Testamento Grego*, p. 393.
10. Filipenses 4.3,4.
11. Mateus 18.21-35.

CAPÍTULO 16 – TRABALHO

1. HESCHEL, Joshua. *O Schabat*, p. 68.
2. Gênesis 1.26-28, NVI.
3. Eclesiastes 7.29.
4. KUSHNER, Harold. *How Good do We Have to Be?*, p. 31.
5. Idem, pp. 21, 22.
6. Citado em *Albert Camus e o teólogo* por HOWARD Mumma, p. 40-43.
7. Gênesis 2.16,17, NVI.
8. Gênesis 3.16-22,24.

9. Romanos 7.19-24.
10. Gênesis 4.7,8.
11. Gênesis 3.17-19.
12. Gênesis 3.22, ARA.
13. Mateus 6.10, NVI.
14. Lucas 11.20.
15. Mateus 3.2; 4.17; 10.7; Marcos 1.15; Lucas 10.9.
16. Willard, Dallas. *A conspiração divina*, p. 51-52.
17. Por ocasião da Revolução dos Cravos, em Portugal, abril de 1974.

Capítulo 17 – Tesouros

1. *Valor econômico*, 1º Caderno, 22 de fev. de 2002.
2. João 5.17.
3. Comte-sponville, André. *A felicidade desesperadamente*, p. 19.
4. Filipenses 4.10-13.
5. Mateus 6.33.
6. Mateus 6.21, NVI.
7. Lucas 19.1-10.
8. Lucas 18.18-30, NVI.
9. Mateus 25.14-30, NVI.
10. Bonder, Nilton. *A cabala do dinheiro*, p. 22.

Capítulo 18 – Talento

1. Buckingham, Marcus e Coffman, Curt. *Primeiro quebre todas as regras*, 1999.
2. Goleman, Daniel. *Inteligência emocional.* Rio de janeiro: Objetiva, 1996.
3. Gardner, Howard. *Inteligências múltiplas.* Porto Alegre: Artmed, 1998.
4. 1 Coríntios 12.7, NTLH.
5. Atos 18.1-3.
6. Morin, Estelle. Os sentidos do trabalho, *ERA Executivo,* v. 1, ago./set./ out. de 2002, p. 70-75.

Capítulo 19 – Conclusão

1. Klein, Naomi. *Sem logo*, p. 87.
2. Fukuyama, Francis. *O fim da história e o último homem*, p. 369-370.
3. Flores, Stefano de. *Dicionário de espiritualidade*, p. 341.
4. Giannetti, Eduardo. *Felicidade*, p. 23.
5. Idem, p. 30.

6. FORTE, Bruno. *A essência do cristianismo,* p. 13-20.
7. Jornal O *Estado de* S. *Paulo,* de jul. de 2003.
8. Eclesiastes 9.7-10, NVI.
9. KUSHNER, Harold. *Quando tudo não é o bastante*, p. 80.
10. Idem, p. 86.
11. Mateus 25.40, NVI.
12. João 13.33,34.
13. GLEISER, Marcelo. *Retalhos cósmicos*, p. 39.
14. BENSON, Herbert. *Medicina espiritual*, p. 53-56.
15. Salmos 2.4.
16. Sir Winston Churchil, discurso proferido em 10 de nov. de 1942.
17. Marcos 1.14,15.
18. Romanos 14.17.

BIBLIOGRAFIA

ARAÚJO, Ane. *Coach: Um parceiro para o seu sucesso.* São Paulo: Gente, 1999.

BARCLAY, William Charles. *As obras carne e o fruto do Espírito.* São Paulo: Vida Nova, 1992.

____________. *Palavras-chaves do Novo Testamento.* São Paulo: Vida Nova, 1985.

BARRET, Richard. *Libertando a alma da empresa.* São Paulo: Cultrix Ltda., 1998.

BENNETT, William J. *O livro das virtudes.* Rio de Janeiro: Nova Fronteira, 1995.

BENSON, Herbert; STARK, Marg. *Medicina espiritual.* Rio de Janeiro: Campus, 1998.

BENTON, D. A. *Faça o que eles fazem.* São Paulo: Negócio, 2000.

BETTO, Frei. *Sinfonia universal.* São Paulo: Ática, 1999.

BLAND, Glenn. *Sucesso.* São Paulo: Vida, 2000.

BOFF, Leonardo. *Experimentar Deus.* Campinas: Verus, 2002.

____________. *Espiritualidade.* Rio de Janeiro: Sextante, 2001.

____________. *A trindade e a sociedade.* Petrópolis: Vozes, 1986.

____________. *Tempo de transcendência.* Rio de Janeiro: Sextante, 2000.

____________ *O tempo e a sociedade.* Petrópolis: Vozes, 1986.

BOLLES, Richard. *How to Find Your Mission in Life.* California: Ten Speed Press, 1991.

BONDER, Nilton. *Fronteiras da inteligência.* São Paulo: Campus, 2001.

____________. *Portais secretos.* Rio de Janeiro: Rocco, 1996.

____________. *A cabala do dinheiro.* Rio de Janeiro: Imago, 1991.

BONHOEFFER, Dietrich. *Discipulado.* São Leopoldo: Sinodal, 1980.

BROWN, Colin. (Editor geral). *Dicionário Internacional de Teologia do Antigo Testamento,* São Paulo: Vida Nova, 1981a.

____________. *Dicionário internacional de teologia do Novo Testamento.* São Paulo: Vida Nova, 1981b.

BRUCKNER, Pascal. *A euforia perpétua.* Rio de Janeiro: Bertrand Brasil, 2002.

BUCKINGHAM, Marcus; COFFMAN, Curt. *Primeiro quebre todas as regras.* Rio de Janeiro: Campus, 1999.

BURNHAM, Terrye e PHELAN, Jay. *A culpa é da genética.* Rio de Janeiro: Sextante, 2002.

BÚSSOLA, Carlo. *Plotino: a alma no tempo.* Vitória: FCAA, 1990.

CAPRA, Fritjof. *O tão da física.* São Paulo: Cultrix, 1983.

CHARON, Jean E. *O Espírito, este desconhecido.* São Paulo: Melhoramentos, 1990.

CHOURAQUI, André. *No princípio.* Rio de Janeiro: Imago, 1995.

COBRA, Nuno. *A semente da vitória.* São Paulo, Senac, 2000.

COMTE-SPONVILLE, André. *A felicidade desesperadamente.* Trad. Eduardo Brandão. São Paulo: Martins Fontes, 2001.

__________. *Pequeno tratado das grandes virtudes.* São Paulo: Martins Fontes, 1995.

COVEY, Stephen R. *Primeiro o mais importante.* Rio de Janeiro: Campus, 1994.

CRABB, Larry. *Chega de regras.* São Paulo: Mundo Cristão, 2003.

CULLMANN, Oscar. *Cristo e o tempo.* São Paulo: Custom, 2003.

__________. *Das origens do evangelho à formação da teologia cristã.* São Paulo: Novo Século, 2000.

DALAI-LAMA. *Um coração aberto.* Nicholas Vreeland (Org.). São Paulo: Martins Fontes, 2002.

__________. *0 sentido da vida.* Trad. Lúcia Brito. São Paulo: Martins Fontes, 2001.

DAMÁSIO, Antonio. *O mistério da consciência.* São Paulo: Cia. das Letras, 2000.

__________. *O erro de Descartes.* São Paulo: Cia. das Letras, 1998.

DEL NERO, Henrique Schützer. *O sítio da mente.* São Paulo: Collegium Cognitio, 1997.

DOVALLE, L. A. *A razão da existência humana.* São Paulo: Cultura Editores Associados, 2002.

DYER, Donald. *Pensamentos de Jung sobre Deus.* São Paulo: Madras, 2003.

ECO, Umberto. *Em que creem os que não creem?* Rio de Janeiro: Record, 1999.

EHRENREICH, Barbara. *O medo da queda.* São Paulo: Página Aberta, 1994.

EINSTEIN, Albert. *Como vejo o mundo.* Rio de Janeiro: Nova Fronteira, 1981.

ERICKSON, Millard J. *Introdução à teologia sistemática.* São Paulo: Vida Nova, 1998.

FERREIRA, Aurélio Buarque de Holanda. *Dicionário Aurélio eletrônico século XXI.* Rio de Janeiro: Nova Fronteira, 1999.

FERGUSON, Will. *Ser feliz.* São Paulo: Cia. das Letras, 2003.

FEURBACH, Ludwig. *A essência do cristianismo.* São Paulo: Papirus, 1997.

Flores, Stefano de; Goffi, Tullo. *Dicionário de espiritualidade.* São Paulo: Paulus, 1993.

Forte, Bruno. *A essência do cristianismo.* Rio de janeiro: Vozes, 2003.

Foster, Richard J. *Oração o refúgio da alma.* Campinas: Editora Cristã Unida, 1996.

___________. *Devotional Classics.* New York: HarperCollins, 1993.

___________. *Dinheiro, sexo & poder.* São Paulo: Mundo Cristão, 1985.

___________. *Celebração da disciplina.* São Paulo: Vida, 1983.

___________ *Freedom of simplicity.* Nova York: HarperCollins Publishers, 1981.

Frankl, Viktor E. *Um sentido para a vida.* Aparecida: Santuário, 2003.

___________. *Em busca de sentido.* São Leopoldo: Sinodal; Petrópolis: Vozes, 1999.

___________. *A presença ignorada de Deus.* São Leopoldo: Sinodal; Petrópolis: Vozes, 1992.

___________. *Psicoterapia para todos.* Petrópolis: Vozes, 1991.

___________. *Psicoterapia e sentido da vida.* São Paulo: Quadrante, 1989.

Fromm, Erich. O *espírito de liberdade.* Rio de Janeiro: Edições Guanabara, 1988.

Fukuyama, Francis. *O fim da história e o último homem.* Rio de Janeiro: Rocco, 1992.

Gaarder, Jostein. *O mundo de Sofia.* São Paulo: Cia. das Letras, 1999.

Gentili, Antonio. *As razões do corpo.* São Paulo: Paulinas, 2001.

Giannetti, Eduardo. *Felicidade.* São Paulo: Cia. das Letras, 2002.

___________. *Autoengano.* São Paulo: Cia. das Letras, 1999.

Gillham, Bill. *Lifetime Guarantee.* Eugene: Harvest House Publishers, 1993.

Giussani, Luigi. *O senso de Deus e o homem moderno.* Rio de Janeiro: Nova Fronteira, 1997.

Goleman, Daniel. *A arte da meditação.* Rio de Janeiro: Sextante, 1999.

___________. *A mente meditativa.* São Paulo: Ática, 1997a.

___________ *Equilíbrio mente corpo. São Paulo:* Campus, 1997b.

___________ *Inteligência emocional.* Rio de Janeiro: Objetiva, 1996.

Goodall, Jane. *Uma janela para a vida: 30 anos com os chimpanzés da Tanzânia.* Rio de Janeiro: Zahar, 1991.

Guinness, Os. *O chamado.* São Paulo: Cultrix, 2001.

Hellern, Victor. *O livro das religiões.* São Paulo: Cia. das Letras, 2000.

Heschel, Abraham Joshua. *O Schabat.* São Paulo: Perspectiva, 2000.

Houston, James. *Mentoria espiritual.* Rio de Janeiro: Sepal, 2003.

___________. *Em busca da felicidade.* São Paulo: Abba Press, 2002.

Huxley, Aldous. *A filosofia perene.* São Paulo: Cultrix, 1995.

JONES, Laurie B. *The Path - Creating Your Mission Statement for work And for Life.* New York: Hyperion, 1996.

KAZANTZÁKIS, Nikos. *Ascese.* São Paulo: Ática, 1997.

KEMPIS, Thomas. *A imitação de Cristo.* São Paulo: Shedd Publicações, 2001.

KIYOSAKI, Robert T.; LECHTER, Sharon. *Pai rico pai pobre.* Rio de Janeiro: Campus, 2000.

KLEIN, Naomi. *Sem logo.* Rio de Janeiro: Record, 2003.

KUSHNER, Harold. *Living a Life that Matters.* New York: Alfred A. Knopf, 2001.

___________. *How Good do we have to be?* Canadá: Little Brown, 1996.

___________. *To life!* USA: Rabbinical Assembly, 1993.

___________. *Quando tudo não é o bastante.* São Paulo: Nobel,1987.

___________. *Quando coisas ruins acontecem a pessoas boas.* São Paulo: Círculo do Livro, 1981.

KUSHNER, Lawrence. *Deus esteve aqui e eu não sabia.* São Paulo: Círculo do Livro, 1991.

LEDOUX, Joseph. *O cérebro emocional.* Rio de Janeiro: Objetiva, 1998.

LEIDER, Richard J. *O poder do propósito.* São Paulo: Mercuryo, 2000.

LEONE, Alexandre G. *A imagem divina e o pó da terra.* São Paulo: Humanitas / FFLCH/USP, 2002.

LEWIS, C. S. *Cristianismo puro e simples.* São Paulo: ABU, 1989.

___________. *As cartas do coisa-ruim.* São Paulo: Edições Loyola, 1982.

LIGHTMAN, Alan. *Sonhos de Einstein.* São Paulo: Cia. das Letras, 1997.

MASI, Domenico de. *O ócio criativo.* Rio de Janeiro: Sextante, 2000.

MANNING, Brennan. *The Ragamuffin Gospel.* Oregon: Multnomah, 2000.

MARINOFF, Lou. *Mais Platão, menos Prozac.* Rio de Janeiro: Record, 200l.

MCCARTHY, Kevin W. *A pessoa com propósito.* Campinas: United Press, 2000.

MERTON, Thomas. *Novas sementes de contemplação.* Rio de Janeiro: Fisus, 1999.

MILES, Jack. *Cristo: uma crise na vida de Deus.* São Paulo: Cia. das Letras, 2002.

___________. *Deus: uma biografia.* São Paulo: Cia. das Letras, 1997.

MUMMA, Howard. *Albert Camus e o teólogo.* São Paulo: Carrenho Editorial, 2002.

NASH, Laura L. *Igreja aos domingos, trabalho às segundas.* Rio de Janeiro: Qualitymark, 2003.

NEEDLEMAN, Jacob. *O dinheiro e o significado da vida.* São Paulo: Cultrix, 1991.

NICHOLI, Armand M. Jr. *The question of God.* New York: The Free Press, 2002.

NIVEN, David, Ph.D. *Os 100 segredos das pessoas felizes.* Rio de Janeiro: Sextante, 200l.

NOUWEN, Henry. *Transforma meu pranto em dança.* Rio de Janeiro: Textus, 2002.

___________. *Intimidade.* São Paulo: Loyola, 200l.

___________ *A espiritualidade do deserto e o ministério contemporâneo.* São Paulo: Loyola, 2000a.

___________. *Crescer.* São Paulo: Paulinas, 2000b.

___________. *Renovando todas as coisas.* São Paulo: Cultrix, 1993.

PETERSON, Eugene. *O pastor contemplativo.* São Paulo: Sepal/Textus, 2002.

___________. *Ouvindo a Deus.* São Paulo: Shedd Publicações, 200l.

___________. *Subversive Spirituality.* Michigan: Eerdmans, 1997.

PIPER, John. *Teologia da alegria.* São Paulo: Shedd Publicações, 200l.

RAMOS, Ariovaldo. *Igreja e eu com isso?* São Paulo: Sepal, 2000.

RICHARDSON, Cheryl. *Sua vida em primeiro lugar.* Rio de Janeiro: Sextante, 2002.

RÜDIGER, Francisco. *Literatura de autoajuda e individualismo.* Porto Alegre: Editora da Universidade Federal do Rio Grande do Sul, 1996.

SCHAEFFER, Francis. *A verdadeira espiritualidade.* São Paulo: Fiel, 1984.

SCHÜLLER, Robert. *Você pode ser quem deseja.* São Paulo: Vida, 1981.

SHEDD, Russell. *A solidariedade da raça.* São Paulo: Vida Nova, 1995.

SHINYASHIKI, Roberto. *O sucesso é ser feliz.* São Paulo: Gente, 1997.

SKETE. *The Monks of New, In the Spirit of Rappiness.* New York: Little Brown, 1999.

SOUSA, Ricardo Barbosa de. *Janelas para a vida.* Curitiba: Encontro Publicações, 1999.

___________. *O caminho do coração.* Curitiba: Encontrão, 1996.

SPONVILLE, André Comte. *A felicidade, desesperadamente.* São Paulo: Martins Fontes, 2001.

___________. *Pequeno tratado das grandes virtudes.* São Paulo: Martins Fontes, 1995.

STEVENS, Paul. *Disciplinas para um coração faminto.* São Paulo: Abba Press, 1993.

STOTT, J. R. W. *Cristianismo básico.* São Paulo: Vida Nova, 1991.

TARNAS, Richard. *A epopeia do pensamento ocidental.* Rio de Janeiro: Bertrand Brasil, 1999.

TOURNIER, Paul. *A missão da mulher.* São Paulo: Vértice, 1988.

WARREN, Rick. *The Purpose Driven life.* Michigan: Zondervan, 2002.

WILLARD, Dallas. *O espírito das disciplinas.* Rio de Janeiro: Danprewan, 2003.

___________ *Renovation of the heart.* Colorado: Navpress, 2002.

___________ *A conspiração divina.* São Paulo: Mundo Cristão, 2001.

YANCEY, Philip. *O Deus (in)visível.* São Paulo: Vida, 2001.

___________. *In His Image.* Michigan: Zondervan, 1987.

ZACHARIAS, Ravi. *Pode o homem viver sem Deus?* São Paulo: Mundo Cristão, 1997.

ZODHIATES, Spiros (Ed.). *The Hebrew-Greek Study Bible.* Chattanooga: AMG Publishers, 1996.

SOBRE O AUTOR

Ed René Kivitz é teólogo e escritor. Fundador e diretor da Galilea Consultoria e Treinamento, é conferencista em seminários, congressos e *workshops*, e um dos mais respeitados preletores cristãos do país, capaz de contextualizar os princípios da espiritualidade para as mais diversas situações do cotidiano. Desde 1989, atua como pastor-presidente da Igreja Batista de Água Branca, onde semanalmente faz conferências, trazendo sempre uma luz nova sobre a espiritualidade. Casado com Sílvia Regina, tem dois filhos, Fernanda e Vítor, e vive atualmente em São Paulo.

Conheça outras obras de

Ed René Kivitz

- O livro mais mal-humorado da Bíblia
- Outra espiritualidade
- Talmidim
- Talmidim52

Veja mais em:

Compartilhe suas impressões de leitura escrevendo para:
opiniao-do-leitor@mundocristao.com.br
Acesse nosso *site*: www.mundocristao.com.br

Diagramação: Triall Composição Editorial Ltda
Preparação: Liege Maria de Souza Marucci
Revisão: Theófilo Vieira
Fonte: Minion Pro
Gráfica: Meta Brasil
Papel: Polén Soft 80 g/m² (miolo)
Cartão 250 g/m² (capa)